도시 어메니티와 생태

都市のアメニティとエコロジー

* 이 도서의 국립중앙도서관 출판시도서목록(CIP)은 e-CIP홈페이지(http://www.nl.go.kr/ecip)와 국가자료
공동목록시스템(http://www.nl.go.kr/kolisnet)에서 이용하실 수 있습니다. (CIP제어번호: CIP2013001234)

도시 재생을
생각한다
05

도시
어메니티와
생태

| 都市の
アメニティとエコロジー

우에타 가즈히로 · 진노 나오히코 · 니시무라 유키오 · 마미야 요스케
엮음

조동범 · 윤현석 · 노경수 · 이봉수
옮김

한울
아카데미

TOSHI NO SAISEI WO KANGAERU

edited by Kazuhiro Ueta, Naohiko Jinno, Yukio Nishimura and Yosuke Mamiya

Vol. 5, TOSHI NO AMENITI TO EKOROJI

© 2005 by Iwanami Shoten, Publishers

Series originally published in Japanese in 2004~2005
by Iwanami Shoten, Publishers, Tokyo.
This Korean language edition published in 2013
by Hanul Publishing Group, Seoul
by arrangement with Iwanami Shoten, Publishers, Tokyo.

:: 차례

제 1 장 도시와 자연자본·어메니티 20

제 2 장 도시 신진대사 35
순환형 사회

일러두기

1. 이 책은 '이와나미 강좌 - 도시 재생을 생각한다(岩波講座 - 都市の再生を考える)' 시리즈의 5권 『都市のアメニティとエコロジー』(岩波書店, 2005)를 완역한 것입니다.

2. 이 책의 표기법은 국립국어원 외래어표기법의 규정에 따랐습니다.

3. 원문에 본문주와 각주로 있던 출처주와 참조주는 각주로 정리했습니다.

4. 각주 중 [역주]로 표시한 것은 옮긴이가 부연한 것입니다.

도시 재생을 생각한다

시리즈 발간에 부쳐

'도시 재생을 생각'하는 것은 '인간역사의 미래를 디자인'하는 것이라는 믿음으로 이 강좌를 시작하게 되었다.

도시 재생이야말로 현시대의 꽉 막힌 위기를 극복하는 열쇠가 된다는 인식은 광범위하고도 깊은 공감을 얻고 있는 것처럼 보인다. 그래서 일본 정부도 '도시 재생'을 가장 중요한 정책과제로 꼽고 있다. 그러나 화려한 치장과 함께 내세워진 도시 재생은 이런저런 산업 프로젝트에서 볼 수 있 듯 여전히 산업도시의 재발견에 얽매여 있다. 그것은 도시 재생이라는 정 책과제를 부상시킨 실패 그 자체를, 상황 변화를 깨닫지 못하고 반복하는 것과 다름없다.

역사의 전환기에 실패를 반복한다면 인간역사의 여정은 견디기 어려운 것이 되고 말 것이다. 또 역사의 전환기에 오류투성이의 해도海圖를 그린 다면 타이타닉호처럼 빙산에 부딪히게 될 것이다. 정확한 해도를 그리려 면 과거 역사를 통해 계속 배우면서 '도시는 무엇인가'라는 근원적인 질문 을 던져야 한다.

전환기에 서서 지금 이야기되는 도시 재생은 도시 르네상스라고 표현할 수 있으며, 도시에서 인간의 부흥을 의미한다고도 할 수 있다. 르네상스가 모든 역사 상황의 변화를 의미하는 것처럼 도시 르네상스도 인간의 모든 역사 상황의 변화를 의미한다.

지금부터 30여 년 전, 심각해지는 도시문제에 대응하기 위해 이와나미 강좌 '현대도시정책'이 간행되었다. 당시 도시문제는 공업화 사회가 낳은 것이었다. 그러나 지금 도시는 공업화가 아닌 탈공업화를 고뇌하고 있다. 공업의 쇠퇴와 동시에 도시는 황폐하고 쇠망해가고 있다. 그것은 공업사회에서 탈공업사회로의 역사 전환기에 공업을 품었던 공업도시가 쇠퇴해가는 비극이라고 바꿔 말해도 될 것이다.

도시 재생은 쇠퇴해가는 공업사회의 도시 대신 탈공업사회에서 '도시를 재생하는 것'이다. 그러나 공업도시가 쇠망한다고 '도시 시대'가 종말을 고하는 것은 아니다. 공업사회에서 탈공업사회로의 이행은 새로운 도시 시대의 여명을 의미한다고 할 수 있을 것이다.

확실히 공업사회는 공업도시를 발전시켰다. 또 공업사회는 인간이 생활하는 사회를 국가 수준에서 통합하는 '국민국가 시대'의 산물이었다. 탈공업화와 동시에 인간의 생활을 통합해온 국민국가의 구조가 흔들리기 시작하고 세계화가 진행되고 있다. 세계화에 따라 국민국가가 보장해온 인간생활이 파괴되기 시작했으며, 동시에 도시의 르네상스에 의해 인간생활의 '장場'을 재생하자는 움직임이 대두하고 있다. 그러한 상황 속에 국민국가의 위기가 위아래로 분산되면서 세계화와 동시에 지역화가 등장했다.

'지속 가능한 도시sustainable city'라는 새로운 용어를 만들어낸 유럽의 도시 재생은 인간생활의 장으로서의 도시를 재생하는 것이 목적이다. 인간생활의 장으로서의 도시 재생에서는 공업으로 오염된 자연환경을 되살리는 동시에 지역문화를 재생하는 일이 자동차의 양 바퀴처럼 맞물려간다.

결국, 자연환경 재생과 동시에 국민국가가 성립되기 이전부터 지역사회가 가꾸어왔던 지역문화의 부흥을 목적으로 한다고 할 수 있다. 문화는 인간의 생활양식이다. 따라서 문화의 부흥은 인간을 성장시키는 교육의 부흥과도 연동한다.

'인간적' 도시에는 인재가 모이고 상황에 대응하는 새로운 산업의 씨앗이 자란다. 인간적 도시를 창조하는 것은 인간적 지식사회를 만들고 역사의 전환기에서 위기를 극복하는 것, 바로 그것이다.

일본에서는 공업에 의존했던 도시가 쇠퇴함과 동시에 지역경제가 곤경에 처하게 되었고, 사회 분열이 계속되어 도시는 폭력과 범죄의 무질서에 빠져들고 있다. 이러한 고난을 타개하기 위해서라도 인간적 사회를 형성하고 인간적 생활을 형성하도록 힘을 실어주는 도시 재생이 요구된다.

역사에서 인간이 좀 더 인간적으로 되어가는 것을 기대한다면 공업사회의 뒤를 잇는 사회에서는 르네상스에 어울리는 인간적 생활을 영위해야 한다. 그러한 인간생활이 영위되는 그릇으로서, 또 문화를 키워내는 인큐베이터로서 도시 재생을 모색하는 것은 그야말로 다음 세대를 창조하는 일이다.

도시 재생을 고민해야 하는 사명은 모든 사회 구성원의 몫이다. 이 강좌가 '미래를 창조'하기 위해서 연구자나 학생, 아울러 지방자치단체 행정 관련자는 물론 사회 구성원에 의해 되풀이해서 읽히기를 간절히 바란다.

2004년 11월
편집위원 우에타 가즈히로
진노 나오히코
니시무라 유키오
마미야 요스케

이 책을 읽으면서 우리의 고민은 더 깊어졌다. 과연 지금 유행처럼 번지고 있는 도시 재생의 본질에 대해 얼마나 공감하고 있는지, 또 도시 재생을 위해 개개인 삶의 변화를 받아들일 준비가 되어 있는지에 대한 우려 때문이다.

재생은 지금 도시에 있어서 핵심 키워드임에는 틀림없다. 고층아파트와 화려한 상업지역을 중심으로 조성되는, 값비싸지만 어느 도시나 너무도 똑같은 신도심의 난립은 구도심의 몰락과 함께 주거 양극화를 초래했다. 이미 익숙해진 대량생산·대량소비 시스템은 과도한 편리와 탐욕, 그와 동시에 쓰레기를 양산하는 습관까지 안겨줬다.

그것은 곧 도시가 오랜 기간 품었던 역사, 문화, 공동체, 삶의 방식 등을 순식간에 사라지게 하고, 동시에 대량생산에 필요한 원재료인 자연을 회복하기 어렵게 파괴하는 원인이 되고 있다는 것은 주지의 사실이다.

마트에서 쇼핑을 하면서 순간 우리가 소비하지 못한 어마어마한 공산품과 식품의 향후 행방에 대해 궁금했던 적이 있다. 수요에 대한 고려 없이 생산되어버린 그것들이 설혹 버려진다고 하더라도 빈곤에 허덕이며 간절히 바라는 사람들에게 아무런 대가 없이 주어지는 것은 상상할 수도 없다. 우리는 익숙하게 고르고, 쓰고, 버리며 살지만 그러한 시스템에 숨어 있는 의도와 부작용은 외면하고 있는 것이다.

사실 거의 모든 이의 이 같은 습관은 한순간에 고쳐질 수 없다. 유럽의 생태 수도라 불리는 독일의 프라이부르크가 새로 건립되는 원자력발전소를 반대하는 시민들이 자신의 삶을 변화시키며 도시 시스템을 수정했듯, 일본이 후쿠시마 원전 사태 이후 에너지 문제를 고민하듯 적어도 삶 자체를 위협하는 계기를 만나기 전까지는 지금 그대로를 유지하려 할 것이다. 도시에는 경쟁, 낙오, 차별, 분쟁, 시기, 질투, 낭비, 무절제, 쓰레기, 고층 빌딩, 아파트, 도로, 자동차, 첨단, 스케줄, 바쁜 일상 등의 용어가 더 어울린다. 아니 그러한 곳이 곧 도시라고 생각하며 살아왔기 때문에 도시 하면 떠오르는 것일 수도 있다. 그것에 대해 문제를 제기한 것은 최근일 뿐이고 여전히 위에서 언급한 그러한 용어들이 도시를 대표하고 있다. 그러한 대세 속에서 내가 아닌 우리, 지금이 아닌 미래, 삭막함이 아닌 따뜻함을 내세우는 작은 목소리들이 터져나오고 있다.

일부 도시는 그러한 목소리들이 큰 줄기를 이뤄 흐름을 바꾸고 있으며, 지속 가능하고 사람이 살 수 있는 공간으로 도시를 변모시키고 있다. 여기서 어메니티와 생태는 중요한 핵심주제일 수밖에 없으며, 많은 도시들이 모범사례들을 따라 조금씩 노력하는 모습도 보이기 시작했다. 반갑고, 또 한편으론 걱정이다. 협의, 양보, 배려, 희생, 절제, 텃밭, 식물, 자전거나 걷기, 역사, 문화, 여유 등 이제 막 도시에 싹트려 하는 용어들이 지속되기 어려운 여건은 여전히 존재하고 있기 때문이다.

우리는 아래로부터의 작지만 중요한 논의에서 시작해 가장 위에서의 결정에 이르기까지, 개개인의 습관부터 도시 지방자치단체 및 정부의 정책에 이르기까지 변화를 시도해야 하고, 또 계속성을 유지해야 한다. 또 도시 재생의 근간은 창조성이며, 그 기반이 곧 문화와 역사, 자연이라는 것을 서둘러 인식하고 과연 어떤 방식으로 이를 발굴하고, 키우며, 공감시킬 것인지 고민해야 할 것이다. 다만 이것 역시 지금 유행처럼 번져나가고 너무 심각하게 반복되면서 낭비되고 있는 듯하다.

일본 이와나미쇼텐岩波書店의 '도시 재생을 생각한다' 시리즈 제5권 '도시의 어메니티Amenity와 생태Ecology'는 도시가 어쩔 수 없이 찾아야 할 것들에 대해 구체적인 사례를 들어 제시하고 있다. '쾌적한' 또는 '기쁜' 감정을 의미하는 라틴어 아모에니타스Amoenitas와 '사랑하다'라는 의미를 가진 아마레Amare에서 유래되었다는 어메니티와 관련 이 책은 한 번 파괴되면 복구되기 어렵고, 누구나 공감해야 하는 자연자본이며 공공재라고 설명하고 있다. 사람과 마찬가지로 도시 역시 신진대사가 필요하며, 그것을 모범적으로 하고 있는 생태마을을 소개하면서 환경·경제·사회 측면에서 무엇을 해야 할지도 잘 설명해주고 있다. 그리고 도시의 가장 큰 골칫거리, 자동차에 대한 대책도 내놓았다. 이 책은 또 지금 이뤄지고 있는 도시 재생과 관련 법규는, 과거 도시를 대표했던 개념들을 다시 반복하고 있을 뿐이라고 꾸짖고, 무엇을 진정으로 재생해야 하는 것인지 맥을 짚어주고 있다. 여러 가지 사례를 제시하고 있어 지금의 도시가, 도시민이 무엇인가 변화해야 할 것 같다는 생각을 하고 있는 공직자, 전문가, 학생 등에게 구체적인 방법론을 제시할 수 있을 것 같다.

마지막으로 감사의 말씀을 드린다. 시리즈 4권 『도시 경제와 산업 살리기』, 3권 『도시의 개성과 시민 생활』에 이어 제5권이 출간되도록 지원해주신 도서출판 한울과 김종수 사장님, 기획실의 윤순현 과장님이 큰 힘이 됐다. 언제나 훌륭한 대화를 통해 우리가 지향해야 할 것들을 깨우쳐주시는 전남대 지역개발학과 김광우 교수님, 광주시청 이상배 서기관, 윤희철 군 등에게도 언제나 감사한 마음을 전하고 싶다.

2013년 1월

옮긴이 조동범·윤현석·노경수·이봉수

도시 재생이란 무엇인가? 그리고 진정한 도시 재생의 단서는 어디에 있는 것일까? 그 실마리를 얻기 위해서는 도시라는 존재를 지탱하고 도시의 매력을 만들어내는 기반 요소에 관심을 갖는 일부터 시작해야 할 것이다. 그것이 이 책의 주제인 도시 어메니티와 생태이다.

도시는 산업공간이면서도 소비의 장소지만, 그것만으로 도시가 성립되지는 못한다. 도시에는 사람들이 모여 살지만, 단순히 사람이 모여든다고 도시가 되는 것이 아니며, 도시에는 무엇인가 채워야 할 요건이 있을 것이다. 도시 공동체적 성격과 공공성, 그리고 지속 가능성이 요구되는 가운데, 어메니티와 생태는 도시론의 중심 주제 중 하나로 자리매김하고 있다.

전후 일본의 도시계획은 어메니티 향상, 즉 생활의 질 개선이나 질적인 충실, 그리고 그것을 형성하는 장에 대한 관심은 미미했고, 정책 우선순위에서도 뒤처져 있었다. 소득이 높아지면 자연히 생활이 나아질 것이라고 여기며 공간의 중요성을 인식하지 못했을 수도 있다. 기반시설이나 건축물, 그리고 주택까지도 모조리 쓸어버리고 다시 건설하는 방식이 각광을 받았기 때문에 공공공간을 형성하고 도시문화를 축적하려는 인식은 정착되지 못했다. 결과적으로 환경 위협이나 재해에도 취약한 도시가 되고 말았다.

도시는 기본적으로는 물적 인공물이기 때문에 자연생태와는 대치되는 성격을 가지고 있다. 그러나 도시에 거주하는 것은 인간이며, 인간도 자연계의 일원이기에 자연의 제약을 피할 수 없고 자연과의 만남 없이는 인간답게 살아갈 수 없다. 생태는 인간사회의 생명유지장치이며, 매일 매일 생태와의 교류를 통해 인간은 생존을 보장받는다. 따라서 지금까지의 도시 만들기와 도시경영·관리체계에 있어서 자연 생태와의 관계 방식이나 자연에 대한 지식 축적의 측면에서 본질적인 의문이 제기되고 있는 것이다.

요컨대, 도시 만들기에서 일종의 패러다임 전환이 요구되고 있다. 어메니티와 생태는 공업사회 도시에서는 경시되거나 고려 대상에서 제외되었다. 이에 대해 이 책은 어메니티와 생태를 주축으로 한 도시 만들기의 이념과 정책을 명확히 하고자 한다. 다음의 여덟 가지 점에서 새로운 패러다임을 실현하는 로드맵과 그 실천 전략 및 해결 방법을 함께 찾아보고자 한다.

제1장 '도시와 자연자본·어메니티'(우에타 가즈히로 집필)에서는 도시 활동과 자연자본·어메니티의 상호관계를 주로 다루고 있다. 도시는 배후에 농촌이나 자연이 없다면 존속할 수 없으며, 어메니티가 없다면 매력적인 도시는 창조될 수 없다. 그 성패는 도시 경제와 토지·공간 이용을 매개로 하는 사회 기반과 그것을 활용하는 시스템 방식에 크게 의존한다. 자연과 어메니티는 모두 공공에 속하지만, 그 지속 가능한 이용체계야말로 시민의 공유자산이다.

제2장 '도시 신진대사: 순환형 사회'(나이토 마사아키 집필)는 대량소비·대량폐기형 도시 생활방식과 사회·경제 체계에 대한 근본적인 개혁 없이는 순환형 도시의 신진대사 실현은 불가능하다고 지적하고 있다. 순환형 사회의 형성에는 기술혁신과 기술평가 기준의 확립, 산업 간 연계체계·정보관리체계 구축에서부터 법·제도의 정비까지 다양한 조건이 갖춰질 필요가 있다. 이 장에서는 그와 더불어 그러한 지역 모델 만들기 시도에 대해

서도 소개하고 있다.

제3장 '지구환경문제와 도시'(하나키 게이스케 집필)는 지금까지의 공해문제와는 다른 지구환경문제의 새로운 본질을, 환경적인 영향이 나타나는 양상에서 시간적·공간적 특질이나 대응기술의 특성 차이까지 언급하며 설명하고 있다. 도시 단위 온실가스 배출량의 부문별 내역을 파악하면 각각의 도시에서 지역성을 가미한 중점적인 대책을 엿볼 수 있을 것이다. 환경부담은 적고 생활의 질은 향상시키는 환경공생도시로의 개조는 도시 특성에 적합한 다양한 대책들의 확립에서부터 시작된다.

제4장 '탈자동차 도시 모델'(기타무라 류이치 집필)은 자동차에 의존하는 것은 비도시화를 초래하고, 도시에서 원활한 자동차 교통의 실현은 도달할 수 없는 목표라고 단언한다. 매력 있는 도시가 갖춰야 할 어메니티를 위해 자동차에서 벗어난 도시공간을 만들 필요가 있으며, 그것이 안전하며 효율적인 도시교통을 가능하게 한다. 이 장에서는 탈자동차 도시 모델 사례가 소개되며, 그곳에서의 교통과 공간의 설계 이념이 제시된다.

제5장 '환경·재해 위험과 도시생활'(시오자키 요시미쓰 집필)은 도시생활에서 재해위험 요소들이 늘어나고 있고, 도시 고유의 위험 발생 구조나 피해 확대 요인이 내재되어 있으며, 재해에 대한 취약성과 피해를 입을 수밖에 없는 기반의 확대를 문제시하고 있다. 재해에 대한 대비는 환경위험의 경감, 총체적인 방재 대책과 함께 주택의 안전 확보, 주거 공동체의 재생 지원 등 시설 부문에서부터 프로그램까지 전 분야에 걸쳐 이뤄져야 하며 이때 점검해야 할 체크리스트를 제시하고 있다.

제6장 '환경 재생과 도시 재생'(데라니시 슌이치 집필)에서는 환경 재생을 통한 도시와 지역 살리기를 목표로 하고 있는 유럽이나 일본에서의 경험과 동향을 소개하면서, 재생론은 그 목적이나 수단·방법을 음미할 필요가 있다고 지적한다. 특히 「도시 재생 특별조치법」에 근거한 일본의 도시 재

생은 경제 활성화를 주된 목적으로 하고 있기 때문에 장기적으로는 도시의 황폐나 쇠퇴를 초래하기 쉽다고 주장한다. 이 장에서는 환경 재생을 위한 대응을 통해 도시 재생의 틀과 전망을 보여주고 있다.

제7장 '환경과 문화의 마치즈쿠리'(고토 가즈코 집필)는 어메니티가 갖는 환경적 가치나 문화적 가치는 물리적으로 축적된 양만이 아니라 축적에서 촉발된 인간의 영위가 소비재 생산이나 지역산업에 스며들어 새로운 자산을 생산해내는 일종의 사회적 순환 메커니즘의 산물이며 기초가 된다고 해석한다. 환경과 문화를 도시 재생과 연결시키는 열쇠는 이 역동성을 살린 도시문화의 축적이나 네트워크에 있다는 것이다.

제8장 '환경자산 관리와 도시경영'(우에타 가즈히로 집필)은 도시경영을 환경자산의 사회적 관리체계 차원에서 비판적으로 음미하고 있다. 환경자산 관리의 사회적 기준을 그 흐름flow에 대한 관리와 축적stock에 대한 관리 등 두 가지 측면에서 구체화해야 할 필요성을 보여주며, 도시 지자체의 요금정책이나 행·재정체계의 역할과 과제를 제시하고 있다. 이 장에서는 더 나아가 지속 가능한 도시의 성립 요건을 검토하고, 거버넌스 구조의 개혁이 도시경영에 미칠 영향을 살펴보며, 개혁의 방향성도 제시한다.

어메니티와 생태를 중시하는 도시 재생은 도시의 존재방식을 추구하는 것 그 자체다. 어메니티나 생태라는 비시장적 요소가 도시 만들기에 어떻게 자리 잡고 있는가, 그리고 도시 경제나 행·재정체계와 어떠한 관계를 맺느냐에 따라 도시의 모습은 크게 달라진다.

이 책의 논고에서도 명확하게 제시하듯, 어메니티나 생태의 활용과 보전·관리에 노력하지 않고서는 진정한 도시 재생은 있을 수 없다. 어메니티나 생태를 도시 만들기에 적절하게 도입하기 위해서는 시민이 그 중요성을 인식하고, 그 인식을 광범위하게 공유하는 것이 전제가 되어야 한다. 이는 어메니티와 생태가 도시의 공동 자산이 되는 과정이다. 그 활용과 보전·관리를 위한 틀 만들기는 그것을 맡아야 하는 시민의 참여나 자치 에너지가 높아짐에 따라 구체화되어가고 있다.

2005년 2월

우에타 가즈히로

제1장

도시와
자연자본·어메니티

우에타 가즈히로 植田和弘

1. 시작하며

도시 재생이 성공했음을 보여주는 가장 알기 쉬운 지표는 '그 도시에 거주하는 사람이 계속해서 살고 싶다고 생각하는 것'과 동시에 '계속 살기 위한 조건을 갖추는 것'이다. 도시 재생은 인간생활의 장으로서의 도시를 목표로 하며, 도시는 인간과 인간, 인간과 인간이 만들어내는 것들, 그리고 인간과 자연이 교류하는 장이다. 이 같은 교류의 장이 존재하는 방식이 도시적이기 때문에 도시의 매력과 복잡함이 생성되는 것이다.

도시의 매력을 올바르게 표현하는 용어는 '어메니티amenity'다. 도시는 인위적으로 만들어진 집단거주공간이며, 그곳에서 이뤄지는 사람들의 영위와 시간의 흐름에 따라 쌓여온 역사·문화적인 축적이 어메니티를 만들어낸다. 어메니티는 지역 고유의 소재와 그곳에 거주하는 사람들의 지혜나 생활문화와의 상호작용 속에서 길러지는 거주의 쾌적성과 일상생활의 질인 것이다. 그 쾌적성이나 질은 지역 고유의 것이며, 도시의 매력 그 자체다.

거대도시의 발전 모습을 보면, 도시는 대규모 인공물의 집적체이며 반자연적인 성격을 가지고 있다. 그러나 이들 인공물을 포함해 도시에 거주하는 인간이 자연에 직간접적으로 크게 의존하고 있다는 점 또한 분명하다. 자연과의 적절한 만남도 도시 어메니티의 구성 요건이 될 것이다. 따라서 우리는 자연의 적절한 이용 형태를 모색하면서 동시에 그 축적된 양을 유지·관리해나가지 않으면 안 된다.

도시의 경제 발전은 편리성을 높이거나 축적된 자연의 유지·관리 기술을 고도화시킨다. 그 가운데 어메니티의 향상이나 자연보전을 위한 조건이 형성되는 측면도 있지만, 개발에 수반된 토지이용의 대규모 변경에 의해 어메니티나 자연을 파괴하는 일도 적지 않은 것이 현실이다. 도시가 자연과 어떻게 만나 어메니티를 만들어낼 것인가에 의해 도시의 매력과 난해함이 나타나는 것이다.

이 장에서는 도시에서 환경 정의와 관계된, 자연과 어메니티의 개념을 검토한 후 이들이 도시에서 지니고 있는 의의를 확인한다. 더 나아가 도시의 활동이나 역동성과 자연·어메니티의 바람직한 상호관계에 대해 고찰해보고자 한다.

2. 도시와 환경의 정의

1) 토지와 생태

도시에 사는 사람들에게 환경이란 무엇인가?

환경의 정의[1]는 의외로 어렵다. 경제학에서는 외부성이라는 용어로 표현되듯 환경은 경제의 외부에 있는 것으로 간주되며, 경제 메커니즘에 내포된 요소로 생각하지는 않는다. 그러나 그 근원을 거슬러올라가 생각해보면, 경제학은 생산을 위한 학문으로 발달했으며 그 속에서 생산의 세 가지 요소를 토지, 자본, 노동으로 나누어왔다. 토지는 인간이 노동을 가하는 대상이며, 그 결과 무엇인가 산물로서 만들어지는 것을 염두에 두고 있다. 즉 잠재적 가능성을 가진 자연자원으로서의 토지로 보는 것이다. 환경의 기능을 자연자원의 공급자, 동화자同化者, 어메니티 공급자라는 세 가지로 구분하는 입장[2]에서 본다면, 생산요소로서의 토지는 자연자원의 공급자 기능을 가지고 있으며 환경 그 자체다. 이러한 관점에서 경제학은 그 성립에서부터 환경을 고려했다고 볼 수 있다. 그러나 현실에서 생산요소들과 산출량의 기술적 관계를 함수로 표시한 생산함수에서는 자본과 노동만이 다뤄지고 있으며,[3] 토지 즉 자연자원은 경시되어왔다.

그런데 최근 자연파괴나 지구환경문제가 부각되면서 자연이 희소성을 갖게 되었으며, 그뿐만 아니라 자연이 인간사회의 생존에 결정적인 역할을 하는 것으로 새롭게 인식됨에 따라 자연이 인간사회에 공헌하고 있음을 명시적으로 설정할 필요성이 제기되었다. 이에 따라 사용되기 시작한 용어가 자연자본이다.

자연자본에 대한 논의에 들어가기 전에 자연을 좀 더 정확히 이해하기

---

1 우에타 가즈히로, 『환경경제학으로의 초대(環境經濟學への招待)』, 丸善ライブラリー, 1998, pp. 32~39.
2 우에타 가즈히로·오치아이 히토시(落合仁司)·기타바타케 요시후사(北畠能房)·데라니시 슌이치(寺西俊一), 『환경경제학(環境經濟學)』, 有斐閣, 1991, p. 39.
3 대표적인 생산함수인 코브 더글라스(Cobb Douglas) 생산함수와 CES(Constant elasticity of substitution) 생산함수 모두 자본과 노동으로 구성된다.

위해 생태가 가진 의미를 확인해두자.

생태학을 의미하는 에콜로지Ecology는 '생물의 생활에 관한 과학'이라는 의미로 사용된다. 그리고 생태학은 대상으로 하는 생물집단에 따라 그 분야가 세분되지만, 동시에 대상이 되는 장소에 따라 도시생태학이라는 분야도 생겨났다. 그러나 에콜로지가 경제학이나 도시론都市論에 대해 문제를 제기하는 경우에는 단순히 생태학을 지칭하는 것만이 아니라, 자연생태계와 조화로운 도시의 존재방식이나 생활양식을 추구하는 운동이나 사상을 폭넓게 표현하게 된다. 그 형태나 내용은 다양하지만, 근본적으로는 자연생태계의 본질적 의미를 강조하는 것이 공통점이다. 생태론은 현대의 환경문제를 인간과 자연 사이의 물질대사 과정의 문제로 파악한다. 즉 물질대사체계의 교란이 환경문제의 원인이라고 생각하고, 그 재생을 위해서는 대사에 큰 영향을 미치는 도시나 경제 시스템의 존재방식을 근본적으로 재검토할 필요가 있다는 것이다. 현대 물질대사 메커니즘이나 경제 시스템의 문제를 부각시키면서 현대 경제학을 예리하게 비판하고 있는 셈이다. 생태학이나 열역학이라는 자연과학법칙을 적용해 사회·경제 현상을 분석하는 생태론은 자연의 고유성 또는 경제에 포섭되지 않는 자연의 법칙을 강조한다. 이 용어에는 인간과 자연의 관계에서 인간이 제어 가능한 자연과 적어도 현 단계에서는 제어할 수 없는 자연이 존재한다는 사실을 인식해야 한다는 의미가 포함되어 있다. 이는 과학기술의 발달에 의해 자연을 지배하고 최적의 상태로 관리할 수 있다고 보는 종래의 경제학이나 도시론에 대한 근본적인 비판이다.

생태론이 제기한 논점은 앞으로도 검토해야 할 중요한 주제이며, 자연의 이해라는 점에서 남겨진 과제도 상당하다.

우선, "자연과 사회의 관계를 어떻게 할 것인가?"다. 생태론은 자연적 물질대사의 교란을 문제로 간주하지만, 그 원인이 자연과 인간의 관계에 있기보다는 사회적 물질대사의 메커니즘에 있다고 본다. 그 분석도 자연과학적인 법칙을 적용하는 것만으로는 불가능하다. 자연의 메커니즘을 더 정확하게 이해함으로써 인간사회는 자연에 대한 제어 가능성을 높이겠지만, 자연과학이 세분화되어 발전해도 자연의 종합적 이해를 향상시키는 데는 한계가 있으며 규명할 수 없는 부분도 많다. 자연을 최적의 경제적 계산 안에 두거나 또는 그 대상으로서만 생각하는 것은 불가능하다. 우리의 지식이 불확실하며 현 시점에서는 제어할 수 없는 자연이 존재한다는 전제에서, 되돌릴 수 없는 자연파괴를 최소화할 수 있는 의사결정과 그것을 가능하게 하는 사회·경제 시스템을 밝혀나가지 않으면 안 된다.

더 나아가 이제까지의 도시와 농촌의 대립적인 관계를 공생관계로 바꿔나갈 필요가 있으며, 이 과정에서 공생의 기준이 문제가 될 것이다. 기준이될 수 있는 하나의 가능성은 과거 생태적 균형의 틀 내에서 성립하고 체득되어왔던 농촌형 사회의 원리로부터 얻을 수 있는데, 이는 도시형 사회에 대한 비판으로서는 명확하고 예리하지만 현실의 도시와는 커다란 간격이 존재한다. 오늘날 새로운 시대적 조건에서 도시와 농촌의 공생적 관계를 어떻게 현대적으로 재건할 수 있을지, 또 그것이 도시 재생에 어떻게 결부될 것인지를 명확히 해야만 할 것이다.

2) 자연자본

자연을 자본으로 파악하고자 하는 데는 몇 가지 목적이 있다. 첫째는 자연이 자본의 성격을 지니고 있음을 명시적으로 나타내기 위함일 것이다. 다만 이 경우 자본이 의미하는 점은 모두에게 공통된다고 할 수는 없다. 단순히 축적stock과 거의 같은 의미로 사용되는 경우도 있으며, 경제적 의미의 부여 방법도 여러 가지가 있다. 또 하나는, 자연과 인간이라는 표현

방식에서도 알 수 있듯이 인간이나 경제 시스템 바깥에 존재한다는 의미에서 자연의 외재성外在性을 명확히 하기에는 좋지만, 경제 내부에서 다뤄지거나 인간사회에 다양한 재화나 서비스를 제공한다는 면에서는 자연의 공헌이 불분명했다는 점을 분명하게 의식하는 데 있다. 여기에서는 자연을 자연자본natural capital으로 받아들이고자 하는데, 그것은 자연의 축적과 그것으로부터 생겨난 흐름flow이 인간사회나 경제에 주는 공헌을 평가한다는 의미다. 자연자본이 인간사회와 경제에 주는 공헌을 평가하는 구조 역시 확립되어 있는 것은 아니기 때문이다.4

  우선 가능한 한 가지 논의는, 자연 또는 자연자원을 일종의 자본 축적으로서 파악하지만 동일한 자본 축적이라도 인공이 아닌 자연자본이라는 것이 강조된다. 교량이나 도로와 같은 인공자본manufactured capital과 대비해 자연자본이라는 독자적인 의의를 두는 것이다. 과거에는 경제에 대한 효과는 인공자본만을 대상으로 했으며, 인공자본을 개발하면서 자연자본이 파괴되는 경우마저 많았다. 이렇게 말할 수 있게 된 현실적 배경은 근본적으로는 석유위기를 계기로 고갈성 자원의 이용과 경제성장의 관계를 밝히고자 한 로버트 솔로Robert M. Solow 등의 연구에서 비롯된다. 자연자원을 이용하는 현 세대와 그로 인해 지속 가능한 자연자원의 양이 감소하게 될 장래 세대의 대립이나 세대 간 공평성에 관한 연구는 하트윅John M. Hartwick에 의해 재생가능자원도 포함한 형태로 확장되어, "파레토Vilfredo Federico Damaso Pareto의 최적경로5에서 자연자본 감소분의 시장가치액이 인공자

---

4 우에타 가즈히로, 「지속 가능성과 환경경제학 이론(持續可能性と環境經濟學理論)」, 게이오대학 경제학부, 『경제학의 위기와 재생(經濟學の危機と再生)』, 弘文堂, 2003, pp. 66~82.
5 [역자] 이탈리아의 경제학자인 파레토의 법칙(80:20의 법칙). 소수(상위 20%)의 인구가 총 수입의 대부분을 벌어들이고 소유하면서 80%의 영향력을 좌우한다는 경제현

본에 투자된다. 일관된 소비경로가 입증된다"는 하트웍의 원리6가 받아들여지게 되었다. 이것은 석유위기로 촉발되어, 자연제약이 경제의 지속 가능성(하트웍은 이를 일정한 수준의 1인당 소비의 실현으로 본다)을 위협할지도 모른다는 우려에 대한 이론적 대응이었다. 가령 자연자본을 감소시키더라도 그 과정에서 얻어지는 이익이 자연자본의 기능을 대체할 수 있는 인공자본에 투자되면 된다는 것이다.

여기에서 자본이란 가치 있는 재화·서비스의 흐름을 경제적으로 만들어내는, 이른바 축적을 가리키는 것으로, 인공자본이나 자연자본만이 아니라 인적자본human capital 또는 사회자본social capital도 같은 자본으로 취급될 수 있다. 가치 있는 재화·서비스의 흐름을 만들어내는 축적이 자본이며, 자연도 인간사회에 다양한 가치 있는 재화·서비스를 공급하고 있는 축적이기 때문에 자본이라는 것이다. 자연을 자본 축적으로 간주하는 것이 가능하다면 그 유지나 축적 및 관리의 문제를 다른 자본과 같이 취급할 수 있으며, 그에 따라 경제 분석이나 관리 시스템의 대상이 될 수 있다.

그러나 이상의 논의는 1인당 소비나 거시경제성장률과 자연자본 이용

상의 일반적인 패턴을 발견하고, 이로부터 "광선이 두 점 사이를 갈 때 광선이 가진 최소자원은 시간이기 때문에 시간을 최적화하는 방법을 택하여 먼 거리에 도달한다"는 페르마의 원리를 경영에 적용했다. 파레토는 "핵심적인 최소자원을 집중적으로 최적화함으로써 최고의 성과를 끌어낼 수 있다"고 한다.

6 하트웍의 사고방식에서는 어느 환경자원(자연자본)이 감소해도 다른 인공자본·자연자본에 의해 대체될 수 있다면 경제는 지속 가능하다고 본다. 이를 토대로 세계은행 등의 실증연구가 이뤄졌으며, 다음과 같은 두 가지 지표가 도출되었다. 즉 ① 확장 국내 순저축 = 국내 총저축 − 고정자본감모(減耗) + 교육지출, ② 확장 순저축액 = 확장 국내순저축 − 자원파괴가치를 이용해 확장 순저축액이 정당한 가치를 갖는다면, 지속 가능하다고 보고 있다. 이것을 소극적인 지속 가능성이라고 한다. 오누마 아유미(大沼あゆみ), 「환경의 신고전파적 접근(環境の新古典派的接近)」, 사와 다카미쓰(佐和隆光)·우에타 가즈히로 엮음, 『환경의 경제이론(環境の經濟理論)』, 岩波書店, 2002, pp. 123~150.

의 관계를 중심으로 한 논의이며, 도시에서의 자연자본 이용이나 관리에 주는 시사점은 그리 크지 않다.

도시론에서는 자연자본을 사회적 공통자본의 한 유형으로 보는 논의가 참고될 수 있다.[7] 사회적 공통자본이란 생산이나 소비라는 경제활동의 과정에서 필요한 희소자원이지만 사회 전체에 귀속되어야 할 자본이며, '분권적 시장경제제도가 원활하게 기능하고 안정적으로 실질적인 소득분배를 하도록 하는 제도적 조건들'이다. 우자와 히로후미宇沢弘文에 의하면 사회적 공통자본은 크게 사회자본, 제도자본, 자연자본으로 구분된다. 그는 자연자본은 자연 그 자체이기 때문에 자연의 법칙에 따라야만 하는 고유 성격을 가지면서도 사회자본, 제도자본과 공통되는 성질을 갖는 것으로 파악한다. 사회적 공통자본으로 간주되는 것은 주로 사회적·제도적인 조건에 의존하는 면이 크며, 반드시 경제적·기술적 관점만으로 결정되는 것은 아니다. 그러므로 자연에 대해서도 사회적 공통자본으로서의 자연자본을 유지·관리하기 위한 사회적 관리체계가 필요하다고 보는 것이다. 사회적 공통자본은 이윤이나 채산성에 근거한 시장적 조건에 좌우되지 않으며, 그렇다고 해서 국가 통치기구의 일부로 관료적으로 관리되어서도 안 된다. 사회적 공통자본의 각 부문은 윤리나 전문적 식견이 뒷받침된 사회적 규범에 근거한 관리가 필요한 것이다. 이 같은 사고를 도시에서의 자연자본의 이용과 관리에 적용한다면, 도시계획의 과정에서 도시의 매력이나 인간다운 생활공간이라는 기준을 지속 가능성과 일치시키며 하나의 기본 명제로서 도입하고 구체화하는 것이다.

---

7 우자와 히로후미(宇沢弘文), 『사회적 공통자본(社會的共通資本)』, 岩波新書, 2000.

3) 자연자본으로부터의 어메니티

그러나 도시의 환경문제를 고찰하기 위해서는 자연자본 개념만으로는 충분하지 못하다. 더구나 도시환경을 자연자본의 개념으로 정의하기에는 그 유효성이 적고, 오히려 폐해가 크다고 해야 할지도 모르겠다.

자연을 자본으로 다루는 문제는 잠시 보류해두더라도, 도시에 거주하는 사람들에게 환경을 자연자본이라는 개념으로 일괄 정리하는 것은 불가능한 일처럼 여겨진다. 인간에게 환경은 자연이 무엇보다 그 기반을 이루고 있는 것은 분명하지만, 동시에 자연 자체도 인간의 손길이 상당히 더해져 있다는 사실을 간과해서는 안 된다. 특히 도시에서 그러하며, 자연을 확보하기 위해서도 의식적인 보전·관리가 필요하다.

더 나아가 인간사회가 만들어낸 역사적·문화적 자원도 중요한데, 많은 사람이 도시에 거주하는 현대 정보화사회에서는 더욱 그러하다. 역사적·문화적 축적 자원이라고 할 때는 물적인 의미에서의 인공물만이 아니라 예술이나 학문 그리고 정보처리기술 등 정신적 생산물의 존재도 인간에게 있어서의 환경 상태를 상당 부분 규정하게 된다. 이러한 의미에서 본다면 인간은 항상 환경으로부터 제약을 받으며 환경에 의해 규정되는 존재임과 동시에, 그 환경 자체를 변화시키고 환경을 창조해가는 주체이기도 하다는 점이 중요하다. 인간에게 있어서의 환경이 궁극적으로는 자연에 의존하고 있다는 의미에서 자연적 한계라는 제약이 있는 것은 분명하다. 그러나 인간사회가 창출해왔던 정신적 생산물이 인간에게 있어서의 생활환경이나 문화환경을 구성하는 요소로서 중요해짐에 따라 자연과 함께 인공물이나 정신적 생산물을 포함한 인간을 둘러싼 종합적인 환경을 인간에게 더 양호한 상태로 창조해가는 것이 과제가 되고 있다. 이러한 시각은 도시를 논하는 경우에는 특히 중요하다.

이 문제는 과거부터 도시계획 분야에서 사용되어왔던 어메니티라는 개념이나 경제학에서의 생활의 질 개념과도 관련이 있다. 인간이 '좋은 환경'이라고 할 때는 단순히 오염이 없다는 것만으로는 불충분하며, 그 사람을 둘러싸고 있는 공간을 쾌적하다고 느껴야 하는 것이다. 그 공간을 구성하는 요소는 다양하며, 생활과 관련된 거의 모든 요소라고도 할 수 있다. 이러한 요소는 인간의 거주환경으로서, 인간의 존재나 활동과의 상호작용 속에서 보존·형성될 때 우리에게 귀중한 무엇인가를 공급해주게 된다. 그 무엇인가를 우리는 통상 어메니티라고 불러왔다.[8]

3. 도시 어메니티

어메니티 개념은 영국의 도시계획사 속에서 다듬어져 왔다. 1909년 「주택도시계획법」에서 어메니티는 '바람직한 위생 상태, 편리성의 확보'와 함께 도시계획 전체 목표의 주요 주제 중 하나로 자리 잡았다. 영국의 '시민 어메니티 법안Civil Amenities Act'에 의견을 서술했던 홀포드William Holford 경은 어메니티를 '있어야 할 것이 있어야 할 곳에 있는 것', 즉 '당연한 것(예를 들어 숙소, 습도, 빛, 깨끗한 공기, 집안 서비스 등)이 마땅한 장소에 있는 것'이라고 정의하고 있다. 지역사회 속에서 어느 곳에, 어떤 것이, 어떤 모습으로 있는 것이 쾌적한 삶인지에 대해서 해당 공동체 사람들 사이에서 공통적으로 이해될 때 비로소 어메니티라는 용어가 사용된다. 즉 어메니

---

8 어메니티에 대해서는 니시무라 유키오(西村幸夫), 「도시공간과 어메니티(都市空間のとアメニティ)」 요시다 후미카즈(吉田文和)·미야모토 겐이치(宮本憲一) 엮음, 『환경과 개발(環境と開發)』, 岩波書店, 2002, pp. 121~150.

티는 각 지역에서 구체화되는 개념인 것이다.

도시에서 어메니티의 보전이나 창조, 관리의 문제를 고찰하려면 어메니티의 경제적 성격을 이해해둘 필요가 있다.[9]

첫째, 어메니티는 토지와 그 위에서 사람들이 살아가는 활동과의 상호작용 속에서 형성되는 것으로, 토지 고착성固着性이 있다고 할 수 있다. 이러한 재화를 토지 고유재라고 부른다.

도시환경은 사람들이 도시에서의 다양한 환경적 요소와 상호 자극을 주고받는 가운데 역사적으로 형성되어왔던 축적이다. 경관이나 가로 모습 등에서 전형적으로 보이듯, 대체가 불가능한 지역 고유의 특징을 갖고 있다. 그것은 각각의 도시환경을 구성하는 소재가 다르며, 그것이 각각 고유할 뿐만 아니라 소재와 사람의 교류 양식 또한 고유하다고 할 수 있다. 어떤 지역의 현재 환경공간은 형성되어가는 과정에서 그 지역 고유의 문화성과 서로 규정하는 관계에 있다. 이 지역의 고유성은 그 지역의 생산물에도 가치가 반영될 수 있다는 점이 흥미롭다. 그 지역에만 있는 명산품은 소비자에게 그 생산품 자체의 가치에 더해 그 생산품이 생산된 하천이나 경관, 그곳에 거주하는 사람들과의 교류를 이미지화하면서 소비되고 있는 것이며, 그것이 물건만으로는 얻어질 수 없는 가치를 주는 것이다. 그 경우 소비라는 것은 단순히 생산품의 소비만이 아니라 그 배경에 있는 어메니티를 덧붙여 소비한다고 할 수 있다.

둘째, 어메니티는 분할이 불가능하다. 어메니티는 종합적인 것이며, 요소별로 나누는 것은 기술적으로도 곤란하다. 따라서 어메니티를 구성하는 개별 요소마다의 가치를 측정하는 일은 본래 어려우며, 그 때문에 어메니티의 개별적 관리는 그 비용에 비해 효과가 적을 개연성이 있다.

---

9 우에타 가즈히로, 『환경경제학으로의 초대』, pp. 38~39, 121~124.

셋째, 어메니티는 공동 소비의 성격이 있다. 동일 공간, 예를 들어 같은 공동체에 거주하는 것은 어메니티를 공동으로 이용하고 있으며, A라는 사람이 이용했기 때문에 B라는 사람이 이용할 수 없는 것은 아니다. 또 요금을 내지 않으면 이용할 수 없게끔 하는 것도 대부분 불가능하며, 이러한 기술적 의미에서도 공공재적 성격을 띠고 있다. 다만 이 관점에서 어메니티의 공공재적 성질은 구체적 항목마다 그 정도가 다르다. 어메니티에 따라서는 그 편익 수혜자의 증가와 더불어 각 개인의 이용편익이 감소하는, 이른바 혼잡현상이 발생하는 사례도 적지 않다. 즉 어메니티를 공급하는 재화는 공공재적 성질과 사유재적 성질을 모두 가지고 있다고 할 수 있을지도 모르겠다. 중요한 것은 어메니티를 공급하는 주체가 공공 부문에만 한정된 것이 아니라 다수의 사적 주체도 있다는 점이다. 예를 들어 개개의 건축물은 사유물이지만, 각각이 전체로서는 일종의 공공공간을 형성하며 어메니티를 제공하고 있는 경우도 많다.

넷째, 어메니티는 공급이 고정적이며 불가역적이라는 성격을 가진다는 점도 유의해두어야 한다. 일단 파괴되면 복원하거나 대체하거나 하는 것이 현대의 고도기술을 가지고도 극히 곤란하거나 불가능한 경우가 많다. 그렇기 때문에 어메니티에 대한 욕구가 강해진다고 할 수 밖에 없다. 또 어메니티는 역사적 축적을 포함하고 있으며, 수요가 늘어난다고 해서 다른 상품과 같이 다른 곳에서 구입하거나 공급을 늘리는 것은 불가능할 때가 대부분이다.

4. 도시환경을 사회적으로 관리할 필요성

도시에 거주하는 사람들에게 환경이란 자연만이 아니라 인간사회가 만들어내 왔던 역사적·문화적 축적을 포함한 자산이며, 동시에 그러한 자산과 인간사회가 어떠한 교류 양식, 즉 관계를 가지고 있는지에 따라 그 서비스 수준은 달라진다. 양호한 관계를 만드는 노하우가 귀중하며, 그것도 포함해 환경자산이라고 해야 할지도 모르겠다.

현대 자본주의 사회에서는 토지 사유제와 그 토지를 대규모 자본이 자유롭게 이용·독점하는 영업권이 기본적으로 용인되고 있다. 그러한 사회에서는 어메니티를 상품화하여 상시적으로 토지나 공간의 교환가치를 높이는 경향이 있다. 그 결과 어메니티의 어떤 환경이 일부 기업이나 개인에 의해 소유 또는 이용·독점되는 현상이 발생하는데, 이것이 어메니티의 지역적·사회적 불평등이다. 어메니티는 본래 사회적 공통자본으로서 사회적 기준에 근거해 사회적 관리가 이뤄져야 함은 물론이다.

그러기 위해서는 우선 어메니티의 가치가 사람들에 의해 정당하게 인식될 필요가 있으며, 도시 만들기와 결부된 환경교육이나 환경학습이 중요해질 것이다. 경제학의 입장에서는 의사결정이나 정책의 판단자료를 제시하기 위해 환경가치를 화폐적 가치로 평가하는 시도가 확대되어왔지만,[10] 그러한 어메니티의 화폐적 가치평가는 환경평가의 인식과 그 공유화를 위한 하나의 접근 방식일 뿐이다.

단일 차원이나 체계로 환경을 평가하는 것은 불가능하며, 환경현상을 다차원에서 평가하는 틀이 필요해진다.[11] 근본적으로 환경평가는 인간의 환경문제에 대한 인식이라는 행위의 산물임을 잊어서는 안 되는 것이다.

---

10 환경평가에 대해서는 다음 문헌들을 참조. 와시다 도요아키(鷲田豊明), 『환경평가입문(環境評價入門)』, 勁草書房, 1999; 요시다 후미카즈·기타바타케 요시후사 엮음, 『환경평가와 매니지먼트(環境の評價とマネジメント)』, 岩波書店, 2003.

11 Kapp, K. W., *Social Costs of Private Enterprise*, 1950[시노하라 다이조(篠原泰三) 역, 『사적 기업과 사회적 비용(私的企業と社會的費用)』, 岩波書店, 1959].

환경의 상태나 변화를 평가하는 데 있어서 이를 유용한 차원으로만 환원하는 것은 불가능하며, 환경평가라는 행위의 대부분은 통합화되어야 한다. 따라서 기존의 경제이론을 적용한 환경평가는 평가의 일면을 보여주더라도 환경평가 그 자체라고 말할 수 없는 것이다. 평가의 신뢰성과 안정성을 높이기 위해서라도 다양한 평가 기준에 근거한 평가와 평가 기준 간의 대립과 조정을 가능하게 하는 정보의 공유화와 커뮤니케이션 과정이 반드시 필요하다. 새로운 자연과학적 지식을 얻거나 다른 사람과의 커뮤니케이션 또는 토론 과정12을 거쳐 환경인식이 진화하는 역동적인 과정에도 유의해야 한다.

어메니티의 가치 인식과 그 공유화 과정을 밟아가면서 어메니티의 사회적 관리에 적용할 만한 기준은 '공공신탁公共信託'이라는 사고방식일 것이다. 그 경우 관리를 맡은 사회적 구조 또는 조직(대부분의 경우는 공공기관)이 국민 또는 사회의 자산을 맡아 관리하는 셈이 되며, 그 관리 책임을 다할 의무가 주어진다. 또 어메니티가 제공하는 서비스는 인간 생명활동이나 시민의 기본적 생활을 유지하는 것이어야만 하며, 그 수준은 시민의 기본적 권리 내용에 대한 사회적 합의에 근거한다고 생각할 수 있다. 그 합의를 구체화해 실시할 수 있는 환경관리체계가 과제로 떠오르고 있다.13

---

12 Sen, A., "Rationality and Social Choice," *The American Economic Review*, Vol. 85, No. 1, pp. 1~24.
13 미미하지만 그러한 시도는 이 책 제8장 참조.

5. 지속 가능성: 결론을 대신하여

지구환경문제의 출현으로 말미암아 도시의 환경관리에는 이를테면 지구온난화 방지라는 시각이 반영되어야 하는 요구에 직면해 있다. 물론 도시의 환경적 지속 가능성은 지구 규모에서의 지속 가능성과도 연동되어야 한다.[14] 그것은 단순히 도시 수준에서 온실가스 감축 계획을 세우는 것이 아니라 대량생산·대량소비·대량폐기의 시대를 벗어나 지구 규모에서부터 지역 규모에 이르기까지 환경친화적 도시구조, 교통체계, 생활양식을 모색해감을 의미한다. 이러한 도시에서의 환경자산 관리는 전 지구적, 지역적으로 생태친화적인 어메니티의 풍부함을 보장하는 것이 되어야 할 것이다.

---

14 뉴메이어(N. Neumayer)는 지속 가능성과 관련해서 자연자본 개념을 풍부하게 함과 동시에 유형화하고 기후, 오존층, 생물다양성 등의 기본적인 생명유지기능은 대체 가능성이 없기 때문에 중시해야 한다고 주장한다. 도시환경 관리에서도 이러한 관점이 요구될 것이다. Neumayer, N., *Weak versus Strong Sustainability: Exploring the Limits of Two Opposing Paradigms*, Second Edition, Edward Elgar, 2003.

나이토 마사아키 内藤正明

1. '순환'의 좁은 의미와 넓은 의미

'순환'이란 "자원이 생물용으로 제공된 뒤 무엇인가의 재생 과정을 거쳐 다시 자원으로 사용되는 일련의 사이클이 지속되는 상태"라고 말할 수 있다. 자연계에서는 이것이 생태계의 메커니즘에 의해 영속적으로 이뤄져 왔다. 그러나 그것에 인간의 활동이 관여하기 시작하면서 복잡해졌으며, 다만 그 정도가 그만큼 크지 않은 범위에서는 자연의 움직임 속에 포함되었다. 에도江戸 거리의 분뇨가 시골로 옮겨져 이를 통해 생산된 농산물이 다시 도시에서 소비되었다는 것은 옛날부터 잘 알려진 이야기다. 또 에도 앞바다에 떠다니는 유기물은 물고기들의 먹이가 되며, 그 물고기가 섬에서의 먹거리가 되고, 그 분뇨들이 다시 산 위로 옮겨지는 거대한 자연의 순환이 성립되었다.

이 순환이 최근 다시 사회의 관심을 끈 데는 대량생산·대량소비가 정착되면서 폐기물이 엄청나게 증가하고 그것이 사회에 각종 문제를 불러온 것이 계기가 되었다. 이제까지는 쓰레기(특히 식물로부터 발생한 유기물질)는 소각해 대기로 보내거나 해양에 투기하여 자연의 대순환에 맡겨 처리해왔다고 할 수 있다. 이렇게 인간생활에서 자연세계로 방출된 이산화탄소나 질소산화물이 대순환에 더해져 지금은 지구의 자연 메커니즘에까지 큰 영향을 미치고, 결국에는 기후변화(온난화)문제를 일으키게 된 것이다.

그러한 배경에서 폐기물을 환경에 방출하는 것을 막고 인위적인 힘으로 순환시키려 했지만 기술의 힘을 가졌다고 해도 순환이 쉽게 이뤄지는 것이 아님을 알게 되었다. 즉 '무엇인가를 더하고 뺀 것이 없는(또는 같은 양으로 더하고 빼는 것) 체계 속에서 일정량이 정상적으로 돌고 있는 것'이 순환이라고 정의되는데, 외부에서 대량으로 무엇인가를 집어넣으면서 그것을 외부로 발산하지 않게 순환시키는 것은 불가능한 일이다. 지금 쿠바가 세계로부터 순환농업 국가로 주목받고 있지만, 사실 미국에 의해 봉쇄되면서 원하든 원치 않았든 결과적으로 순환을 위한 '충분조건'이 만들어졌다고도 할 수 있다.

이러한 것을 감안하면 순환형 사회라는 정의는 '인위적인 물질 순환이 적정 규모의 자립적 체계로서 지구 생명권의 자연순환계와 융합해 지속적으로 운영되도록 하는 사회'라고 할 수 있다. 이 정의가 시사하는 진정한 순환형 사회는 폐기물 순환이라는 좁은 의미의 개념을 뛰어넘는, 현대 사회와는 아주 다른 사회가 아닐까? 그러나 나중에 다시 이야기하겠지만, 그와 같은 사회가 아니라면 협의의 폐기물 순환도 불가능하기 때문에, 결국 넓은 의미의 '순환형 사회 형성'이 좁은 의미의 개념도 포함한다고 할 수 있을 것이다.

특히 일본에서 공업 계통의 자원 순환을 대상으로 하는 경우는 앞에서 언급한 원리, 특성과 관련해 유사한 점과 다른 점이 있다. 물질이 들어오고 나감에서는 상당량이 공업제품으로 국외로 수출되고 있기 때문에 균형 잡

힐 가능성은 있지만, 국내에서도 대량의 공업제품이 사용되고 그 폐기물이 머물러 있다는 것은 유사한 점이다. 더 나아간 문제는 수출량을 포함해 그 대량생산 과정에서 배출되는 폐에너지·폐기물이다. 그 때문에 최근에는 「순환형 사회형성 추진 기본법」 등이 제정되고 '순환형 사회'라는 표현이 다양한 분야에서 자주 사용되게 되었다. 그러나 환경성環境省에 의한 『순환형 사회 백서』(2003년)에서도 순환형 사회의 목표는 우선 무배출zero emission을 주제어로 하고 있듯이, 제조 과정에서 자원의 효율적인 이용이 핵심이었다. 그에 더해 최근에는 도시에서의 자원 순환도 목표로 하지만 그 경우 문제점은 앞에서 밝힌 농업·생물 계통에서 직면하고 있는 문제와 본질적으로 같은 것이다. 즉 자원 낭비형 사회가 완성되었는데 갑자기 순환을 그 일부에 집어넣는 것은 고속도로에서 한 방향으로 잘 가고 있던 대량의 차 흐름에서 돌연 역주행하려고 하는 것과 같은 일이다. 그 차량은 크게 망가질 뿐만 아니라 주위는 대혼란에 빠진다. 전체의 흐름 자체를 순환형 방향으로 전환하지 않는 한 개개의 순환은 있을 수 없다는 것이다.

이 장에서는 우선 '폐기물 순환'이라는 의미에서 좁은 의미의 순환을 다루고, 다음으로 그것을 포함한 넓은 의미의 '순환형 사회 만들기'라는 개념을 개괄적으로 설명하며 그 사례를 소개한다.

2. 지금 순환이 요구되는 배경

일본에서는 1970년대부터 대량생산·대량소비의 결과 대량의 폐기물이 발생했고, 그것이 각종 환경문제를 가져왔다. 그중 가장 심각한 것은 매립지의 용량이 10년밖에 남지 않았다는 사실이다. 이에 대비해 지금까지 다양한 제도나 기술개발이 요란스럽게 추진되었지만 순환은 쉽게 실현되지

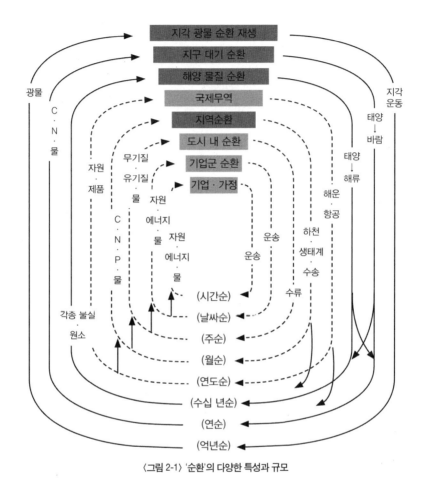

지각 광물 순환 재생

지구 대기 순환

해양 물질 순환

국제무역

지역순환

도시 내 순환

기업군 순환

기업 · 가정

광물

C
·
N
·
물

지각
운동

자원
·
제품

무기질
·
유기질
·
물

C
·
N
·
P
·
물

자원
·
에너지
·
물

자원
·
에너지
·
물

태양
↓
바람

태양
↓
해류

해운
·
항공

하천
·
생태계
·
수송

운송

운송

각층 불실

원소

(시간순)

(날씨순)

(주순)

(월순)

(연도순)

(수십 년순)

(연순)

(억년순)

수류

〈그림 2-1〉 '순환'의 다양한 특성과 규모

못하고 있다. 그 원인은 세계시장경제와 그에 연동된 대량생산 공업사회
에 있다. 기술을 특히 선호하는 일본은 이 같은 산업구조, 무역구조를 남겨
둔 채 문제를 해결하려 했다. 즉 대량생산·대량소비는 그대로 놔두고 대량
폐기만을 순환·재생 기술에 의해 개선하려고 해왔던 것이다. 그러나 문제
는 기술에 있는 것이 아니라 일본 전체의 물질수지가 성립되지 못하는 데
있으며, 싼 가격의 공업원료나 농산물을 외국에서 대량 수입하고 있기 때
문에 폐기물을 재자원화해도 그 상당 부분은 이용을 기대하기 어렵다는

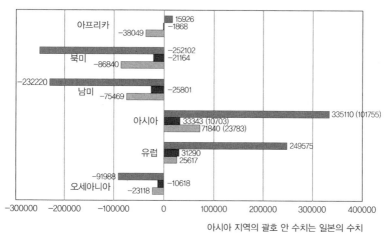

아시아 지역의 괄호 안 수치는 일본의 수치

■ 질소: Nitrogen (N-t/년)　■ 인: Phosphorus (P-t/년)　■ 칼륨: Potash (K-t/년)

〈그림 2-2〉 농산물 수입에서 물질수지의 불균형

것이다.

순환은 물질보존법칙에서 그 고리를 끊어내지 않으면 성립하지 못한다. 따라서 외부로부터의 이입을 그대로 두고 재생품을 사용한다면 사용하는 자원은 아무 제한 없이 늘어날 게 분명하다. 또 그것은 세계 규모에서 보면 오랜 기간 국제적으로 재화가 이동하여 국가 간 물질수지 불균형이 축적된 결과로 나타났다(〈그림 2-2〉). 이것이 수출국에는 질소, 인, 칼륨 등 영양분의 부족, 수입국에는 영양분이 과다해지는 부영양富栄養현상을 가져오고, 그로 인해 한층 더 심각한 상황이 앞으로 초래될 우려가 있다.

일본에서는 과거부터 폐기물을 소각해 대기로 날려 보냈으며, 해양에 투기하거나 하천으로 방류하고, 또 처리장에 매립하는 방법으로 표면적으로는 물질수지의 균형을 잡아왔다. 그러한 것이 각종 규제에 의해 폐기물 발생지 외부로의 방출이 불가능해지면서 새로운 문제가 발생했다.

나중에 어떤 사회적·경제적 상황이 변화하여 만일 재생품을 이용하는 경우가 온다고 하더라도 감안해야 할 문제가 몇 가지 있다. 첫째는 인위(공업)적 기술에 의해 순환을 이뤄낸다면 반드시 다량의 에너지가 필요하게 됨에 따라 순환을 하는 것이 오히려 이산화탄소의 배출을 늘릴 가능성이 있다는 것이다. 따라서 순환하기 위해 지금까지와 같이 화석에너지를 대량소비하는 기술에 의존하게 되면 온난화를 촉진하는 문제가 발생한다. 둘째는 처리·재생을 위한 기술개발이 필요하다고 하더라도 폐기물을 회수하는 체계를 만들어내 자원으로 전환할 시점에 생겨나는 잔재를 어떻게 유효하게 활용하는지에 관한 문제다. 그러기 위해서는 사회체계를 그에 대응할 수 있는 구조로 바꿀 필요가 있다.

이상과 같은 내용을 감안한다면 폐기물 순환이라는 일견 단순해 보이는 문제도 결코 기술만이 아닌 사회의 구조변화 없이는 실현할 수 없다. 즉 20세기형 공업사회가 자원 낭비성, 즉 사용하고 버리는 것에 의해 성립한 경제·사회체계로 이뤄져 왔음을 생각하면 '순환형 사회'로의 전환에는 현재의 낭비형 사회구조를 근본적으로 개선할 필요성이 있다.

일본이 그러한 개선에 진정으로 나서지 못하고 있는 것은 이제까지의 산업구조를 변혁하는 것에 대한 저항이 상당하기 때문이다. 그리고 그러한 저항을 지탱하는 데에는 기술이 모든 것을 해결해줄 것이라는 낙관주의도 한몫하고 있다. 이와 관련하여 최근 독일은 40%, 영국은 60%, 네덜란드는 무려 80%나 되는 이산화탄소 감축 계획을 공표하고 있지만, 이는 현재의 사회·경제구조를 엄청나게 변혁하겠다는 각오가 없이는 불가능하다.

3. 순환형 사회의 성립 조건

낭비형 사회구조 속에서 순환을 가동시키기 위해 지금 일본에서는 친환경상품 구입 등 자원봉사를 바탕에 두거나 공공보조 등으로 최소한의 순

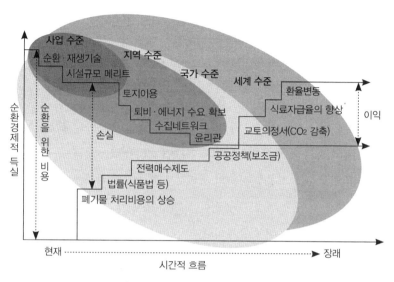

순환경제적 득실

사업 수준
순환·재생기술
순환을 위한 비용
시설규모 메리트
지역 수준
토지이용
국가 수준
퇴비·에너지 수요 확보
수집네트워크
세계 수준
환율변동
손실
윤리관
식료자급율의 향상
이익
교토의정서(CO$_2$ 감축)
공공정책(보조금)
전력매수제도
법률(식품법 등)
폐기물 처리비용의 상승

현재 ⋯⋯⋯⋯⋯⋯⋯⋯⋯⋯⋯⋯⋯⋯⋯⋯⋯⋯▶ 장래

시간적 흐름

〈그림 2-3〉 유기물 순환의 경제적 성립 요건 예상

환을 유지하고 있지만, 그것은 언제까지나 지속될 수도 없고 대규모로 발전될 가능성도 희박하다. 앞서 언급한 바와 같이 재생자원이 시장 메커니즘을 통해 활용될 필요가 있다. 그러기 위해서는 기술과 함께 그것을 둘러싼 조건이 변화할 필요가 있는데, 이는 자원 및 환경의 위기로 볼 때 앞으로 충분히 예상할 수 있는 일이다. 그 변화의 내용은 지역사회의 구조, 더 나아가 경제·산업 구조, 법·제도라는 국가 수준의 정책, 그리고 그것을 둘러싼 세계 무역 구조나 환경 규제의 틀이라는 국제적인 상황까지 밀접하게 연관되어 있다. 그것을 요약한 것이 〈그림 2-3〉이다. 이와 같은 주변 상황의 변화가 순환 형성과 밀접하게 연관되어 있다는 것은 과거 엔 달러 환율이 오르자 일본에서 이제까지 존재했던 각지의 다양한 순환구조가 결정적으로 파괴된 것을 보더라도 이해할 수 있다.

이와 같은 변혁에는 개인은 물론 국가 수준의 대책도 반드시 필요하다. 그러나 이러한 종류의 대변혁은 세계 전체를 흔들어놓을 수 있는 어떤 큰 격동이 없다면 일어나지 못할 수도 있다. 그 가능성 중의 하나가 세계경제 시스템의 파탄이며, 또 한 가지는 지구환경의 위기일 것이다. 즉 지속 가능 사회를 위해서는 세계적인 경제 붕괴가 전제되어야 한다는 모순에 빠지게 되는 것이다. 그것을 회피할 수 있는 유일한 길은 인간만이 가진 '장래 예측의 지혜'와 '스스로 자제할 수 있는 윤리'의 힘을 통해 바람직한 사회를 미리 규범적으로 바꿔갈 수 있는가의 여부에 달려 있다.

마지막으로 지속 가능한 사회의 모델로서 최근 세계 각지에서 나타나기 시작한 '생태마을eco village'과 관련한 사례를 통해 그 의의와 과제를 검토 하고자 한다. 이것은 어떤 종류의 목적 또는 규범을 수립하고 그에 따라 하나의 사회를 만들어가려는 시도이지만 이러한 시도는 이제까지 유토피아 사상이나 이데올로기적 활동이라는 비판적 시각으로 보는 경향이 있었다. 그리고 적어도 이제까지의 인류 역사에서는 성공한 사례가 없다는 주장도 있다. 그러나 과거로부터 어떤 종류의 사회 변화나 혁신은 과거 체제가 파탄을 맞았을 때 새로운 이념을 추구하며 일어났다. 그것은 당연한 것으로, 설사 영구적으로는 이어지지 못했다고 해도 그와 같은 변화의 과정이 곧 역사다. 그렇기 때문에 지금도 그와 같은 전환점의 하나라고 생각할 수 있다. 변혁은 어느 때, 어느 시대에서도 이데올로기적인 문제 제기다. 그것을 기피한다면 사회의 변화나 혁신은 일어날 수 없다.

4. 순환형 사회 형성을 위한 변혁

1) 기술 시스템의 변혁

일본은 공해문제에서 나타난 것처럼 문제 해결을 기술에 과도하게 의존

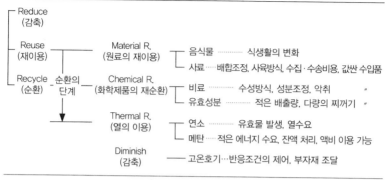

〈그림 2-4〉 순환에서 일련의 단계

하려는 체질이 강하며, 순환에 관해서도 혁신적인 기술에 의해 문제가 해결될 것이라는 의식이 뿌리 깊다. 기술의 필요성은 분명 말할 필요도 없지만, 기술 그 자체만으로는 의미를 가지지 못한다. 재화의 순환이라는 체계가 지속적으로 기능하기 위해서는 순환의 고리를 형성하는 요소 간의 물질수지, 경제수지, 사회적 연계가 안정적으로 확보되는 것이 반드시 필요하다. 하나의 요소가 굉장히 우수하더라도 균형을 잡지 못하면 하나의 고리에서는 오히려 장애가 될 뿐이다. 따라서 이제까지와 같은 각각의 구성 주체가 스스로의 경제 효율만을 강조해 다른 주체에 부담을 지우는 것이 아닌, 순환이라는 고리에 결부된 주체 모두가 이른바 운명공동체로서 전체 파이의 크기를 최대화하지 않으면 안 된다.

순환이라는 것은 지구환경을 포함한 세계 지속 가능성의 위기에서부터 언급되기 시작했다. 이를 염두에 둔다면 저렴한 자원과 화석에너지 소비를 전제로 한 지금의 기술체계를 '허먼 데일리Herman Daly의 원칙'이 밝히고 있듯이 가능한 한 지구계의 엔트로피entropy를 중대시키는 쪽으로 변혁하는 것이 필요하다. 그리고 그 기술 시스템으로는 폐기물이 가진 재이용의 잠재성에 따라 '원료material, 화학제품chemical, 열thermal'의 단계별 이용을 철저히 하는 것이다. 그것을 위해서는 다양한 '전환 과정'을 대상 물질의 질에 따라 지역의 사회·자연 특성 속에서 최적 시스템으로 구축하는 것이 중요하지만(〈그림 2-4〉), 그 복잡한 시스템 구성을 최적화하기 위해서는 고도의 분석이 필요하게 된다.

2) 산업 간 연계 시스템 구축

순환이 비교적 안정적으로 기능하고 있는 사례에서는 배출과 이용 측면은 물론, 개별 기술의 전문가를 포함한 각 주체가 이에 공동으로 대처하고 있다. 여기에는 당연히 기술을 필두로 개개의 요소가 우수해야 하지만, 이들 요소가 전체 체계로서 기능하지 못하면 순환이 성립하지 못함은 이미 강조한 바 있다. 각 산업 주체를 연계된 선으로 묶어내는 것, 즉 고리 형성이 가장 중요한 핵심이며 제품 유통에 있어서 관리의 필연성이 있다.

구체적인 사례를 들면, 식품 가공 잔존물이 유익한 재생가능자원이라는 이유로 저렴하게 퇴비로 쓰도록 한 결과, 그 퇴비를 환원하는 농가·농지가 주변에 없어 큰 비용을 들여 원거리 수송을 하거나 또는 창고에 쌓아두는 상태가 발생한다. 순환 형성은 어느 한 주체의 많은 경제적 부담 아래에서는 지속적으로 성립할 수 없다. 관련 경제 주체가 효과적으로 연계되면서 적절한 비용을 부담하며 '부산물 회수 - 재자원화 - 유통 - 소비'라는 전체 체계를 하나로 묶는 계획 입안이 필요하다.

3) 정보관리 시스템 구축

이제까지 소각 처리가 중심이 되었던 것은 감량이나 위생상의 문제 때문이었다. 그러나 순환이 촉진되고 복수의 기업으로부터 발생하는 폐기물을 일괄해 효율적으로 재활용하는 것이 경제적으로는 타당하다고 해도, 폐기물 관리가 적절하지 못할 때는 재생제품의 품질에 문제가 발생하거나 안정화되지 못한다는 문제가 있다. 더욱이 그러한 문제는 재자원화에 나선 연계 기업 간 신뢰관계를 무너뜨리게 되며, 제 기능을 하기 시작한 순환의 고리가 끊어질 가능성마저 낳게 된다.

전형적인 사례가 BSE(우해면상뇌증, 광우병)일 것이다. 특히 식품과 같이 인간이 직접 섭취하는 제품으로 재생하는 경우 그 제품의 이력이 대단히 중요하며, 재생제품을 받아들이는 쪽에서는 그 제품이 어떠한 원료(폐기물)를 사용해 생산된 것인지가 중대한 문제가 된다. 그러나 제품 이용자가 이들 원료를 거슬러 확인할 수 있는 경우는 거의 없다. 산업폐기물에 대해서는 이미 '메니페스토 제도'가 있으며, 식품계 유기물에 대해서도 똑같이 재생제품 이용자가 그 이력을 확인할 수 있도록 '어떠한 원료로 재생되었는가', '누가 생산했는가' 등에 관한 이력정보 확인 시스템 구축이 중요할 것이다.

4) 기술을 평가하는 기준 확립

현재 순환에 대처하고 있는 많은 사례는 '폐기물을 유효하게 이용해 환경에 대한 영향을 줄이자'는 개념이 대부분이다. 그러나 이러한 이념이나 이상만으로 실제 사업이 시작되면 많은 문제에 직면하고, 그것을 충분히 극복할 수 없어 사업은 암초에 부딪히고 만다. 또 특정한 기술을 갖고 대처하는 경우도 적지 않지만, 그때는 기술만이 아니라 기술을 포함한 사회 시스템 전체의 효과를 '에너지수지, 물질수지, 경제수지' 모두에 대해 종합적으로 평가하는 것이 반드시 필요하다.

순환을 평가하기 위해서는 전 과정 평가LCA: Life Cycle Assessment가 매우 긴요한 수단이 된다. LCA는 평가 대상이 되는 제품의 '원료 채취 - 가공·생산 - 유통·판매 - 소비 - 폐기 및 재활용' 각 단계에서 배출되는 이산화탄소와 각종 환경부하를 모두 계산한다. 그 제품과 관련된 환경부하를 정량적이며 종합적으로 평가함으로써 환경부하를 줄일 방법을 모색하고자 하는 것이다. 그러나 제품의 경제성은 통상 단기적이며 사회적 비용을 제외한 조건에서 평가되기 때문에 순환으로 인해 결국 제품의 비용이 높아진다. 재활용법에서도 과제가 되고 있지만, 경제성을 논의할 때에는 자원의 환경적 가치와 폐기 비용을 포함한 순환 전체에서의 평가 및 내부화가 필요하다.

5) 토지이용 구조의 변혁

도시에서 생성되는 유기물 계통의 폐기물(가정의 음식물 쓰레기, 공원의 나무를 다듬은 후 남은 가지, 식품산업·유통업의 폐기물 등)의 순환에는 이들 폐기물로부터 만들어진 퇴비의 양을 수용할 수 있는 농지 면적이 필요하다. 즉 도시지역과 농촌지역의 토지이용에도 이와 같은 물질수지 입장에서의 균형을 이루는 배려가 있어야 한다.

거시적인 통계를 보면 도시와 농촌에는 그만큼 큰 양적 불균형은 없지만 지역성을 고려하면 개개 수급관계의 조화, 출발과 도착이라는 수송 문제, 그리고 규모 격차 등이 순환의 커다란 문제가 되고 있다. 즉, 각 경제주체가 개개의 생산효율을 추구하기 때문에 도시는 비교적 균일하게 편재된 위치에서 대량의 폐기물을 만들어내는 데 비해 이를 받아들이는 쪽은 중소 규모의 축산업, 농업 등이기 때문에 안정적인 수급관계가 성립하지 못한다. 그러므로 도시의 시장경제에 따라 농촌에 순환 기능을 일방적으로 주입하는 것으로는 문제를 해결할 수 없다.

또 도시와 농촌 간 수송에 따른 제약(이산화탄소 배출)을 고려할 필요가 있으며, 그것을 연계할 수 있는 것은 '적정 규모의 분산형 지역 자립 단위'가 되어야 할 것이다. 최근 자주 이야기되는 "그 지역에서 생산된 것은 그 지역에서 소비한다"라는 논리도 이를 뒷받침하고 있다.

6) 사회·경제 시스템의 변화

재생자원은 외국으로부터 들어오고 있는 원재료처럼 수요에 맞춰 자유자재로 공급하기 곤란하기 때문에 '수급 균형'을 가능한 작은 지역에서 제대로 형성해야 한다. 그 요점은 자연에너지 이용 방식(연성에너지 경로soft energy path)에서와 같이 공급과 수요를 '지리적·시간적·질적·양적' 측면에서 합리적으로 조합하는 것이다. 이 역시 복잡한 시스템 통합system synthesis의 문제다. 다시 말해 '재생'과 동시에 '이용'이 담보되고 있는지가 결정적으로 중요한 것이다. 그렇지 않고서는 재생되었다고 해도 그것이 또 다른 폐기물을 새롭게 양산하는 것에 불과하기 때문이다.

이것은 오늘날 세계경제의 흐름과는 반대되는 논리며, 쉬운 일이 아니다. 그러나 과연 자유시장이 확대되는 것이 진정 사회의 효용을 증대시키는 것일까? 그 답은 이미 애덤 스미스가 시장이 사회적으로 최적의 결과를 낳기 위한 필요조건으로서 언급하고 있는 것에서 찾을 수 있다. 예를 들어 '판매자와 수요자가 시장가격을 조작할 수 없을 정도로 소규모로 할 것', '당사자 전체에게 정보공개가 완전하게 이뤄져 기업의 영업상 비밀이 없을 것', '판매자는 제품의 모든 비용을 부담하고 판매 가격에 이를 전가할 것', '자본 투자는 국내로 한정해 국가 간 무역수지가 균형을 이룰 것' 등인데, 명확하게도 오늘날 세계시장은 이와 완전히 상반된다.

7) 법제도의 정비

혈관의 순환에 비유할 때 정맥계통을 고려하지 못했던 시대의 제도가 지금의 순환을 방해하는 측면도 있다. 현행의 각종 법·제도는 반드시 순환을 촉진하는 것만은 아니며, 순환자원의 이용을 지원하는 법·제도로 이를 개혁해나갈 필요가 있다. 현재 시행되고 있는 재활용법도 그 대부분이 폐기물을 감축하는 데만 주안점을 두고, 순환시키기 위한 배려는 충분하지 못하다. 동시에 각 법률이 독립적으로 기능하기 때문에 오히려 순환 촉진을 방해하고 있는 부분도 적지 않다.

예를 들어 「식품재활용법」에서 식품 잔존물을 재이용하기 위해 사료·비료 이용을 추진하고 있다. 이 사료를 받는 축산업에서는 「가축배설물법」에 의해 분뇨 처리가 중요한 과제가 되고 있지만 경제적 이유로 이를 깨끗하게 처리할 수 없기 때문에 무단폐기하는 경우도 상당하다. 확실히 가축 분뇨 처리는 환경적으로 중요하지만 축산업이 쇠퇴하면 사료 이용도 정체될 것이 당연하며 현재까지도 법·제도 간 연계는 찾아볼 수 없다. 비료 이용의 경우도 비슷하다. 식품 잔존물을 배출하는 기업은 적극적으로 비료 재활용에 나서고 있지만 이를 받아들이는 농업이 수입 농산물과의 경쟁, 후계자 부족 등의 문제 때문에 그 지속성이 위협받고 있다는 것을 생각한다면 「식품재활용법」으로 폐기물 규제만을 시행하는 것이 반드시 옳은지에 대해서 의문을 제기할 수 있다.

또 재활용법 제정을 통해 폐기물을 미이용 자원으로 설정하고 재자원화를 의무로 규정하는 것은 가치가 있지만, 문제는 재활용법이 배출된 폐기물을 어떻게 재자원화할 것인가에만 주목하고 있다는 점이다. 지금의 사회·경제 체계 위에서 재자원화를 촉진한다면 저절로 대량의 재활용이 이뤄질 것이다. 더 나아가 순환된 제품은 가격, 품질 면에서 최초 자원보다 열악하고 대부분은 재생되었다는 이유만으로 잘 이용되지 못해 창고에 쌓아두는 사태가 일어나고 있다. 그 때문에 폐기물을 순환시키면서 동시에 국외로부터의 물질 유입을 감축하지 않으면 폐기물이 이용되지 못해 재생자원으로 축적되기만 할 뿐이다. 단순히 순환의 말단에서 재자원화를 통해 소각·매립 처리를 줄이는(이산화탄소 감축, 다이옥신 감축) 데에만 주목하는 것이 아니라 국내의 물질수지를 고려한 법·제도의 운용이 필요하다. 이 때문에 국내에서의 폐기물 처리가 엄격히 관리된다면 당연히 국내보다도 환경 기준이 취약한 외국에서 가공 처리를 하고자 생산 시스템을 옮기는 방안이 고려될 것이며, 이것은 국내의 산업 공동화를 초래할 뿐 아니라 현재 환경에 대한 부하를 발생시킬 우려가 있다.

이상과 같은 문제점을 고려한다면 구시대적 행정이나 산업의 수직적 시스템은 순환에서 필요로 하는 다양한 주체 간의 연결된 틀 만들기에 장애가 될 수밖에 없으며 유효한 기능을 할 수 없음이 자명해 보인다.

5. 진정한 순환형 사회의 모델

1) 진정으로 지속 가능한 순환형 사회만들기

좁은 의미의 폐기물 재활용에 반해 넓은 의미의 순환은 지금까지의 낭비형 공업사회와는 완전히 다른 지속 가능한 사회 만들기와 거의 동의어로 사용되고 있으며, 또 좁은 의미의 순환이 성립하기 위한 필요조건이기도 함은 이미 언급한 바 있다.

그러면 현실적으로 그와 같은 지속 가능한 순환형 사회의 사례가 있을까? 지속 가능한 사회의 정의에서 본다면, 에너지나 폐기물의 순환이라는 물질적 측면과 함께 경제·사회의 구조라는 내적 측면, 더 나아가 정신적인 풍요로움이라는 인간적 측면을 중시해야 한다. 그와 같은 사회 만들기의 사례로 이제까지 '에코타운eco town', '에코시티eco city', '생태마을' 등 새로운 지역·사회·사업체계를 창출하려는 접근 방법이 선보였다. 특히 그중에서도 세계 곳곳에서 시도되어왔던 '생태마을'이라고 불리는 사회 만들기는 당초 순환형 사회라는 목표를 지향했던 것은 아니지만 본질적으로는 그 특성을 지니고 있었다. 더 나아가 '지구환경보전'에 대한 관심이 높아진 최근에는 그러한 면에서의 접근이 좀 더 구체적으로 이뤄져 왔다. 그 결과 오늘날의 생태마을은 순환형 지속 가능 사회의 전형적인 모델로 볼 수 있는 내용을 가지고 있다. 현재 존재하는 구체적인 순환형 사회의 실제 사례를 통해 '생태마을'의 의의와 과제, 이후 전개 등을 개괄적으로 설명한다.

일반론으로서, 일본에서는 그와 같은 시도가 어렵다는 것은 언급한 바 있다. 특히 일본에서는 에코시티, 에코타운이라고 부르며 주로 국비 보조금에 의해 몇 군데에서 조성되고 있지만, 그러한 것은 지속 가능한 순환형 사회를 목표로 한다고 볼 수 없다. 예를 들어 전자는 '녹지나 수변이 풍부하고 쾌적한 가로'라는 이미지이며, 후자는 '공업계 폐기물의 재생공장 단지'라고 보는 편이 내용상 가까울 것이다.

2) 생태마을의 배경

생태마을이라는 세계적인 움직임은 애초 시장을 중심으로 한 대량소비형 사회에 대한 반대 명제antithese의 이념이 중심이었다. 그것이 오늘날 지속 가능 사회로 자리매김하게 된 배경은 크게 네 가지 흐름을 통해 파악될 수 있다(〈표 2-1〉).

최초의 흐름은 도시문제를 해결해 진정 풍요로운 생활을 실현하고자 한

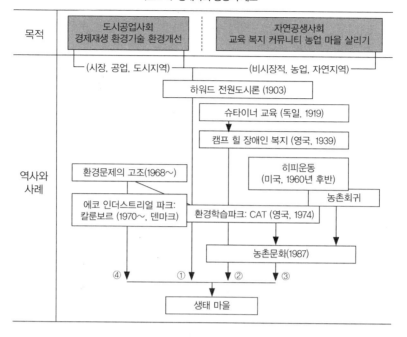

〈표 2-1〉 생태사회 형성의 계보

목적	도시공업사회 경제재생 환경기술 환경개선	자연공생사회 교육 복지 커뮤니티 농업 마을 살리기

(시장, 공업, 도시지역) ──────── (비시장적, 농업, 자연지역)

하워드 전원도시론 (1903)

슈타이너 교육 (독일, 1919)

캠프 힐 장애인 복지 (영국, 1939)

히피운동 (미국, 1960년 후반)

환경문제의 고조(1968〜)

에코 인더스트리얼 파크: 칼룬보르 (1970〜, 덴마크)

환경학습파크: CAT (영국, 1974)

농촌회귀

농촌문화(1987)

④ ① ② ③

생태 마을

에벤네저 하워드Ebenezer Howard의 전원도시론이며, 이는 생태마을운동의 출발점이라고 여겨진다. 전원도시에서는 생산·소비가 기본적으로 자급자족형이며 따라서 지역 내 순환경제사회가 그 전제가 되는 것은 당연하다. 또 적정한 규모의 도시를 분산시켜 공공교통으로 연결하는 도시 형태를 생각하고 있으며, 이 이론은 지금의 압축도시론compact city에도 이어지고 있다. 다음으로는 독일의 슈타이너Steiner 교육을 기점으로 한, 다양한 사람들의 교류를 통해 서로 배우고 서로 돕고 서로 배려하면서 생활하는 사회 만들기다. 특히 유럽에서 장애인 복지 대책으로 장애인과 비장애인이 교류하면서 스스로 사회를 형성하는 '캠프 힐camp hill'이라는 방법이 잘 알려져 있다. 세 번째는 대규모화·공업화된 현대 사회에 크든 작든 환멸을 느끼고 자신들 스스로 새롭게 '인간다운 생활'을 재생하는 사회 만들기에 목적을 둔 접근 방법이다. 특히 1960년대부터 미국에서 일어난 히피운동을 비롯해 자연과 공생하는 생활양식을 실현하는 방식은 당시 사회에 큰 영향을 미쳤다. 농촌이나 경제적으로 낙후된 국가로 거주지를 옮겨 자신이 이상이라고 생각하는 생활양식을 통해 지역 만들기에 나서는데, 이러한 사고를 근거로 한 생태마을이 오늘날 미국을 중심으로 다수 존재한다.

일본에서도 최근에는 도시생활에 권태를 느낀 사람들이 여유로운 생활을 찾아 유턴U-turn1 또는 아이턴I-turn2 하는 현상이 일어나고 있다. 또 자연공생형 사회에서 농업의 중요성에 주목해 다양한 농업 형태가 시험대에 오르고 있으며, 유럽이나 호주 등을 중심으로 생태농업permaculture이 시도되고 있고, 생태마을에서 중요한 요소가 되고 있다.

그리고 네 번째 유형은 1960년대 후반부터 일기 시작한 환경문제에 대한 관심 고조에서 출발한 환경개선 대처나 환경학습을 위한 장소 만들기이다. 유럽에서는 산업 단지 부지를 생태적으로 재생하는 몇몇 좋은 사례가 있다. 일본에서는 폐기된 공업단지가 일본형 에코타운으로 개발되거나 리조트 개발의 꿈이 깨져버린 산간지역에서 그 지역사회를 재생하면서 동시에 환경학습이나 복지를 위한 시설을 조합한 지속 가능 사회로서의 생태마을 만들기가 이제 막 선보이기 시작했다.

3) 지속 가능한 순환형 사회를 의식한 생태마을

1960년대 후반부터 환경문제가 심각해지고, 그것을 어떻게 해결할 것인

---

1 [역자] 농촌에서 태어나 도시에서 일하다 고향에 돌아와 영농에 직업적으로 종사하는 것.
2 [역자] 도시에서 태어나 생활하다 고향이 아닌 곳으로 이주해 영농에 직업적으로 종사하는 것.

가가 도시계획에서 중요한 과제가 되었다. 또 환경 배려형 사회를 만들기 위해 생태라는 명칭을 붙인 도시사업이 실시된 것도 앞서 말한 대로다. 그러나 석유파동, 국제적인 금융위기를 넘어서 세계화가 진전되는 가운데 경제활동을 위축시키면서까지 환경을 개선하려는 움직임은 주춤할 수밖에 없었다. 거기에서 1980년대 후반부터 환경을 배려한 사회는 도시보다 농·산촌을 무대로 하는 것이 현실적이어서 유럽을 중심으로 마을 단위에서의 접근이 시작된 것이다.

그 후 히피에 의한 사회 만들기나 장애인을 배려한 복지사회 만들기 등 다양한 배경을 가지게 된 것은 최근의 일이며, 그 개념이 더 발전해 지속 가능 사회의 모델 설정을 의식한 문자 그대로의 생태마을 모델이 형성되어왔다. 그러한 것이 최근 세계적으로 하나의 네트워크로 연계되기 시작해 1990년에는 덴마크에서 지구 규모의 생태마을 연대조직인 세계 생태마을 네트워크GEN: Global Ecovillage Network가 설립되었다.

일본에서는 환경청 등에 의해 '사토치연구회里地硏究会'가 '생태마을 기본구상'(1992년)을 수립하고, 특히 중산간中山間 지역의 환경보전을 비로소 검토하기 시작했다. 이 연구회에 따르면 생태마을 만들기란 "지역주민이 환경자원을 되살린 지역 활성화를 도시주민의 참가를 받아들이면서 시행하고 외부로부터 촉발되어 학습하는 것으로, 스스로가 건강해짐은 물론 다른 주체에게도 그 건강함을 확산시키는 것, 그리고 지역 만들기 전체를 환경 배려형으로 전환하는 것이다"라고 정의하고 있다.

또 세계 생태마을 네트워크에 따르면 "생태마을이란 협력적인 사회환경과 생활환경 부하의 최소화를 통합하려는 사람들의 도시·농촌공동체이며, 이 실현을 위해 생태마을 디자인, 생태농업permaculture, 생태건축, 친환경 생산, 대체에너지, 공동체 형성 등을 통합하는 것"이다. 여기에서 생태마을의 평가 기준은 ① 환경, ② 문화·정신, ③ 사회·경제의 세 가지 축의 조

환경	문화·정신	사회·경제
- 환경 비즈니스 - 생태주택, 재생 가능 에너지, 수자원 - 지역생산 유기식물과 재순환 - 생태마을 디자인, 생태농업 - 자연 복원	- 창조성, 자기계발 - 정신성 - 문화의 다양성 - 세계관 - 지역화, 생물지역성	- 커뮤니케이션, 교육 - 예방과 건강, 보조적 의료 - 공동체 구축, 분쟁 해결 - 복지의 현대화 - 경제활동의 지역화

합으로 구성되며, 각각 다섯 가지의 항목이 있다(〈표 2-2〉).

4) 생태마을의 내용

생태마을의 접근 내용을 환경평가로 최근 자주 사용되는 환경·사회·경제라는 세 가지 시각에서 정리했으며, 이들의 개요는 다음과 같다.

(1) 환경

· 통합 재생 가능 에너지 : 태양광, 풍력, 수력, 바이오매스biomass, 열병합 발전

· 재활용 : 자원쓰레기 재활용, 빗물·배수 재이용, 쓰레기의 유기비료화

· 생태건축 : 에너지 절감 설계(자연광·풍력 이용 등), 환경기술 설비(빗물 이용, 배출물의 바이오매스화 등), 옥상 녹화, 자연건축재료(나무, 흙, 돌, 식물)·지역자원 활용, 건축 재료의 재활용, 전통건축의 유지·부활 등

· 생태농업 : 그 토지의 지형, 기후에 가장 적합하고 생태계에 부담을 주지 않는 순환식 무농약 유기농업의 달성 지향, 자연을 복합적으로 유효하게 활용하는 고효율성 디자인

· 지역유기농업·지산지소地産地消 : 지역 내에서 먹거리를 생산해 그 지역에서 소비, 무농약 유기농업, 자급자족, 폐기물 무배출

- **생태지역주의**bioregionalism : 국가를 정치적인 경계로 보기보다는 하나의 민족, 즉 생물학적으로 하나로 간주되는 민족이 점하고 있는 생태적 지역으로 보고 자신의 생활권인 생태권의 경계 내에서 또 그 제약 속에서 지속 가능한 생활의 존재방식을 엮어내어 대처
- **자연의 복원·녹화** : 식재, 생물다양성의 유지, 자연보전, 비오톱Biotope 만들기, 환경 재생
- **자동차 억제** : 보행·자전거도로·대중교통 우선과 정비, 도시시설 집중
- **환경오염 개선** : 환경 기준 강화, 대기·물·흙의 정화, 환경에 친근한 기술, 기술혁신

(2) 사회

- **공동체·참여** : 주민참여, 지역주민의 교류(젊은이·고령자·여성 등), 사회 결속, 공동 주택, 지역 이벤트
- **교육·자기계발** : 환경교육, 환경사업 직업훈련, 환경정보 제공, 생태마을 보급
- **정신성** : 자연과의 만남, 자연의 정령精靈, 종교, 온화한 생활, 영감, 자연회귀운동
- **건강** : 건전한 생활습관, 건강 대책, 보조적 의료, 자연의료
- **문화** : 전통문화의 계승, 예술활동, 정체성
- **복지** : 여성 참가, 고령자·신체장애인의 활동 참가와 배려, 보육

(3) 경제

- **환경사업** : 생태마을 경영·지식 제공, 생태주택 건설, 환경교육, 환경기술교육, 재활용 시설, 유기식물 생산, 건강관리시설, 건강식품, 생태관광, 생태마을 관련 연구

· 지역 내 경제 : 공동체 사업, 지역통화, 물물교환, 인터넷 사업, 예술, 공
 예, 미디어, 출판업, 레스토랑, 자연식품, 통신판매, 미소금융

이상과 같이 생태마을을 만들기 위해서는 환경오염의 개선·방지와 자연
환경의 보전 등 '환경'에 관한 것만이 아니라 커뮤니티 형성, 복지, 문화 등
의 '사회' 측면과 경제의 친환경화는 물론 지역 내 경제, 지산지소형 사회
의 형성 등 '경제' 측면의 다양한 활동이 통합되어야 한다.

5) 이제까지의 사례

실제로 세계 각지에서 조성된 생태마을의 사례와 내용에 대해 정리한
것이 〈표 2-3〉이다. 그 특징으로 '환경교육'을 주복적으로 하는 것이 전체
의 67%로 가장 비율이 높다. 다음이 '생태주택' 등 환경에 적합한 주택이
다. 그리고 '재생 가능 에너지'(57%), '유기재배'(55%), '자연의 복원이나 녹
화'(51%) 등과 관련된 접근 방법이 다수를 이룬다. 일본의 사례를 살펴보
면, 생태주택에 관한 것이 70%로 가장 많고 다음이 환경교육을 목적으로
한 것이다. 그러면서도 일본의 접근은 아직 실험적인 단계가 대부분으로
건축주 개인의 취향이나 실험적으로 거주하는 정도이며, 생태마을과 어울
리는 공동체나 사회의 형성 그리고 경제적인 자립은 제한적인 일부 사례
(예를 들어 야마기시 실현지幸福 実顕地3)를 제외하면 찾아보기 어렵다(〈표 2-3〉).

3　[역자] 1953년 야마기시 미요조(山岸巳代藏, 1901~1963)가 제창하고 그에 공감한 사람
　들이 발족시킨 생태공동체 운동체이다. 청소년 시절부터 진리 탐구에 일관된 관심을
　두고 모든 사람이 하나가 되어 사이좋고 즐겁고 행복하게 살 수 있는 이상적인 사회
　의 실현을 꿈꾼 야마기시의 1956년 특별강습연찬회 개최를 계기로 야마기시회는 무
　소유(無所有), 공용(共用), 일체(一體)를 통해 '인간성회복운동', '전인행복운동'의 방

앞에서 언급한 생태마을 사례를 유형화하면 다음과 같이 네 가지로 분류할 수 있다.

① 직주자립형(생태적인 생활양식과 업무를 생태마을 내에서 실현하는 자립형) : 오로빌Auroville(인도), 야마기시(일본), 핀드혼Findhorn(영국) 등
② 거주중심형(생태적인 주택 거주, 직장은 외부에 있음) : 에코무라ェコ村(일본 시가 현滋賀県), 다케후 시武生市 생태마을 등
③ 정신적인 유형(정신적인 생활을 추구한 사람들이 결과적으로 생태마을 지향) : 오로빌(인도), 핀드혼(영국) 등
④ 학습형(생태를 실험적으로 실행함으로써 환경학습 실시) : CAT(대안기술센터CAT: The Centre for Alternative Technology, 영국), 지구디자인학교(일본 단고丹後) 등

이상과 같이 세계 각지에 생태마을에 대한 대처들이 있다. 그 대처가 최종적으로 지향하는 것은 단순히 재활용이나 에너지 절약 등 개별 과제에 대한 환경문제 대책의 실시가 아니라, 환경이나 지구 문제의 원인을 현재 생활양식이나 사회체계 속에서 발견하고 근본적인 사회 변혁으로의 대처를 통해 사회 전체의 지속 가능성으로 발전시켜 나가려고 하는 것이다.

또 생태마을은 시민의 자발적 행동에서 시작되고 있으며 물질적인 환경문제 대책보다도 치유 등 정신적 측면이 중심이었다. 그것의 기본적인 개념이 현대 산업사회의 재검토이기 때문에 오늘날의 지속 가능 사회에 대

향성을 분명히 하게 된다. 이러한 핵심사상(야먀기시즘)을 인간사회에 적용시키기 위해 1961년부터 생겨난 실현지는 일본 전역에 28개소에 달하며 현재 전 세계적으로 일본, 한국, 미국, 브라질, 스위스, 독일 등 40여 곳에 있다. 야마기시회는 모든 인류가 행복을 누리는 것을 목표로 삼고 있는 만큼 '행복회 야마기시회'라고도 부른다.

〈표 2-3〉 생태마을 사례와 접근 방법

명칭	장소	내용														
		환경							사회						경제	
		재생가능에너지	생활용품(쓰레기, 빗물)	생태주택(에너지 절약설계·자연소재)	농업문화	유기재배	생물지역성	자연복원·녹화	공동체·참여	교육·자기계발	자연과의 만남	건강	문화	복지	환경사업	지역 내 경제
지구민가인학교	교토 단고반도 後	1	1	1		1			1	1	1					
시가에코무라	시가 현 오미하치만시(近江八幡市)			1					1	1	1				1	
히다타카야마(飛驒高山) 테디베어 생태마을	기후 현 타카야마 시 나시노이시키조 西之一色町		1	1						1						
츠루가와다이(鶴川台) 생태마을	도쿄 도 마치다시(町田市)	1	1				1	1								
생태마을 히노(日野)	도쿄 도 히노 시	1	1													
세타가야(世田谷) 생태마을	도쿄 도 세타가야구						1	1	1	1						
생태마을 마쓰도(松戸)	지바현 마쓰도시			1			1									
후시미(伏見) 생태마을	삿포로시 주오구 후시미			1							1					
다케쿠보(武生) 생태마을	후쿠이현 다케후 시			1					1	1						

사토무 夢 Hyutte	나가노현 호타카마치穗高町
Tlholego 생태마을 개발 프로젝트	남아프리카
Crystal Waters	오스트레일리아 코논데일Conondale
Auroville	인도
Ladakh	카슈미르
Sarvodaya Dhamsak/gen South Asia	스리랑카 모라투와Moratuwa
Hertha Levefællesskab	덴마크 갈튼Galten
Svanholm	덴마크 스키비Skibby
Growth Highschool	덴마크
Snabegard, Vrads Sande	덴마크
The Nest of the Tiger	덴마크
Dyssekilde/Torup	덴마크
Folkecenter	덴마크 튀Thy
Hjortshøj	덴마크
ZEGG	독일 벨치히Belzig
Ökodorf Sieben Linden	독일 포파우Poppau
Lebensgarten Steyerberg	스타이어베르크 Steyerberg
Sólheimar	아이슬란드 셀포스Selfoss
Torri Superiore	이탈리아 벤티밀리아 Ventimiglia

	1	2	3	4	5	6	7	8	9	10	11	12	13	14	15
Damanhur Federation 이탈리아 발디세로 카나베제Baldissero Canavese	1		1	1	1	1	1		1	1		1		1	1
Tamera 노르웨이	1		1	1	1		1	1							
Bridge-Building School 포르투갈 코로스Colos			1	1	1		1	1				1			
Findhorn Foundation 스코틀랜드 포레스Forres	1		1	1	1		1	1	1	1		1	1	1	
Eco Yoff Community program 세네갈 다카-요프Dakar-Yoff	1		1		1	1	1	1	1			1			
Colufifa 세네갈	1		1	1	1	1		1	1				1	1	1
CAT(Centre for Alternative Technology) 웨일즈	1		1	1	1	1	1		1				1		
Asociación GAIA-Ecovilla Navarro 아르헨티나 부에노스아이레스	1		1	1	1	1	1		1	1				1	
Instituto de Permaculture e Ecovilas do Cerrado(IPEC) 브라질 피레노폴리스Pirenopolis	1		1	1	1	1	1	1	1				1		
Ecoaldea Huehuecoyo시 멕시코 테포즈틀란Tepoztlan	1		1	1	1	1	1	1	1			1	1		
Los Angeles Eco-Village 미국 로스앤젤레스	1		1	1			1	1	1						1
Sirius Community 미국 슈베스베리Shutesbury	1		1	1	1	1	1	1	1	1				1	
Ecovillage at Ithaca 미국 이타카Ithaca	1		1	1	1	1	1	1	1	1				1	
The Farm 미국 서머타운	1		1	1	1	1	1	1	1	1				1	
계	27	5	28	24	27	15	25	20	33	17	10	13	10	14	8

한 도전과 잘 일치하고 있으며, 그러한 의미에서도 이후 순환형 사회의 모델로서 발전이 기대되고 있다.

6) 생태마을과 도시의 연대

지속 가능한 사회 형성을 공동 목표로 할 때, 그것을 달성하기 위해서는 도시와의 관계를 어떻게 고려할 것인가가 중대한 과제가 된다. 그 양쪽이 보완관계가 되도록 하는 것이 지구 전체의 지속 가능성을 실현하기 위해 당연히 필요하다. 도시의 각종 환경문제나 도시사회의 스트레스에 대해 생태마을의 역할은, 물리적으로는 자원·에너지를 도시와 연계하며 순환시키는 데 있으며 정신적인 면에서는 자연과 만나고 자연을 배우며 성별·세대를 넘어 문화적·사회적으로 교류하는 장이 되도록 하는 것이다.

또 생태마을은 고령 퇴직자의 평생학습이나 장애인에게 활동 장소를 제공할 수도 있다. 더 나아가 생태마을은 공동체 사업이나 지역 내 순환경제로 마을을 자립시키는 동시에 마을 활성화의 새로운 기법을 알리는 거점으로도 기대될 수 있다. 최근 인간다운 생활, 느긋한 삶 등 인간 회귀적인 경향이 나타나고 있으며, 유턴·아이턴 정책, 지역 활성화, 마을 활성화 등 정책의 일환으로서도 생태마을 만들기를 적극적으로 지향하기 시작했다.

7) 생태마을의 기술은 누가 만들 것인가?

생태마을에 어울리는 새로운 기술의 실현은 분명 쉬운 일은 아니다. 그것은 기술개발 자체의 어려움이라기보다 기술의 배경이 되는 사회의 가치기준과 근본적으로 '기술이 누구에게, 무엇을 위해 역할을 할 것인가'라는 기술윤리의 어려움 때문일 것이다.

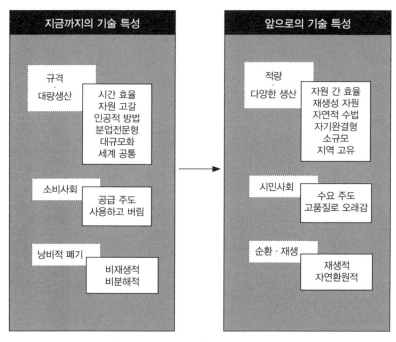

지금까지의 기술 특성	앞으로의 기술 특성

규격·대량생산
시간 효율
자원 고갈
인공적 방법
분업전문형
대규모화
세계 공통

소비사회
공급 주도
사용하고 버림

낭비적 폐기
비재생적
비분해적

적량·다양한 생산
자원 간 효율
재생성 자원
자연적 수법
자기완결형
소규모
지역 고유

시민사회
수요 주도
고품질로 오래감

순환·재생
재생적
자연환원적

〈그림 2-5〉 순환형 사회에서의 기술 특성과 사회가치 체계

생태마을에서는 현재의 산업사회가 의지하고 있는 평가 기준이 크게 전환될 필요가 있음을 〈그림 2-5〉가 보여주고 있다. 그 하나는 '시간 효율'에서 '자원 효율', '에너지 효율'을 중시하고, 양이 아닌 질과 과정을 중시한 순환형 사회에 적응한 기술 특성으로의 전환이다. 한편 '누구를 위한 기술'이라는 점에 대해서는 이제까지와는 달리 '일반인들은 물론 미래 세대나 다른 생물체를 위해서'가 될 것이다. 그러면 '누가'라는 부분은 '시민 스스로 또는 그 조력자가 되는' 것이 차지할 것이다. 오늘날 NPO 활동이 활발해지는 것도 관계가 있으며, 현재 시민의 손에 의해 '느리게 가는 공공사업'에 대한 요구도 각지에서 나타나기 시작했다.

기술 내용과의 관계에 대해서 말하면 순환에는 에너지가 필요하며, 그것을 화석에너지에 의존할 것인가 사람의 노력과 자연의 힘에 의존할 것인가를 결정해야 한다. 현대 사회가 가진 재화가치와 노동가치의 큰 격차 속에서는 환경이나 생태기술에 많은 사람의 노력을 요구하는 것은 어려운 일이다. 그러나 지금처럼 일자리문제에 매달리는 기업과 노동자에게 있어서도 사회공헌과 삶의 보람 그리고 그에 상응하는 실질적인 이익을 구할 때 생태마을 기술에 관한 것은 모두에게 유효한 답이 될 수 있다.

제3장
지구환경문제와 도시

하나키 게이스케 花木啓祐

1. 지구환경문제의 대두

오늘날 세계 인구의 약 절반이 거주하고 있는 도시는 지구 전체의 존속 여부를 좌우하는 존재로 부상하고 있다. 도시의 지속 가능성을 논하면서 지구의 지속 가능성까지 염두에 두고 생각할 수밖에 없는 지경이 된 것이다. 인간이 화석연료를 사용하게 된 산업혁명 이후 도시 활동은 지구 전체에 영향을 끼쳐왔다. 이론적으로는 당연하지만 1980년대 후반 성층권의 오존층 파괴와 지구온난화(기후변화)문제가 현저하게 두드러지면서부터 이를 구체적으로 인식하게 되었다.

지구환경문제는 이제까지의 환경문제와는 차원이 다른 것이다. 지구환경문제를 종래의 환경문제, 즉 공해문제와 비교해보자(〈표 3-1〉). 종래의 공해문제는 국소적인 문제가 주를 이루었으며, 환경을 무시한 급속한 산업 발전이 그 원인이었다. 산업 발전과 환경 대책을 저울질한 후 산업 발전 쪽에 무게를 둔 것이다. 그러한 배경에 기업윤리가 작용했던 것은 분명

	공해문제	지구환경문제
주요 원인	산업과 도시로의 인구 집중	인간활동 전체
현상적 특징	국소적인 고농도문제, 국소적인 변화	원인물질의 총량문제, 지구 전체의 변화
원인물질의 특성	유해성을 가진 물질이 대부분 (황산화물, 중금속)	물질 자체는 무해한 것이 대부분 (이산화탄소, 프레온 등)
원인과 피해의 시간적 차이	시간적인 지체 정도가 적음	영향이 노출될 때까지 시간이 지체됨
원인과 피해의 공간적 차이	원인과 피해가 같은 지역에서 발생	원인의 발생 장소와 피해 장소가 다름
국제성	인접 국가가 있는 대륙 내 국가인 경우 를 제외하면 국제적 문제가 되지 못함	예외 없는 국제적 문제
대처기술	사후처리기술이 유효	발생량 감축이 필수
전형적 사례	황산화물에 의한 대기오염, 중금속에 의한 수질오염	지구온난화

하며, 사회적 가치관도 산업을 기반으로 한 도시 발전을 환경보다 우선했
던 것이다.

산업활동뿐만 아니라 인간활동의 도시 집중도 다양한 공해문제의 원인
이 되었다. 그 전형이 도시에서 발생한 수질오염이다. 도시 중심부에서도,
도시 확장이 일어난 주변부에서도 수질오염이 발생하여 곳곳의 도시 하천
은 지금은 상상할 수 없을 정도로 수질이 악화되었다. 이와 같은 산업 발
전과 급속한 인구 집중에 의해 생겨난 왜곡된 결과물이 공해라는 형태로
나타났던 것이다. 그 결과물은 산업이 발전하고 도시로 인구가 집중되었
음에도 산업 부문의 환경 대책이나 하수도 등 사회 기반 정비가 이에 뒤따
르지 못하면서 발생했으며, 이는 시간 차 문제이기도 했다.

과거에는 지구온난화 문제나 오존층 파괴와 같이 지구 전체의 변화를
동반하는 환경문제는 드물었다. 폴리염화바이페닐PCB: PolyChlorinated Biphe-

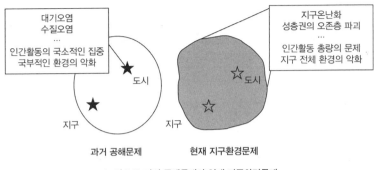

〈그림 3-1〉 과거 공해문제와 현재 지구환경문제

nyl이나 농약잔류문제를 제외하면 종래 공해문제는 고농도의 국소적인 오염물질이 원인이었다(〈표 3-1〉). 국소적인 장소에서 넓게 확산하는 것이 문제의 해결책이었다. 그러나 지구온난화나 오존층 파괴의 원인이 되고 있는 온실가스나 할로카본halocarbon류(통칭 프레온가스)는 그렇지 않다. 지구 전체의 축적 총량이 문제가 되고, 그에 따른 상황도 지구 규모로 발생하며, 거기에서의 희석은 아무런 의미를 갖지 못한다. 또 문제의 규모가 확대되면 될수록 오히려 심각해진다. 오늘날 문제는 과거 280ppm 정도였던 대기 중 이산화탄소 농도가 지구 전체적으로 증가하여 현재 360ppm이 되었고 계속 증가하고 있다는 것이다. 단순히 농도로 볼 때 그 증가량은 큰 폭은 아니지만, 국지적인 농도 증가가 아니라 지구 전체적으로 인간이 배출한 이산화탄소의 총량이 문제가 되고 있다.

과거의 공해문제는 호흡기 계통의 질환을 가져오는 황산화물이나 미나마타병을 일으킨 수은으로 대표되는 유해물질이 원인이었다. 지구온난화나 성층권 오존층 파괴의 원인이 되는 물질은 인간의 건강에 유해한 것은 아니지만 이 무해한 물질의 축적이 과거에는 전혀 생각지 못했던 형태의 환경문제를 불러일으키고 있는 것이다.

이와 같은 물질의 유해성과 더불어 인과관계의 명백함도 과거 공해문제의 특징이었다. 오염물질이 배출되면 그 주변에서 환경 피해가 일어났던 데 비해, 지구환경문제는 원인의 발생 장소 및 시간과는 다른 장소와 시간에서 피해가 발생한다. 지구온난화의 사례를 들여다보자. 산업혁명 이후 특히 선진국에서 화석연료에 의한 에너지가 다량으로 소비되면서 거기에서 배출된 이산화탄소가 지구온난화의 원인이 되고 있다. 그러나 실제로 지구온난화라는 현상이 발생하기까지 수십 년 이상의 시간이 경과해 드디어 오늘날에 와서야 온난화의 영향이 나타나고 있다. 또 이산화탄소가 주로 배출된 장소는 선진국인 데 비해 온난화는 지구 전체에서 발생하고, 해면상승문제에서 특히 단적으로 볼 수 있듯이 실제로 피해를 입는 쪽은 개발도상국이다. 선진국 도시는 인공적 환경이 형성되고 있는 곳이 대부분이어서 자신의 활동 자체가 온난화의 원인이 된다고 해도 그 영향을 감지하기 어렵다. 여기에서 시간적·공간적 차이의 문제가 발생한다. 그 특징은 문제에 대응할 때는 이미 극복하기 어려운 큰 장애가 되어버린다는 것이다. 즉, 현실적으로 눈앞에서 오염발생원과 그것에 의한 피해가 발생한다면 대책을 수립하기 쉽겠지만 먼 장래에 어딘지 모를 장소에서 발생할 피해에 대한 대책을 세우는 것은 어려울 수밖에 없다.

지구환경문제는 이름 그대로 국제적인 문제다. 이에 반해 종래의 공해문제는 복수의 국가를 흐르는 대륙의 국제하천 등의 경우를 제외하면 국내 문제다. 국제 문제인지 국내 문제인지에 따라서 문제 해결에도 큰 차이가 난다. 국제 문제일 때는 국가마다 환경에 관한 제도와 사회체제 그리고 부강한 정도에 차이가 있으며, 국익에 관한 논의도 포함하여 대책이 검토되기 때문에 해결하기 어려운 상황이 벌어지기도 한다. 그 전형적인 사례가 지구온난화 문제다. 일단 합의한 교토의정서(기후변동에 관한 국제연합 조약으로, 1997년 2월 제3회 체결국 회의에서 합의한 온실가스 감축과 관련된 각 국가의 수량적 의무)에서 미국이 빠지면서 시작된 선진국들의 국익을 둘러싼 충돌, 개발도상국과 선진국 사이의 갈등 등으로 극히 정치적인 문제로 이어지고 있다.

대책 면에서도 상당히 큰 차이가 난다. 과거 공해문제에 대해서는 배수 처리나 대기오염물질 제거장치 등 이들 물질이 환경에 배출되기 직전에 제거하는 기술이 주로 사용되어왔다. 이와 같은 기술을 사후처리기술End of Pipe이라고 한다.

이에 비해 지구온난화 문제는 현 상태에서 확립된 사후처리기술이 없으며, 온실가스의 발생량 감축만이 유일한 대책이다. 특히 온실가스 중에서도 가장 비중이 높은 이산화탄소는 삼림 파괴 행위가 없는 일본과 같은 선진국에서는 대부분 화석연료 연소를 통해 발생한다. 따라서 발생 원인이 되는 에너지 소비의 감축, 연료 선택 등 사후처리기술이 아닌 물질의 흐름 속에서 그 시작 시점에 대응하는 것이 유일한 대책이 된다. 따라서 단순히 기술을 도입해서는 해결할 수 없으며 근본적 대책이 필요하다. 다시 말해 각각에 대한 대증요법이 아닌 도시 전체의 체질 개선이 불가피하다.

다음 절에서는 궁극적으로 인간과 도시 활동의 부하로 인해 나타나는 지구온난화 문제에 대해 살펴보자.

2. 일본의 도시와 산업의 발전, 그리고 환경부하

앞서 언급한 대로 공해문제의 발생과 개선, 그리고 오늘날 대표적인 환경문제인 지구온난화 문제의 출현은 일본 사회가 지금까지 걸어온 길과도 깊은 연관이 있다. 여기에서는 고도성장기의 시작이라는 1955년쯤부터 21세기에 이르기까지의 사회를 도시와 환경부하의 관점에서 되돌아보고자 한다.

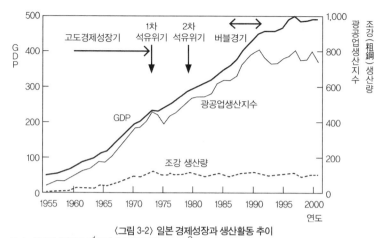

주: 1 - 국민경제계산통계[1] 및 『에너지·경제 통계요람』[2]을 근거로 작성함.
　　2 - GDP는 1990년 가치, 조강 생산량은 100만t/년, 광공업생산지수는 1960년을 100으로 한 수치임.

〈그림 3-2〉일본 경제성장과 생산활동 추이

　〈그림 3-2〉에 나타낸 것은 국내총생산GDP의 변화와 산업 부문의 활동을 보여주는 것으로, 광공업생산지수와 그 대표적인 소재산업인 철강 생산량의 추이이다. 1950년대 종반부터 GDP 신장세의 폭이 급격히 커지고, 1965년부터 1970년 전반에 걸쳐 비정상적인 높은 신장률을 보였다. 이때가 바로 고도경제성장기였다. 이 기간에 광공업생산지수는 GDP를 끌어올리며 급상승했고 철강제품 등 소재산업이 이러한 호황경기를 견인했다.

　그 경제성장에 큰 충격을 준 것이 1973년의 1차 석유위기였다. 석유 가격이 폭등하자, 중동 석유에 대한 의존도가 대단히 높았던 일본 산업은 큰

1　내각부 경제사회종합연구소(內閣府經濟社會總合硏究所), 「국민경제계산통계(國民經濟計算統計)」, 내각부 경제사회종합연구소 홈페이지(http://www.esri.cao.go.jp)에서 2004년 11월 입수.
2　일본 에너지 경제연구소(日本エネルギー經濟硏究所)·에너지계량분석센터(エネルギー計量分析センター) 엮음, 『에너지·경제 통계요람(エネルギー·經濟統計要覽)』, (財)省エネルギーセンター, 2004.

충격을 받았으며, 이는 단순히 산업에만 영향을 준 것이 아니라 슈퍼마켓 점포 진열대에서 화장지가 사라지는 등 사회생활 전반에도 큰 영향을 미쳤다. 이 석유위기는 일본 경제의 큰 전환점이 되어 이 시기 이후 일시적인 경제 상태의 악화를 극복하면서 일본 경제는 안정 성장으로 나아가게 되었다. 이 와중에 눈여겨볼 움직임은 일본 산업의 중심이 소재산업에서 부가가치가 높은 제품을 생산하는 제조업으로 변했다는 것이다.

1986년 말부터 자금 과잉 상태로 버블경제가 출현했다. 그러나 그것은 오래가지 못하고 1991년에 와서 종언을 고하게 된다. 버블경제기에 사람들이 물질을 과다소비하면서 자동차의 거듭된 보급과 대형화, 가전제품의 대형화와 복수 소유 등이 가능해졌다. 이는 경기후퇴 이후에도 그대로 유지된, 거스를 수 없는 생활양식의 변화였다.

버블 붕괴 후에는 광공업생산지수가 증가하지 못하는 가운데 비제조업을 중심으로 완만하게 GDP가 증가했다.

그런데 이와 같은 일련의 경기 흐름 속에 일본에서 도시로의 인구 이동은 어떻게 일어났던 것일까? 대도시로의 인구 집중을 상세히 살펴본 것이 〈그림 3-3〉이다. 〈그림 3-2〉의 GDP 증가와 비교해서 보면 고도성장경제기의 초기에 대도시로 대규모 인구 이동이 일어났던 것을 알 수 있다. 매년 60만 명을 넘는 인구가 도쿄東京권역(도쿄 도, 가나가와 현神奈川県, 사이타마 현埼玉県, 지바 현千葉県), 오사카大阪권역(오사카 부大阪府, 효고 현兵庫県, 교토 부京都府, 나라 현奈良県), 나고야名古屋권역(아이치 현愛知県, 기후 현岐阜県, 미에 현三重県)으로 유입된 것이다. 이들 지역에는 대규모 공업 개발이 이뤄졌던 게이힌京浜, 게이요京葉, 한신阪神, 욧카이치四日市도 포함된다. 여기에서 공업활동의 급속한 증가와 인구 집중이라는 두 가지 요인이 서로 중복되면서 이들 지역에서 공해가 발생하는 원인이 되었다. 1960년대 초반을 정점으로 유입 인구는 감소하기 시작하여 1차 석유위기가 발생한

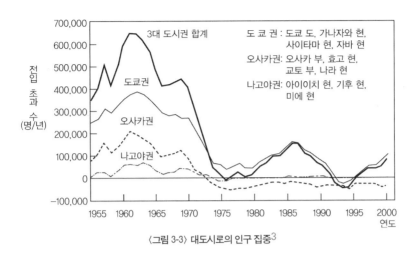

〈그림 3-3〉 대도시로의 인구 집중[3]

1973년부터 대도시권으로의 인구 유입은 급속히 저하되었다.

1980년대에 들어서 다시 대도시로 인구가 집중되었지만, 이것은 도쿄권역에 한정된 것이었다. 이른바 도쿄로의 일극 집중이며 이는 버블경기의상징이기도 했다.

여기에서 지구온난화의 주원인인 이산화탄소의 배출량 추이를 살펴보면 〈그림 3-4〉와 같다. 1973년의 석유위기까지는 〈그림 3-2〉에서 보듯 GDP또는 광공업생산지수와 완전히 그 궤를 같이해 증가했다. 그 뒤 석유위기로 인해 에너지 절약이 절실한 과제로 추진되고, 또 산업구조가 전환되면서 버블경기 바로 직전까지 10여 년 동안 이산화탄소의 배출량은 거의 늘어나지 않았다. 그러나 1987년 이후 버블경기와 함께 완만하면서도 지속적으로 이산화탄소가 증가하기 시작했다. 급격한 엔고円高는 수입연료의가격 저하를 불러왔다. 땅값이 폭등하고 소비자들이 비싼 상품을 선택하면서 상품, 생산비에서 전력이나 휘발유 등 원가상승 부담은 상대적으로

3 국토교통성(國土交通省),『국토교통백서 2002(國土交通白書 - 平成 14年版)』.

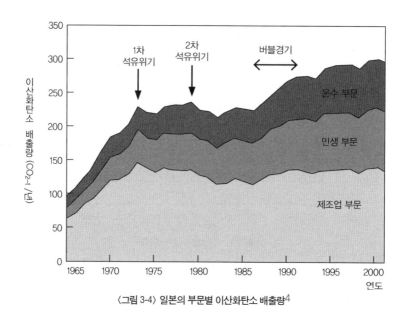

〈그림 3-4〉 일본의 부문별 이산화탄소 배출량[4]

줄어들었고 에너지 절약의 동기부여는 상실되었다. 버블경기 이후 산업 부문에서는 이산화탄소 배출량이 늘어나지 않은 데 비해 주택과 업무 부문(상업, 사무소 등)을 포함한 민생 부문과 운수 부문이 증가의 원인이 되었다. 그야말로 도시에서의 인간활동이 근본 원인이 되고 있다는 것이다.

과거 50년간 경제성장과 이산화탄소 배출의 관계를 정리해보면 〈표 3-2〉와 같다. 즉 고도경제성장기에 해당하는 '배출량 급증기', 석유위기에서 버블경기 직전 기간인 '소강기', 그리고 버블 붕괴 이후 민생 부문을 중심으로 한 '점증기' 등이다.

이 버블경기로 인해 점증기가 시작되고 있다는 것은 사실 아이러니하다. 이산화탄소가 늘지 않고 억제되어왔던 소강기에는 이산화탄소 문제가

---

4 일본 에너지 경제연구소·에너지계량분석센터 엮음, 『에너지·경제 통계요람』.

〈표 3-2〉 고도성장기 이래 일본 경제성장과 이산화탄소 배출

	시기	경제성장	CO₂ 경향	이산화탄소 배출 상황과 요인
배출량 급증기	1960~1973년	++++	++++	에너지 다소비형 산업 중심으로 배출 급증
소강기	1974~1986년	++	±	에너지 절약과 산업구조 변화 결과로 안정
점증기	1987년~현재	+	++	버블경기를 계기로 민생 부문에서 증가
탈온난화	가까운 장래	+ 또는 −	− −	전 부문에 걸쳐 기술이나 수요 측면의 종합적 대책을 도입해 배출량 저하

전 세계적으로 해결해야 할 과제로 부각되리라고 생각하지 못했다. 지구 온난화가 현실로 드러나기 시작했던 1980년대 종반에야 일본은 다시 이산화탄소 증가의 길로 들어섰던 것이다.

이후 일본은 온난화를 벗어나기 위한 '탈온난화' 사회로 전환해가야만 했다. 경제가 미미하게 성장하거나 후퇴 기미를 보이고 있는 가운데 이산화탄소의 대폭 감소가 요구되었으며, 이를 위해서는 소강기를 다시 한 번 실현할 수 있을지의 여부가 열쇠가 된다. 고도성장기 후 소강기에는 에너지 절약의 여지가 있고 또 산업구조의 변화가 이산화탄소 배출량에 미치는 효과도 지대했기 때문이다. 그러한 차이가 있는데도 단순히 그 당시와 같은 대책을 수립하면 탈온난화 사회가 실현되리라고 보는 것은 지나친 낙관론일 것이다. 다음 절에서 논하겠지만 기술 측면과 수요 측면의 대책, 그리고 도시계획적 대책 등 전 부문에 걸친 제도와 함께 종합적으로 대책을 채택하는 것이 무엇보다 절실한 것도 이 때문이다.

3. 도시 활동과 온실가스의 배출

1) 도시 단위의 배출량과 내역

몇몇 도시에서는 이미 온난화 방지를 위한 지역추진계획을 수립하고 있다. 그 계획을 통해 파악된 부문별 배출량 사례와 거기에 약간의 해석을 붙인 것이 〈표 3-3〉이다. 여기에서는 이산화탄소 배출 정도를 인구 1인당, 그 도시의 지역총생산GDP당 수치를 표시하고 또 그 비교를 위해 일본 평균도 보여주고 있다.

각각의 제조업이나 상업활동의 정도에 따라, 제조업의 경우에는 그 업종별로. 도시마다 이산화탄소 배출량이 크게 차이 난다. 표에서 보듯이 가와사키川崎의 1인당 이산화탄소 배출량은 후쿠오카福岡의 4.9배에 달한다. 물론 가와사키 시민이 후쿠오카 시민보다 이산화탄소를 4배나 배출하며 생활하고 있다는 뜻은 아니며, 가와사키의 엄청난 이산화탄소 배출량은 중공업이 입지하고 있기 때문이다. 실제 이 두 도시의 1인당 가정 부문 배출량을 이 표로 계산해 비교하면 큰 차이가 없음을 알 수 있다. 따라서 각 도시의 온난화 대책 전략을 입안할 때 1인당 또는 GDP당 이산화탄소 배출량을 다른 도시와 비교해 목표설정을 하는 것은 타당하지 못하다. 각각의 도시가 처한 상황을 고려해 목표를 설정해야 한다는 것이다. 특히 제조업에 대해서는 입지한 산업의 업종에 따라 배출량이 크게 차이 나고, 특정 업종의 호황 또는 불황에 직접적인 영향을 받는다.

이처럼 도시 단위에서의 배출량 부문 내역을 파악해보면 각각의 도시에서 지역성을 가미한 중점 대책이 필요하다는 점을 알 수 있다. 예를 들어 가와사키는 제조업 비율이 높기 때문에 산업 생태의 실천이 대책이 될 수 있고, 나고야는 자동차에 의한 배출이 많다는 점에서 이에 대한 전략이 필

<표 3-3> 도시 단위에서의 이산화탄소 배출량과 부문별 내역

도시	1인당 CO₂ (톤/명)	GDP당 CO₂ (톤/100만 엔)	비율(%)					대상 연도와 출처
			산업	가정	업무	운수	기타	
후쿠오카	4.55	0.88	10.9	24.2	26.7	34.6	3.6	1997 [1]
도쿄 도	5.33	0.73	10.8	22.8	30.6	34.0	1.8	2000 [2]
히로시마	5.69	1.51	23.9	24.2	20.6	29.4	1.9	1999 [3]
삿포로	7.07	1.75	6.7	32.9	23.0	28.7	8.7	1997 [4]
나고야	7.31	1.21	26.2	18.8	18.8	34.2	2.0	1997 [5]
고베	7.50	1.74	37.2	16.0	20.9	23.5	2.4	2000 [6]
센다이	7.54	1.66	29.5	17.3	16.1	34.5	2.6	1998 [7]
오사카	8.42	0.96	42.8	15.2	23.8	15.3	2.9	1998 [8]
가와사키	22.2	5.80	85.4	5.4	3.0	4.8	1.4	2000 [9]
전국	9.87	2.42	48.9	12.8	15.0	21.3	2.0	2000 [10]

1) 후쿠오카 시(福岡市), 「제2차 후쿠오카시 지구온난화 대책 지역추진계획(第二次福岡市地球溫暖化對策地域推進劃)」, 2001. 후쿠오카 시 환경국 홈페이지(http://kankyo.city.fukuoka.jp)에서 2004년 3월 입수

2) 도쿄 도(東京都), 「2000년도 도쿄 도 온실가스배출량 종합조사(2000年度 都における溫室效果ガス排出量總合調查)」, 2001. 도쿄 도 환경국 홈페이지(http://www.kankyo.metro.tokyo.jp)에서 2004년 3월 입수.

3) 히로시마 시(廣島市), 「히로시마 시 지구온난화 대책 지역추진계획(廣島市地球溫暖化對策地域推進計劃)」, 2003. 히로시마 시 환경국 홈페이지(http://www.city.hiroshima.jp)에서 2004년 3월 입수.

4) 삿포로 시(札幌市), 「삿포로 시 온난화 대책 지역추진계획 개요판(札幌市溫暖化對策地域推進計劃 槪要版)」, 2001. 삿포로 시 환경국 홈페이지(http://www.city.sapporo.jp)에서 2004년 3월 입수.

5) 나고야 시(名古屋市), 「나고야 시 지구온난화 방지 행동계획(名古屋市地球溫暖化防止行動計劃)」, 2001. 나고야 시 환경국 홈페이지(http://www.city.nagoya.jp)에서 2004년 3월 입수.

6) 고베 시(神戶市), 「고베 시 지구온난화 방지 지역추진계획(神戶市地球溫暖化防止地域推進計劃)」, 2001. 고베 시 환경국 홈페이지(http://www.city.kobe.jp)에서 2004년 3월 입수.

7) 센다이 시(仙台市), 「센다이시 지구온난화 대책 추진계획(仙台市地球溫暖化對策推進計劃)」, 2001. 센다이시 환경국 홈페이지(http://www.city.sendai.jp)에서 2004년 3월 입수.

8) 오사카 시(大阪市), 「오사카시 지구온난화 대책 지역추진계획(大阪市地球溫暖化對策地域推進計劃)」, 2001. 오사카시 환경국 홈페이지(http://www.city.osaka.jp)에서 2004년 3월 입수.

9) 가와사키 시(川崎市), 「가와사키시 지구온난화 방지의 도전(川崎市の地球溫暖化防止への挑戰)」, 2001. 가와사키시 홈페이지(http://www.city.kawasaki.jp)에서 2004년 3월 입수.

10) 독립행정법인 국립환경연구소 지구환경연구센터 온실가스 인벤트리 오피스(獨立行政法人國立環境研究所地球環境研究センター溫室效果ガスインベントリオフィス), 「일본의 1990~2001년도의 온실가스배출량 데이터(日本の1990~2001年度の溫室效果ガス排出量データ)」, 2003.8. 국립환경연구소 홈페이지(http://www.gio.nies.go.jp에서 2004년 3월 입수.

주: 인구 및 도시 단위의 GDP는 2000년 자료를 사용했다. '기타'에는 플라스틱 소각으로 인한 CO₂를 포함한다.

요하며, 도쿄는 업무 부문, 삿포로札幌는 한랭지의 가정 부문에서의 이산화탄소 감량이 있어야 한다.

2) 이산화탄소 배출량이 늘어난 배경과 이후 경향

여기에서는 특히 도시와 관련이 깊은 민생 부문 및 운수 부문의 온실가스 배출 증가 요인과 이후 대책을 검토해보자.

(1) 가정 부문

가정 부문에서 이산화탄소 배출량이 늘어난 데는 기본적으로는 1인당 소득이 향상된 것이 가장 큰 원인이며, 그 구체적 내용을 살펴보면 다음과 같다. ① 주택 사정과 세대 구성의 변화, ② 가전제품의 보급과 대형화, ③ 생활양식의 변화 등이다. 각각의 변화에 관한 요인은 〈표 3-4〉와 같다.

사회적인 변화에서 중요한 것은 세대구성의 변화(〈표 3-4a〉)다. 고도경제성장기 이래 일관되게 세대당 인원, 즉 함께 거주하는 가족의 수는 감소해왔으며 인구는 증가하지 않았지만 세대수는 꾸준히 증가하는 상황이 계속되어왔다. 예를 들어 1998년부터 2003년 사이를 살펴보면, 인구는 0.9%만 증가한 데 비해 세대수는 6.5% 이상 증가하고 있다.[5] 함께 거주하는 세대 형태에서 세대별로 거주하는 이른바 '핵가족화'가 계속되었으며, 더 나아가 독신세대가 최근 현저히 증가하고 있다. 독신세대는 과거에는 학생이나 젊은 근로자가 대부분이었지만 오늘날에는 고령자 독신세대가 증가하고 있다. 세대당 인원이 감소하고 개별 거주지를 갖는 것도 필연적으로 가정의 에너지 소비를 증대시킨다.

이후에도 일본에서 세대 인원은 조금씩 감소하여 독신자 세대 비율은

---

5 총무성(總務省), 「2003년 주택·토지 통계조사속보 결과 요약(2003年 住宅·土地統計調査速報結果の要約)」, 총무성 통계국 홈페이지(http://www.stat.go.jp)의 2004년 11월 자료.

〈표 3-4〉 가정 부문의 이산화탄소 배출에 관한 요인 동향

a) 주택 현황과 세대구성의 변화

지표	1973년	1983년	1993년	2003년
세대당 인원(명/세대)	3.7	3.4	3.0	2.7
세대당 연면적(m²/세대)	77	86	92	96
1인당 거주실 다다미 수(조 $\frac{1}{2}$ /명)	6.6	8.6	10.4	12.2

자료: 1998년 주택토지통계조사[7] 및 2003년 같은 조사(2003년 총무성 주택·토지통계조사 결과).

b) 전기제품의 보급과 대형화

지표	1991년	1996년	2001년
룸에어컨 보유율(대/100세대)	131	179	230
29인치 이상 컬러 TV 보급률(%)	30.5	43.1	51.3
300리터 이상 냉장고 보급률(%)	54.7	65.5	74.4
컴퓨터 보급률(%)	12.2	22.1	57.2

자료: 『에너지·경제 통계요람』(2003년 총무성 주택·토지통계조사 결과 요약).

c) 생활양식의 변화

지표	1970년	1980년	1990년	2000년
급탕용 에너지 소비(109J/명·년)	1.9	3.6	4.7	5.0
'동력 외' 에너지 소비(109J/명·년)	1.5	2.8	4.3	6.2

자료: 『에너지·경제 통계요람』.
주: '동력 외'는 냉방, 급탕, 난방 이외의 가정 내 에너지 소비(2004년 『에너지·경제 통계요람』).

2000년 27.6%에서 2025년에는 34.6%에 달할 것으로 전망된다.[6] 2025년에는 독신자 세대의 39%가 65세 이상 고령자 세대가 될 것이다.

주택 측면에서는 1세대당 연면적이 일관되게 증가해왔다. 주택 자체의

---

6 국립사회보장(國立社會保障)·인구문제연구소(人口問題硏究所), 「일본의 세대수의 장래추계(전국추계) 개요(日本の世帶數の將來推計(全國推計)の槪要)」(2003년 10월 추계), 국립사회보장·인구문제연구소 홈페이지(http://www.ipss.go.jp)에서 2004년 11월 입수.

7 총무성(總務省), 「1998년 주택·토지 통계조사(1998年 住宅·土地統計調查)」, 총무성 통계국 홈페이지(http://www.stat.go.jp)에서 2004년 3월 입수.

대형화와 세대당 인원의 감소가 1인당 거주면적을 증가시켰다. 1인당 거주면적을 다다미(90cm×180cm) 수로 환산하면 1973년에 비해 2003년에는 1.8배 이상이 되었다. 일본에서는 주택 면적이 협소하다는 점을 고려하면 이 통계는 생활의 질적 향상이라는 측면에서는 바람직하지만 냉난방이나 조명 수요 때문에 에너지 소비가 증가한다는 점을 쉽게 예상할 수 있을 것이다. 반면 단독주택의 비율이 2003년에는 56.5%였지만[8] 조금씩 감소해 중고층 맨션을 중심으로 공동주택이 증가하는 경향은 에너지 소비를 감소시키는 요인이 되었다. 맨션은 목조 단독주택에 비해 냉난방 효율이 높고 따라서 에너지 소비를 억제한다. 그러나 이와 같은 효율화는 가정용 에너지 소비의 약 30%를 차지하는[9] 냉난방에만 해당하며, 전체적으로 가정용 에너지 소비는 계속 증가하고 있다.

고도경제성장기에 각종 새로운 가전제품의 보급이 현저히 증가했는데, 이를 보급률 측면에서 살펴보았다. 〈표 3-4b〉에서 나타난 것처럼 룸에어컨의 복수 소유나 대형 TV, 대형 냉장고의 보급이 특히 두드러지며, 이들 기기는 개별적으로는 에너지 절약, 낮은 가격 등을 특징으로 하고 있어 이러한 특징이 대형 기기 구매를 촉진했다. 또 컴퓨터 보급률의 증가도 현저했다. 앞서 밝힌 대로 세대당 인원이 감소하고 있는 가운데 이들 세대당 보급률이 증가한 결과 에너지 소비 총량은 증가했다.

생활양식의 변화는 다양한 것을 포함한다. 가정 밖에서의 활동도 있으며, 가정 부문에서 보면 샤워 증가로 인한 급탕 수요의 증가, 생활에 필수적인 용도 이외의 활동을 포함한 동력 수요 및 기타 목적의 에너지 소비도

---

8 총무성, 「2003년 주택·토지통계조사 속보결과 요약(2003年 住宅·土地統計調査速報結果の要約)」, 총무성 통계국 홈페이지(http://www.stat.go.jp) 2004년 11월 자료.

9 국립사회보장·인구문제연구소, 「일본의 시구정촌별 장래인구추계 - 2003년 12월 추계(日本の市區町村別將來推計人口 - 2003年12月推計)」, (財)省エネルギーセンター, 2004.

〈표 3-5〉 업무 부문의 이산화탄소 배출에 관한 요인 동향

a) 연면적 증가

건물용도	1970년	1980년	1990년	2000년
업무 부문 합계(100만㎡)	560	936	1,284	1,655
사무소·빌딩(100만㎡)	120	204	313	435
백화점·소매업(100만㎡)	132	223	299	406

b) 에너지 소비 원단위

에너지 용도	1970년	1980년	1990년	2000년
합계(MJ/㎡)	1,222	1,165	1,175	1,174
냉방용(MJ/㎡)	43	57	93	101
난방용(MJ/㎡)	524	425	339	252
동력 기타 용도(MJ/㎡)	168	264	388	471

자료: 『에너지·경제 통계요람』.

증가하고 있는 점을 지적할 수 있다(〈표 3-4c〉).

(2) 업무 부문

업무 부문에 속하는 것은 사무실·빌딩(18%), 백화점·소매업(23%), 음식점(8%), 학교(9%), 호텔·여관(12%), 병원(10%) 등이다(괄호 안 숫자는 2002년 업무 부문 에너지 소비 전체에서 차지하는 비율[10]). 이 업무 부문의 에너지소비량 증대 요인은 고도경제성장 시대부터 지금까지 일관되게 나타나는 건축 연면적 증가다(〈표 3-5a〉). 버블경기 때의 사무실 수요 급증과 그 후 곧바로 계속된 수요 저하 등의 경기변동 영향과 무관하게 연면적은 일관성 있게 늘어났다. 한편 면적당 에너지 소비 원단위는 1970년부터 오늘날까지 대략 일정한 수준으로 억제되고 있다(〈표 3-6b〉). 그 내역을 살펴보면 사무용 기기의 도입으로 '동력 기타' 부분의 증가가 현저하지만 냉난방 에

---

10 일본 에너지 경제연구소·에너지계량분석센터, 『에너지·경제 통계요람』.

너지 소비는 효율화로 인해 감소하고, 전체적으로는 일정 수준으로 유지되고 있다. 인구 증가 폭은 크지 않은데도 원단위가 크게 증가하고 있는 가정 부문과는 대조적이다.

(3) 운수 부문

운수 부문에서 이산화탄소 배출량은 교통수단에 따라 크게 달라진다. 여객, 화물 등 각각에 대한 수송량과 에너지소비량을 보여주는 것이 〈표 3-6〉이다. 여객수송량 단위당 에너지 소비 원단위(〈표 3-6a〉)는 승용차가 철도의 10배에 달하고 있으며, 화물 부문에서는 트럭이 철도의 10배 이상, 해운의 4배 가까이 에너지 소비 원단위를 보이고 있다.

여객과 화물의 총에너지소비량은 모두 증가하고 있으며 그중 여객의 증가가 현저하다(〈표 3-6b〉). 여기에서도 이산화탄소 주된 배출원이 제조업에서 민생 부문으로 옮겨 가고 있다는 것을 알 수 있다.

여객 부문을 구체적으로 살펴보면 자가용 수송량이 크게 신장하고 있음을 알 수 있다. 1970년에는 철도와 대략 같은 정도의 비중이었지만 2000년에는 운수량의 60%를 자가용이 차지하고 있으며 이는 철도의 2배 이상에 해당한다. 이와 같이 에너지 소비 원단위가 높은 자동차가 주역을 맡게 된 결과, 여객 부문 에너지 소비의 85%가 자가용에 의해 발생하고 있다(2000년). 그렇기 때문에 여객 부문의 에너지 소비 대상, 즉 이산화탄소 배출 대책은 대부분 자가용과 관련된다고 해도 과언이 아니다. 철도의 분담률은 전국 평균으로 27% 정도이지만 지역에 따라 큰 차이가 있으며, 도쿄 교통권에서는 분담률이 56%에 달하고 있다. 이것은 세계 도시 중에서도 극히 높은 편에 속하며, 교통에 의한 환경부하 측면에서 도쿄는 희귀한 성공 사례라고 할 수 있다. 그러나 중소 이하 규모의 도시에서는 철도의 분담률이 극히 낮고 자가용에 크게 의존하는 사회로 가고 있다.

<표 3-6> 운수 부문의 이산화탄소 배출 요인 동향

a) 교통기관별 에너지소비량 원단위

여객 부문(MJ/명·km)		화물 부문(MJ/톤·km)	
자가용 승용차	2.46	트럭	3.48
버스	0.66	철도	0.26
철도	0.21	해운	0.98
항공기	1.98	항공	21.84

자료: 『에너지·경제 통계요람』, 2002년 자료에 근거.

b) 운수량과 에너지소비량의 추이

	지표	1970년	1980년	1990년	2000년
여객	총운수량(10억 명·km)	703	891	1,300	1,420
	자가용	278	414	727	852
	철도	289	315	388	384
	총에너지소비량(10^12MJ)	0.67	1.24	1.85	2.43
	자가용	0.43	0.94	1.49	2.08
	철도	0.06	0.06	0.08	0.08
화물	총운수량(10억 톤·km)	352	442	547	578
	화물 자동차	137	182	274	313
	화물 해운	151	222	245	242
	총에너지소비량(10^12MJ)	0.77	1.06	1.26	1.37
	화물 자동차	0.54	0.79	1.08	1.12
	화물 해운	0.18	0.24	0.15	0.22

자료: 『에너지·경제 통계요람』.

　　화물 운송에서는 트럭에 의한 수송량이 꾸준히 신장하고 있다. 그에 반해 철도는 환경부하가 낮아 경쟁력이 있는데도 수송량 전체에서 차지하는 비중은 매우 낮은 상황이다.

3) 온실가스 배출을 줄이기 위한 대책

도시 활동으로 인해 배출되는 온실가스를 줄이기 위해서는 다양한 방법의 조합이 요구된다.

대책은 기술개발, 수요 억제, 재생 가능 에너지 활용, 제도적 지원, 도시 계획적 대책 수립 등으로 나눠볼 수 있다. 이들은 상호 연관되는데, 예를 들면 기술개발과 수요관리를 위한 보조나 과징금 제도, 재생 가능 에너지 이용을 뒷받침하는 기술개발 등이 그것이다.

기술적 대응의 사례로는 태양전지, 연료전지, 전기자동차, 하이브리드 자동차의 효율 향상, 저비용화와 같은 기술혁신이 거론될 수 있다. 이들 기술적 대응에 제약이 되는 것은 대부분의 경우 비용문제다.

수요관리는 소비자의 소비 행동을 변경하도록 유도하는 방법이다. 전력 분야에서는 전력수요관리DSM: Demanded Side Management로 불리며, 교통에서는 교통수요관리TDM: Transport Demand Management라고 한다. 전력에서는 절전 권유나 심야전력 할인 등이 있다. 심야전력을 사용해도 전력 수요 전체는 줄지 않지만, 심야전력이 이산화탄소 배출이 적은 원자력발전이나 수력발전으로 조달되기 때문에 이산화탄소는 줄어든다. 교통수요관리의 사례로는 특정 지구에 진입하는 자동차에 요금을 부과하는 통행료 징수 road pricing나 사람들이 교통수단을 자가용에서 대중교통 수송기관으로 교체하도록 동기를 부여하는 교통기관 분담 변경modal shift, 또는 자동차 함께 타기를 통해 자동차 대수를 줄이는 것 등이 있다. 모든 수요관리는 소비자에게 무엇인가 동기를 부여해야 하며, 전력의 경우 전기요금 절감, 교통기관 분담 변경의 경우에는 비용이나 소요 시간 절약이 소비자의 행동을 바꾸는 요인이 된다. 수요관리에 사업적 감각을 적절히 융합한 사례로는 업무용 건물의 에너지 절약을 사용자에게 제안해 감소하는 비용에 따라 상응하는 보수를 얻는 에너지 서비스 회사ESCO: Energy Service Company 가 있다.

재생에너지는 고갈되지 않는 에너지이며 그 대부분은 태양에너지를 직간접적으로 이용하고 있다. 직접적 이용이란 태양광발전이나 태양열이용이며, 풍력이나 수력은 태양에너지에 의해 발생하는 기상현상의 결과로 이용이 가능하기 때문에 간접 이용 사례다. 바이오매스란 태양에너지에 의해 생성된 생물체를 의미한다. 에너지로 이용하기 위해 재배하는 작물이나 목재가 대표적으로, 도시지역에서 이용 가능한 바이오매스로는 폐기물이나 하수 슬러지가 있다. 이들은 본래 음식물이나 종이이기 때문에 바이오매스로 볼 수 있다. 바이오매스의 특징은 연소할 때 발생하는 이산화탄소를 인위적으로 계산에 넣을 필요가 없다는 점이다. 따라서 바이오매스를 연료로 사용할 때 이산화탄소 배출량은 제로다. 다만 이 경우 플라스틱 연소로 생성되는 이산화탄소는 석유에서 유래하는 것이므로 인위적인 이산화탄소 배출에 포함된다. 폐기물 소각으로 전기를 만들어내는 것도 바이오매스 이용이라고 할 수 있다.

아직 도입 수준에 있지만 제도적으로 유효하다고 기대되는 것은 경제적인 수법이다. 탄소세(환경세)가 그 사례다. 탄소세를 도입하면 어떤 물품을 제조할 때 이산화탄소 배출량이 많으면 많을수록 세액이 높아져 상대적으로 가격이 상승하며, 그에 따라 물품 이용은 억제된다. 또 이산화탄소 배출량 거래는 감축 의무를 가진 동종 업체 간 배출량을 거래하는 것으로, 이를 통해 비용을 줄이며 이산화탄소를 감축할 수 있는 대책 도입이 추진되고 있다. 국제적으로 실행되는 배출량 거래ET: emission trading는 도쿄의정서에 규정되어 있으며, 이 밖에도 국내 배출 당사자에게 배출량을 분배하는 과정에서 거래가 이뤄지면서 국내 거래에서도 유효한 수단이 되고 있다. 또 감축 의무를 지닌 선진 2개국 중 한쪽이 상대방 국가에 출자, 온실가스 감축 프로젝트를 실시해 온실가스를 줄인 만큼 신용거래로 출자국에게 이전하는 공동 실시JI: joint implementation, 선진국이 개발도상국에서 프로젝트를 실시, 선진국과 같이 신용거래를 하는 청정개발체제CDM: clean development mechanism가 있다. 이들이 보급되면 어느 곳에서든 이산화탄소를 비롯한 온실가스 감축이 금전적 가치를 만들어내게 되며, 온실가스 줄이기 사업에 기업들의 참여를 기대할 수 있다.

마지막으로 도시계획적인 대책을 살펴보자. 일본의 온실가스 감축은 당면한 단기 목표를 달성하는 데 목표를 두고 시행되고 있지만, 당연히 50년 또는 100년 앞을 목표로 한 장기 대책에도 착수해야 할 것이다. 이산화탄소 배출량이 적은 도시로 압축도시의 장점이 거론되고 있다. 압축도시란 도시로서의 인구밀도가 비교적 높고, 도시 전체의 규모가 작으며, 일상적인 도시 활동이 그 속에서 완결되도록 하는 도시다. 따라서 사람과 재화의 이동거리가 짧고 철도를 부설하기 용이하다. 이와 같은 구조를 가진 도시는 에너지 소비가 비교적 줄어들 것으로 예상되며, 압축도시의 유효성과 실현 가능성에 대해 검토해야 할 과제도 산적해 있다.

4. 환경공생도시로의 재생

고도경제성장기에 발생한 도시로의 급속한 인구 집중과 공해문제, 버블경기 당시에 발생한 도심지역 재개발 중도 포기 등은 오늘날 도시를 파폐하게 만들었다. 우리가 지향해야 할 환경공생도시environmentally sound city는 환경부하가 낮은 동시에 환경의 질이 높게 유지되는 도시다. 도시가 그러한 모습으로 어떻게 재생되면 좋을지 생각해보고자 한다.

1) 생활의 질 향상과의 융합

환경공생도시에서는 온실가스는 적게 배출되면서 동시에 생활의 질은 높은 도시 활동이 요구된다. 이산화탄소 배출량을 줄이는 대책의 경제적 효율을 고려하면 이론적으로는 한계감축비용(한 단위의 이산화탄소를 추가로 감축하는 데 필요한 비용)이 낮은 것부터 도입되어야 하지만 실제로는 그렇게 단순하지 않다. 그 이유 중 하나는 생활의 질에 영향이 있기 때문이다. 예를 들어 냉난방 설정 온도를 검소하게 책정하는 것은 이산화탄소의 배출을 줄이면서 동시에 전기요금도 절약하기 때문에 한계감축비용이 마이너스 값이 된다. 그런 의미에서 가장 먼저 도입되어야 할 대책이며, 이론적으로는 냉난방을 사용하지 않는 단계까지도 도입 가능하다. 그러나 과도하게 냉난방 설정 온도를 억제하는 것은 생활의 질을 떨어뜨리게 된다. 이산화탄소 배출량만을 따져보면 냉난방과 조명의 관점에서 거주 연면적은 작으면 작을수록 좋고, 철도는 승객을 꽉 채워 수송하는 것이 낫다고 말하겠지만 그것을 받아들이기는 쉽지 않다. 즉 환경부하와 생활의 질 사이에서 한쪽을 개선하는 것이 다른 한쪽을 악화시키는 상쇄관계가 존재한다는 것이다.

그러나 모든 온난화 대책이 생활의 질과 상쇄관계에 있는 것은 아니다. 환경을 배려하는 의식이 높아지고 있는 요즘의 경우 필요 이상으로 지나친 냉난방은 역으로 주민들의 만족도, 즉 생활의 질을 저하시킨다. 또 태양전지, 태양열이나 자연의 통풍을 살린 주택은 부가가치를 지닌 환경공생주택으로 받아들여지고 있다.

바이오매스의 순환을 살린 도시, 매일 교통정체 속에서 장거리 자동차로 통근하지 않아도 살 수 있는 도시는 매력적이다. 그와 같은 도시가 만들어진다면 환경부하와 생활의 질이 모두 향상되는, 말 그대로 윈윈winwin의 관계가 성립된다. 이것은 온난화 대책과 생활의 질이 융합되는 하나의 사례가 될 것이다.

2) 도시 재생의 미래상

일본의 인구는 최근 감소세로 돌아섰다. 인구 감소 사회는 부적절하게 형성되어버린 무질서한 도시를 매력적인 것으로 개선할 수 있는 기회이기도 하다. 기존 도시를 압축도시로 조성하는 것도 상대적으로 여유 부지가 생겨야 가능해진다. 또 산업 부문에서의 전환을 말하자면 과거 공업지대의 대기오염이나 수질오염이 줄어들면서 오늘날 녹지 오픈스페이스open space로서 도시 재생의 장을 제공하며, 민생 부문에서의 토지이용도 가능하다.

인구 감소는 반드시 전국에서 일률적으로 일어나는 일은 아니다. 2000년 인구를 100이라고 보면 2030년의 인구는 전국 평균, 도쿄 도 구지역과 정령지정도시政令指定都市, 그 외 도시권, 비도시권 등이 각각 92.6, 97.7, 90.4, 76.3으로 예상되고 있으며,11 대도시 인구는 감소하지 않을 것으로 예측되고 있다. 반면 중소도시는 10% 정도, 비도시권은 24% 이상의 인구가 줄어들 것으로 보이며, 도시와 비도시권 지역의 격차가 점차 심화할 것으로 보인다. 따라서 인구 감소를 계기로 하는 큰 폭의 재생은 대도시에서는 거의 기대하기 어려울지도 모른다. 그러나 이 추정은 도시 간 인구 이동 비율을 실적에 근거해 가정한 결과이고,12 소규모 환경공생형의 도시를

---

11 국토교통성, 『국토교통백서 2002』.
12 독립행정법인 국립환경연구소 지구환경연구센터 온실가스 인벤트리 오피스, 「일본의 1990~2001년도의 온실가스배출량데이터」.

매력적인 형태로 만든다면 반드시 이와 같은 인구분포가 된다고 할 수 없으며 그로 인해 인구분산이 진전될 가능성도 있다. 그 경우에는 대도시와 소도시 모두 환경공생형이 될 수도 있다.

도시의 장래를 크게 좌우하는 것은 사람들의 생활양식, 더 나아가서는 가치관이다. 현 상황에서 사회는 세계화의 흐름이 점차 심화하고 있으며 국제적인 경쟁력을 찾아 강한 회사가 합병을 통해 더 강해지는 것처럼, 이와 같은 사회의 경향은 대도시로의 인구 집중을 촉진하고 있다. 그러나 또한 가지 움직임이 있다. 지역에 뿌리를 둔 사회를 찾아 여유로운 생활양식을 추구하고 슬로라이프slow life라는 사고방식이 '순환형 사회형성 추진 기본계획'[13] 속에서 순환형 사회의 상징으로 표현되는 등 현재 지향되고 있는 사회의 방향이 그것이다. 거기에는 지역의 특징 중에서 주변 자연을 고려하고, 지역에 이미 존재하는 바이오매스나 재생 가능 에너지의 이용과 활용의 추진을 생각하는 것도 포함된다.

이러한 것들로부터 장래 사회에서는 두 가지 가치관과 생활양식이 공존할 것으로 예상할 수 있다. 간단히 말하면 대도시 도심지역의 고층주택 거주와 자연순환 속에서 녹지와 잘 조화된 소도시의 거주가 병존한다는 것이다. 어느 쪽이라도 활기 넘치는 인간활동의 장이 될 수 있으며 또 그러할 것이다.

이들 두 가지의 생활 형태에 온난화 대책을 적용해보면, 각각에 어울리는 대책은 사뭇 다르다. 고층주택군에는 집중적으로 관리되는 지역냉난방과 같은 시설이 바람직하며, 분산형 거주지에는 태양전지 도입이 적합하다. 철도가 부설되는 규모의 밀도 있는 도시에서는 철도의 분담률을 높이

---

13 환경성(環境省), 『순환형 사회 형성 추진 기본계획(循環型社會形成推進基本計劃)』, 2003년.

는 대책이 수립되어야 할 것이며, 분산형의 거주지에서는 자동차의 이산화탄소 배출을 감축하는 대책이 적합하다. 바이오매스의 활용은 지역을 지향하는 도시에서 더 촉진될 수 있으며, 도시와 주변 지역 사이의 순환을 활발하게 하는 역할을 하게 될 것이다. 도시계획에서도 두 가지 생활 형태의 각 특징을 감안한 계획이 요구된다.

이와 같이 활기 넘치는 도시를 형성하는 데 이바지하는 지구온난화 대책을 각 도시와 지역에 맞게 선택·분류해갈 필요가 있다. 그에 따라 환경부하를 낮추면서 생활의 질은 높이는 도시를 향한 재생이 가능해질 것이다.

참고문헌

하나키 게이스케花木啓祐, 『도시환경론都市環境論』, 岩波書店, 2004.

제4장

탈자동차의 도시 모델

기타무라 류이치 北村隆一

고밀도 대량수송이 불가능한 자동차 의존형 도시의 구축은 비도시화를 초래하고 바람직한 도시성의 상실로 이어진다. 반대로 철도역을 핵으로 한 다양한 활동의 집적은 매력 있는 도시공간을 형성한다. 이 장에서는 도시 활동을 지탱하는 교통의 형태에 대해 검토하면서 자동차가 해야 할 역할을 제고함과 동시에 공공공간이 풍부한 도시를 만들기 위한 도시교통의 방식을 제안하고자 한다.

1. 자동차와 도시: 역사적 오류

자동차 대중화 이후 교통계획에서 도로 혼잡은 치유할 수 없는 병으로 간주되었고 그것을 해소하려는 끝없는 시도가 지속적으로 반복되어왔다. 교통을 저해하는 요소를 적극적으로 제거하고 한 대라도 더 많은 자동차를 소통시키는 것을 목표로, 즉 도로의 '효율성'을 높이는 데 중점을 두고 도로공간은 운용되어왔다. 그래서 도로 혼잡은 해소되었을까? 결코 아니다. 전체 도시 면적의 절반 정도가 도로나 주차장으로 사용되고 있는 로스앤젤레스에서도 도로 혼잡은 여전하다.

1) 도시에 부적합한 자동차

제2차 세계대전 후 도시교통계획의 바탕이 되는 사상을 되돌아보면 처음에는 도로나 주차장 등 시설 정비에 주안점을 두고 있었으나 그것이 재정적·정치적으로 곤란해지면서 기존 시설을 더 효율적으로 이용하려는 시스템 관리 사고방식이 적용되었다. 교차점의 신호주기를 조정하고 고속도로 유입 차량의 수를 억제하는 등의 시책이다. 이들은 일정한 효과를 거두기는 했지만 교통수요 증가와 동반된 도로 혼잡은 악화 일로를 걸어왔다. 그에 따라 도입된 사고방식이 수요관리다. 이는 도로 혼잡의 배후에 있는 자동차 교통의 수요를 억제하는 것으로, 구체적인 시책으로는 자동차 함께 타기, 도심 주변 주차 후 대중교통 이용Park and Ride, 혼잡요금제 등이 있다.[1] 다만 일본에서는 이제까지 이러한 시책이 지속적으로 실시된 적은 거의 없었으며 따라서 그 실현 가능성과 효과도 아직 증명된 바 없다. IT기

---

1 오타 가쓰토시(太田勝敏), 「교통수요 매니지먼트의 중요성(交通需要のマネジメントの重要性)」, ≪고속도로와 자동차(高速道路と自動車)≫, 36권 7호, 1992, pp. 7~10; 하라다 노보루(原田昇), 「미국의 교통수요관리: 교통혼잡 완화와 대기 보전의 효과(アメリカの交通需要管理 - 交雜緩和と大氣保全の效果)」, ≪교통공학(交通工學)≫, 27권 6호, 1992, pp. 59~63; 교통과 환경을 생각하는 모임(交通と環境を考える會) 엮음, 『환경을 고려한 자동차 사회-구미의 교통수요 매니지먼트 시도(環境を考えたクルマ社會 - 歐美の交通需要マネジメントの試み)』, 技報堂出版, 1995; 야마나카 히데오(山中英生)·오다니 미치야스(小谷通泰)·닛타 야스즈구(新田保次), 『마치즈쿠리를 위한 교통 전략 - 패키지 접근 권장(まちづくりのための交通戰略 - パッケージ·アプローチのすすめ)』, 学芸出版社, 2000.

술이 진보하면서 도로교통 정보통신VICS: Vehicle Information and Communication System 등 정보 시스템을 비롯한 고속도로 교통체계가 도로 혼잡 해소의 열쇠를 쥐고 있는 것처럼 주목받기도 했다. 그러나 일본에서 자동차 대중화가 본격화된 1960년대 이후 다양한 시책이 시도되어왔지만 아직 도로 혼잡은 해소되지 못하고 있다. 왜 그런 것일까?

이유는 지극히 단순하다. 근본적으로 자동차는 도시에 적합한 교통수단이 아니기 때문이다. 대학에서 배우는 교통공학의 기초에 해당하지만, 도로에서 자동차의 밀도와 속도를 동시에 향상시키는 것은 불가능하다. 도로 위의 자동차가 증가하고 그 밀도가 높아짐에 따라 속도는 떨어지게 되는데, 이것이 바로 우리에게 익숙한 교통정체다. 자동차의 속도를 높이려면 밀도를 낮추어야만 한다. 결과적으로 도로를 통과할 수 있는 자동차의 수를 제한하는 방법밖에 없다는 의미다.

이는 컨베이어 벨트 위를 이동하는 감자를 생각해보면 잘 이해할 수 있다. 더 많은 감자를 벨트에 올려놓거나 또는 벨트의 속도를 높이면 더 많은 감자를 나를 수 있게 된다. 감자를 조밀하게 올리고 동시에 벨트를 빨리 돌리면 더 많은 감자를 나를 수 있다는 의미다. 그러나 컨베이어 위의 감자와는 달리 도로 위의 자동차는 밀도와 속도를 동시에 증가시킬 수 없다. 한쪽을 늘리면 다른 한쪽은 감소한다는 것이다. 결과적으로 도로를 통과할 수 있는 자동차 대수에는 상한선이 있으며(이를 도로용량이라고 부른다), 이상적인 상태의 고속도로에서 한 시간에 하나의 차선당 승용차 2,000대, 평균 승차인원 수가 1.3인이라면 2,600명 정도밖에 운송하지 못한다는 결론을 얻을 수 있다. 이에 비해 오사카의 지하철 미도스지御堂筋선은 10칸의 정원이 1,290명인데, 지하철을 두 번 운행하면 다시 말해 한 대의 지하철로 30분만에 고속도로 한 차선이 한 시간에 운반하는 사람 수를 쉽게 운반할 수 있다.[2]

집적은 도시를 규정하는 특성 중의 하나이며, 도시의 교통수요는 필연적으로 고밀도일 수밖에 없다. 그러나 자동차는 고밀도·대량수송에는 부적합하다. 도시와 자동차는 서로 맞지 않는데도 도시에서 자동차 교통은 중시되었으며, 도로 혼잡의 해소가 교통계획 및 도로 운용의 사명처럼 되었다고 해도 과언이 아니다. 도대체 왜 그렇게 된 것일까?

20세기는 자동차의 세기였다고 말할 수 있다. 19세기 후반 발명된 자동차는 T형 포드의 출현으로 대중화되고, 1915년까지 이미 누계 100만 대의 T형 모델이 생산되었다.[3] 대공황에서 제2차 세계대전에 이르는 불행한 역사 속에 보급 속도는 줄어들었지만, 그 후 경제성장을 거치며 자동차는 다시 급속히 보급되어 '생산 - 유통 - 소비 - 폐기'의 순환 모두를 변용시키며 사람들의 생활양식을 온통 바꿔놓았다.

주목할 만한 것은 20세기는 도시화의 시대였다는 점이다. 즉 20세기의 자동차 대중화와 동시에 진행된 것이 도시화이며, 교외화의 과정이다. 그리고 20세기 초 사람들이 도시의 미래를 예상할 때 묘사한 모습은 숲처럼 솟은 고층빌딩과 고속도로, 그리고 그곳을 질주하는 자동차였다. 그러나 사람들이 한 세기 전에 상상한 도시는 실현되지 못했다. 아니, 질주하는 자동차 대신 멀리 보이는 고속도로와 그곳을 뒤덮은 교통정체가 있다는 점을 빼면 실현되었다고 할 수 있을지도 모르겠다. 어찌 되었든 도시화와 자동차 대중화가 동시에 진행되었다는 사실과 함께 우리의 뇌리에 흔적으로 남아 있는 르코르뷔지에Le Corbusier 등이 묘사한 도시의 이미지가 자동차는 도시교통수단이라는 통념을 낳았다고 말할 수 있을 것이다.

---

2 기타무라 류이치, 「바람직한' 도시교통체계를 향해(「やさしい」都市交通體系に向けて)」, ≪도시문제연구(都市問題研究)≫, 54권 12호, 2002, pp. 30~45.

3 J. H., Kay, *Asphalt Nation: How the Automobile Took Over America and How We Can Take It Back*, Crown Publishers, 1997.

92 | 도시 어메니티와 생태

그러나 이미 살펴본 대로 자동차는 도시에 적합한 교통수단이 아니다. 이제까지 혼잡 해소를 위해 해온 모든 일은 자동차가 도시교통수단이라는 잘못된 가정에서 나온 것이며, 달성할 수 없는 목표를 향한 헛수고였던 셈이다. 밀도가 낮은 도시 주변부에서 공공교통이 제 기능을 못하는 것처럼 고밀도 도시부에서 자동차는 제 기능을 하지 못한다. 물론 이는 도시지역 자동차가 소멸한다는 것을 의미하는 것은 아니다. 이동에 어려움이 있는 약자나 긴급자동차의 통행은 물론 도시의 물류 수요를 자동차에 의존하지 않고 충족하기는 극히 어려울 것이다. 다만 모든 교통수요를 자동차로 충족해야 한다는 이제까지의 사고방식에는 커다란 오류가 있다는 말이다. 다른 특성을 지닌 교통수단의 장단점을 감안하면서 이를 적재적소에 배치하는 교통계획이 필요하다.

2) 자동차 대중화의 양성 피드백

교통혼잡이 완화되지 못하는 이유는 자동차가 도시에 적합한 교통수단이 아니라는 것 외에 적어도 두 가지가 더 있다. 하나는 자동차 대중화가 양성 피드백positive feedback[4]을 갖고 있다는 점, 또 하나는 자동차 이용이 사회적 딜레마를 내포하고 있다는 점이다.

우선 양성 피드백을 가지고 있는 쪽에서는 작은 차이나 효과가 자기강화, 자기조직화하면서 큰 차이를 가져온다. 예를 들어 자동차와 버스로 이뤄진 교통 시스템을 생각해보자. 원래 자동차 대중화는 공공교통 이용자가 자동차로 바꿔 탄다는 것을 의미하며, 그와 동시에 버스 이용객 수는 감소한다. 여기에 가속도가 붙어 자동차 교통량 증가와 함께 도로 혼잡이 심

---

4 [역자] 흔히 누적적 인과관계(cumulative causation)라고도 함.

화되고, 버스의 운행속도가 떨어져 정시성 확보도 어렵게 되며, 버스의 서비스 수준도 떨어진다. 더 나아가 운행속도 저하로 인해 버스의 운용 비용은 늘어나고,5 자동차 대중화에 의해 이용객 감소와 함께 운임 인상 또는 운행 횟수 축소가 불가피해진다. 그리고 서비스 수준의 저하가 다시 이용객 감소를 불러오는 악순환이 형성된다. 일본의 도시에서 실제로 이러한 악순환이 반복되어왔으며,6 결과적으로 버스의 서비스 수준은 자동차 대수의 증가에 반비례적으로 저하되어 자동차 이용률이 상승하는 동시에 자동차와 대중교통의 서비스 수준 격차를 더 벌렸다. 자동차 대중화가 다시 자동차 대중화를 촉진하는 양성 피드백을 형성한 것이다.7

그에 더해 자동차 대중화의 진전은 자동차 지향형 토지이용 형태와 도시구조를 촉진한다. 일본에서는 1980년대 이후 간선도로변에 자동차 이용자를 대상으로 한 이른바 '로드사이드 비즈니스road side business'의 출점이 빈번해졌으며,8 이것은 과거 도심을 핵으로 형성되었던 도시권 구조가 붕

---

5 운행속도가 저하되면 버스노선 운행에 필요한 시간이 늘어나고, 필요한 버스 대수 및 운전자 수도 증가한다. 예를 들어 어떤 버스노선이 15분 간격으로 운행되는 경우를 생각해보자. 노선 운행에 정확히 1시간이 소요된다고 가정하면 00분, 15분, 30분, 45분으로 4대의 버스가 발차한 뒤 다음의 00분에는 처음 발차한 버스가 되돌아오므로, 노선 운행에는 4대의 버스와 4명의 운전기사가 필요하다. 버스 운행시간이 50% 증가해 90분이 되면, 같은 15분 간격의 서비스를 제공하는 데 필요한 버스 대수도 50% 증가해 6대가 된다.

6 이 배후에는 이용객 수의 감소에 따른 세입 감소로 요금을 인상한다는, 공공교통의 장기적 존속보다 단기적 수지 균형을 중시하는 사고방식이 있다. 상품이나 서비스가 판매되지 않으면 그 가격이 떨어지는 것이 상식이지만 기묘하게도 공공교통 서비스의 경우는 그 반대다.

7 기타무라 류이치, 「사회적 딜레마로서의 도시교통문제와 TDM의 역할(社會的ジレンマとしての都市交通問題とTDMの役割)」, ≪도시문제연구≫ 50권 11호, 1998, pp. 53~74; R. Kitamura, S. Nakayama and T. Yamamoto, "Self-reinforcing: can TDM take us out of the social trap?" *Journal of Transport Policy*, 6(3), 1999, pp. 135~145.

8 쇼지 겐이치(庄司健一), 「로드사이드 비즈니스의 발전과 그 배경(ロードサイドビジネス

괴하기 시작함을 의미했다. 이 도시구조의 변화와 평행선을 이루며 사람들의 이동 유형도 변화한다. 즉 도심을 중심으로 한 하나 대 다수one-to-many형의 교통 유형이 다수 대 다수many-to-many형으로 바뀌며, 공공수송기관으로 다수 대 다수형의 교통수용을 처리하기 어려워진다. 결국 낮은 서비스 수준으로 이용객이 감소하고, 경영이 악화하며, 운임 상승으로 또다시 서비스 수준이 저하하고 이용객이 감소하는, 위에서 언급한 악순환에 빠져든다. 이와 같이 토지이용 형태·도시구조의 변화는 양성 피드백을 형성하는 하나의 원인이 된다.

자동차 대중화가 진행되면서 그에 따라 '생산 - 유통 - 소비 - 폐기'의 모든 단계가 자동차 지향형으로 바뀐다. 적시생산JIT: Just In Time이라는 생산방식이나 판매시점관리POS: Point Of Sale 체계에 근거한 편의점으로의 상품배송은 익히 알려진 사례다. 유통 형태의 변화는 일상생활에 뚜렷이 나타나고 있다. 대형 냉장차나 냉동차의 보급에 맞춰 소비자는 자동차로 가끔 대형소매점에 가 낮은 가격의 상품을 대량으로 구입하려고 한다. 이제까지 소매점 배달에 의존해왔던 미국의 주류 구입도 자동차로 가능하게 되었고, 길모퉁이의 주점이나 쌀집은 할인점으로 바뀌고 있다. 도보권역 내 고객을 대상으로 했던 개인 소매점이 자동차 대중화로 그 기반을 상실하고 있는 것이다. 도시 주민의 생활양식도 변화하고, 자녀를 학교나 학원으로 데려다 주는 것이 학부모의 역할 중 하나가 됨과 동시에 쇼핑, 레저 등 가정 내 모든 활동에 자동차가 이용되기 때문에 젊은 세대는 대중교통을 이용할 필요성을 느끼지 못한 채 성장한다.

の發展とその背景)」, 기타무라 류이치 편저, 『포스트 모터리제이션 - 21세기의 도시와 교통 전략(ポストモータリゼーション - 二一世紀の都市と交通戰略)』, 学芸出版社, 2001, pp. 67~91.

일본의 중소도시권과 농촌에서는 자동차 의존 생활이 일반화되어 도보나 공공교통으로 완결되었던 일상생활권은 붕괴했다고 할 수 있다. 똑같은 일이 대도시권의 교외에서도 일어나고 있는데, 상업시설 등 다양한 시설의 입지가 자동차 지향형으로 바뀜과 동시에 과거부터 도보권역 내에 광범위하게 분포하여 생활을 지탱해왔던 개인 상점이 자취를 감추고 있다. 자동차 대중화 이전에 존재했던 생활권이 소멸하고, 자동차를 이용하지 않으면 일상의 필요를 충족하지 못하게 되었다. 사람들의 생활은 필연적으로 자동차에 의존하게 되고, 도시의 신진대사는 그것을 전제로 하며, 그것은 또다시 자동차 대중화를 촉진하게 된다.

3) 사회적 딜레마가 된 자동차 이용

끝도 없는 자동차 대중화의 진전에는 사회심리도 한몫하고 있다. 많은 사람이 자동차를 이용하면 도로 혼잡과 함께 환경부담이 늘어나고 자원이 낭비된다. 이러한 문제의 해소를 위해 이용을 자제하는 것이 현명하다는 것을 알면서도 사람들은 대부분 자동차 이용을 멈추지 못한다. 그 이유는 자동차 이용이 사회적 딜레마를 형성하고 있기 때문이다.

사회적 딜레마의 정의는 다양하지만, 로빈 도스Robyn Dawes의 설명에 따르면 다음과 같은 두 가지의 특성을 지닌다고 한다.[9]

첫째, 다른 사회구성원이 어떠한 행동을 취하는지에 관계없이 사회적으로 비협력적인 행위를 취할 때의 이득이 사회적으로 협력적인 행위를 취했을 때의 이득보다 크다. 둘째, 그러나 사회구성원 전원이 비협력적인 행

---

9 R. M. Dawes, Social dilemmas, *Annual Reviews of Psychology*, 31, 1980, pp. 169~
    193.

위를 취할 때의 이득은 전원이 협력적 행위를 취할 때의 이득보다 작다. 이러한 특성을 지닌 사회문제는 어장의 공통자원 고갈문제나 지구온난화 등 환경문제는 물론이고 일일이 사례를 들 수 없을 정도로 많다.[10]

쾌적성과 함께 수시성, '현관에서 현관까지' 등 자동차는 많은 이점이 있으며 대중교통보다도 높은 수준의 서비스를 제공하는 것이 일반적이다. 영국의 자료에 의하면 심지어 런던 도심지역에서도 자동차는 대중교통수단과 적어도 동등한 이동소요시간을 제공하는 것으로 나타난다.[11] 자동차를 이용하기보다 공공교통을 이용하는 편이 전체적인 이득을 높여준다는 사실은 실제로는 일어나기 어려운 일일지도 모른다. 이미 서술한 자동차 대중화가 갖는 양성 피드백에 의해 일상생활을 유지하기에 충분한 서비스를 제공하는 공공교통 시스템을 갖춘 도시가 줄어들 수밖에 없는 상태에 있기 때문이다. 그러나 도쿄나 오사카의 도심지역을 보면 분명히 알 수 있듯이 충분한 이용자가 있을 때 공공교통은 대량수송이 가능하고, 자동차가 가진 쾌적한 좌석과 프라이버시까지 제공하지는 못하지만 매우 높은 수준의 교통서비스를 할 수 있다.

가상도시에서 출퇴근 교통을 대상으로 한 계산 사례[12]는 누군가가 매달 자동차를 약 6일만 이용한다면 공공교통 서비스 수준은 높아지고 도로교통량은 적정하게 제어되어 사회적 이득이 최대가 됨을 보여준다. 이때 출

---

10 야마기시 도시오(山岸俊男), 『사회적 딜레마의 구조 - '나 홀로의 심리'가 초래하는 것 (社會的ジレンマのしくみ -「自分一人ぐらいの心理」の招くもの)』, サイエンス社, 1990; W. B. G. Liebrand(ed), *Social Dilemmas: Theoretical Issues and Research Findings*, Pergamon Press, 1992.

11 M. J. H. Mogridge, "The self-defeating nature of urban road capacity policy: a review of theories, disputes and available evidence," *Journal of Transport Policy*, 4(1), 1997, pp. 5~23.

12 Kitamura et al.의 앞에서 인용한 책.

퇴근 교통의 일반화 비용은 사회적 딜레마가 지배하는 경우의 약 5분의 3 수준이다. 유감스럽지만 이와 같은 자동차 이용 억제 합의가 사람들 사이에서 저절로 형성될 리 없으며, 교통의 일반화 비용은 자동차를 이용하든 대중교통을 이용하든 누구나 최적치를 넘어서게 된다. 도로 혼잡뿐 아니라 지구온난화를 비롯한 환경문제를 생각할 때 공공수송기관 이용이나 자동차 함께 타기 등 사회적인 협동 행위가 촉진되어야 한다는 것은 누가 봐도 명백하다. 그러나 다른 사람이 어떠한 선택을 할지는 알 수 없으며, 스스로 협력적인 행위를 하려고 하지도 않는다. 이것이 도로 혼잡의 바탕에 깔린 사회심리적 문제다.

자동차가 제공하는 편익을 누리길 원하는 도시권 거주자가 교외로 이주할 때, 전체적으로 보면 도시권 확대에 의해 운행량이 늘어나고 이동시간이 증가함과 동시에 도로 혼잡도 악화된다. 그리고 저밀도의 토지이용을 위한 공공수송기관은 제 기능을 못하고 자동차 의존은 더 심화되어 각종 문제에 기름을 붓는 결과를 가져온다. 이것도 사회적 딜레마를 구성하는 부분일 것이다. 다시 말하자면, 교토 - 오사카 - 고베 도시권에서는 도심지역 거주자 1인당 하루 교통에너지 소비량이 4,628kcal인 데 비하여 교외 거주자의 경우는 약 1.5배인 6,989kcal이다. 또 자동차를 보유하지 않은 세대의 1인당 하루 소비량 2,447kcal에 비해 자동차를 3대 이상 소유한 세대는 무려 3.8배인 9,284kcal에 달한다.[13]

---

13 K. Sakamoto and R. Kitamura, "Contemplation on the compact city: a transportation and construction energy perspective," Paper presented at the Ninth Conference of the Hong Kong Society for Transportation studies Post-conference Workshop, Hong Kong, December, 2004.

2. 도시의 비도시화를 촉진하는 자동차

도시에서 원활한 자동차 교통을 실현하려고 하는 것은 달성할 수 없는 계획이다. 그럼에도 그 실현을 위한 시도가 일본에서도 거의 반세기에 걸쳐 반복되어온 결과는 결국 무엇일까? 그것은 도시의 비도시화다.

1) 비도시화하는 도시

매클린Alex S. MacLean의 사진집, 『하늘에서 본 미국의 토지디자인Designs on the Land: Exploring America from the Air』에서는 미국 켄터키 주 휴스턴의 도심 사진이 들어 있다. 바다처럼 넓은 노면주차장과 저층건축물, 그리고 돌출된 고층빌딩이 그 안에 있다. 이 사진들은 같은 사진집에 들어 있는 뉴욕이나 필라델피아의 도심과는 극히 다른 양상을 보이며, 그 차이를 가져온 결정적 요인은 자동차다. 장 보드리야르Jean Baudrillard의 저서 『아메리카America』에서는 로스앤젤레스를 '수평도시'라고 부르고 있는데, 로스앤젤레스와 같이 자동차 대중화가 일반화된 후 성장한 휴스턴도 도심의 한 구역을 제외하면 저밀도의 토지이용이 한없이 펼쳐진 수평도시다.

휴스턴은 자동차 대중화에 따른 도시의 비도시화를 여실히 보여준다. 도시에서 더 넓은 공간이 도로나 주차장 등 자동차 교통을 위해 공유되어야 한다는 것은 도시 전체적으로 광활한 토지가 도시 활동 이외의 목적으로 소비되고 있음을 의미한다. 이것은 바로 비도시화의 산물이다.

자동차 대중화가 촉진하는 교외화도 비도시화를 의미한다. 과거 도시계획 이념을 충실히 반영해 조성한 미국의 교외에서 도시 토지이용은 단순화되어 주택지와 상업지는 명확히 분리되고, 인구밀도는 낮은 수준으로 억제되며, 도로와 주차장 시설이 충분하게 정비되어 있다.[14] 결과적으로 교외에서는 집적과 다양성 그리고 그러한 것들이 가져다주는 의외성이라는 특징적 요소가 배제되고 있다. 즉 교외는 비도시이며, 자동차의 대중화는 교외화를 통해 비도시화를 가져온다.

2) 비도시화에 의해 도로 혼잡은 해결되었는가?

도시적 활동으로 공유되어야 할 광활한 공간을 소비하면서 동시에 교외화를 촉진한다는 의미에서 자동차는 도시로부터 도시성을 박탈한다. 게다가 자동차 지향형의 비도시에서도 도로 혼잡이라는 '도시'문제가 해소되는 것은 아니다.

미국 도시부에서는 도시 면적의 30~50%가 도로, 주차장 등 자동차 교통을 위해 소요되고 있다. 제인 홀츠 케이Jane Holtz Kay[15]에 의하면 로스앤젤레스에서는 토지의 3분의 2가 자동차 교통에 사용되고 있다고 하며, 마시 Peter Marsh와 콜레트Peter Collett[16]는 도로 면적이 전체의 3분의 1을 차지한다고 말한다. 또 휴스턴에서는 시민 1인당 도로포장 면적이 주차공간 30대분이라고 한다.[17] 그런데도 미국 서해안 도시권의 고속도로에서는 새벽 4

---

14 미국의 용도지역제는 일본의 그것보다 상세히 그리고 엄밀히 나뉘어 있으며 더 광범위하게 사적 권리를 제한하고 있다. 미국에서의 기원에 대해서는 P. Hall, *Cities of Tomorrow*, Blackwell Publishers, 1988에서 흥미 있게 기술하고 있다. 용도지역제는 바람직한 주거환경을 창출할 목적으로 설정되었지만, 그로 인해 미국 도시의 교외는 제도적으로 자동차 의존형이 되어버렸다. 뉴어버니즘(New Urbanism)은 이에 대한 반성에 근거하고 있다. A. Duany, E. Plater-Zyberk and J. Speck, *Suburban Nation: the Rise of Sprawl and the Decline of the American Dream*, North Point Press, 2000 를 참조하기 바란다.

15 J. H., Kay, *Asphalt Nation: How the Automobile Took Over America and How We Can Take It Back*.

16 P. Marsh and P. Collett, *Driving Passion: the Psychology of the Car*, Jonathan Cape, 1986.

시부터 교통정체가 시작된다.[18, 19] 본래 비도시적인 교통수단인 자동차를 도시에 무리하게 주입하려 했으며, 광활한 도시공간을 자동차 교통에 할애했는데도 도로 혼잡은 해소되지 못하고 그로 인해 높은 수준의 접근성도 제공하지 못하고 있다. 단지 도시는 확연히 비도시화되고 있을 뿐이다. 이것이 중소도시권에서 요즘 주목받고 있는 중심시가지 쇠퇴문제의 본질이다.

중심시가지의 쇠퇴는 도시의 핵이 소멸하는 것을 의미하며, 이제까지 도심으로 몰려들었던 사람들의 흐름이 변화하는 것을 뜻한다. 핵을 지닌 고전적인 도시에서는 그 핵으로 집중하는 교통수요를 어떻게 처리할 것인가가 중요한 문제였으며, 피크타임인 출퇴근시간의 교통 처리가 중요한 사안이었다. 도심부에서의 '과밀'이 문제로 인식되었으며, 되돌아보면 도로정비로 도시의 자동차 혼잡을 해소하려는 모순적인 방안이었지만 이로 인해 도시 기능의 분산이 시도되었다. 즉 도시의 비도시화에 의해 혼잡문제의 해결이 모색된 것이다. 다수의 도시들은 이러한 과밀문제에 유효한 시책을 써보지 못한 채 포기했다. 자동차 대중화와 함께 대자본을 배후에 가진 대형 소매점포나 전국적인 체인점을 중심으로 교외간선도로를 따라 상업시설이 입지하는 추세가 이어졌고, 중심시가지의 비중은 자연스럽게 저하되어갔기 때문이다.[20]

---

17 J. H., Kay, *Asphalt Nation: How the Automobile Took Over America and How We Can Take It Back*.

18 A. LePage, "Going the distance," *Sacramento Bee*, January 28, 2001.

19 기타무라 류이치, 「탈자동차 시기의 교통디자인(ポスト·モータリゼーション期の交通デザイン)」, ≪CEL≫ 63호, 2002, pp. 3~10

20 아키야마 다카마사(秋山孝正)·야마모토 도시유키(山本俊行), 「철도가 자동차에 패배한 도시(鐵道が車に敗れた都市)」, 기타무라 류이치 편저, 『철도에 의한 마치즈쿠리 - 풍요로운 공공영역이 만드는 혜택(鐵道でまちづくり - 豊かな公共領域がつくる賑わい)』,

도시권이 명확한 핵을 가지지 못한 비도시로 변모하여 도로 혼잡의 양상도 변화하고, 도심과 교외를 연결하는 방사형 도로에서 피크타임 때 발생했던 교통정체와 함께 교외간선도로에서 출퇴근 이외의 시간대나 휴일의 혼잡이 문제로 드러났다. 교외는 도로 혼잡에 대해 면역성을 가지고 있지 못하다. 외곽도시edge city라는 용어를 만들어낸 언론인 가로Joel Garreau는 미국의 부동산업계에서 통하는 기준으로 외곽도시에서는 용적률이 25%에 달하면 교통 혼잡이 일어나고, 용적률 40%에서는 다층 주차시설이 필요하게 되며, 용적률 100%에서는 교통 혼잡이 주된 문제가 된다고 한다. 또 150%가 외곽도시의 밀도 상한이라고 기술하고 있다.[21] 용적률 100%라고 하면 부지의 절반을 노면주차장으로 하고 나머지 반에 2층 건물의 상업시설을 세우는 것인데, 이 밀도에서 이미 교통 혼잡이 주된 문제가 된다는 점을 의미한다. 미국의 도시권에서 '교외 혼잡suburban congestion'[22]이 고착화되고 그것이 새로운 문제를 일으킨다는 점은 더 이상 의심할 여지가 없다.

1950년대 이후 도시권이 외연화를 향하며 확장을 지속해왔던 배경에는 도시의 소란스러움을 피해 저밀도 지역에 거주하면서 자동차로 이동하려는 사람들의 소망이 있었다. 그러나 자동차를 주요 교통수단으로 삼은 이상도시가 실현된 사례는 찾아볼 수 없으며, 그뿐만 아니라 도로 혼잡의 문제 또한 해결되지 못하고 있다. 19세기에는 '철도왕국'이라고 불리며 20세기 초에는 대량생산에 의해 자동차를 대중화시킨 미국도 세계가 부러워할 정도로 서민을 위한 주거혜택을 제공하고 쇼핑몰을 고안해냈으며 인터넷과 윈도Windows를 창출해냈지만, 이상적인 자동차 도시는 현실화하지 못

学芸出版社, 2004, pp. 67~97.

21 J. Garreau, *Edge City: Life on the New Frontier*, Doubleday, 1991.

22 E. A. Deakin, "Suburban Traffic Congestion, Land Use And Transportation Planning Issues: Public Policy Options," *Transportation Research Circular*, No. 359, 1990.

했다. 지금 미국의 도시사회는 도로 혼잡은 물론 과도한 환경부하, 자원의 낭비, 도시의 계층화 등 자동차 의존에 의한 수많은 문제를 안고 있다.

일본 도시의 재생을 생각할 때 지금까지의 자동차 지향형 사고와 단절해야 할 필요성은 이제까지의 논의만으로도 명쾌하게 알 수 있다. 최근의 땅값 하락과 동반하여 많은 사람에게 도심지역에서의 주거가 현실적인 것이 되고, 도심 회귀의 움직임은 명료해지고 있다. 이 움직임은 지속적으로 매력 넘치는 도시를 창출하는 데 다시없는 좋은 기회를 가져다주고 있다.

3. 도시의 매력

도시의 매력에 대해서 또다시 논의할 것까지는 없지만 '탈자동차'가 도시의 매력과 밀접하게 연계되고 있음을 보여주는 차원에서 우선 도시의 매력 요소로 앞서 말한 '고밀', '다양성' 그리고 '의외성'을 들고자 한다. 고밀은 다수의 사람·활동이 한정된 지리적 공간 속에 응축되어 있는 것을 말한다. 다양성은 속성이 다른 사람들이 모여 다양한 활동이 나름대로 영위되는 것을, 마지막으로 의외성은 도시가 가져다준 지적 자극이 완전히 예측 불가능함을 말한다.[23]

1) 마쓰자와의 삼층가

이들 세 가지 요소를 생성시키는 것 중에는 엄청난 수의 다양한 사람들이 집산하는 대규모 철도역이 있으며, 그것을 핵으로 하여 도시의 매력을

---

23 기타무라 류이치, 「탈자동차 시기의 교통디자인」.

보여주는 공간이 전개된다. 마쓰자와 미쓰오松沢光雄는 이것을 '삼층가三層街'라고 부른다.

삼층가는 중심지역, 중간지역, 주변지역이라는 세 개의 층이 동심원 모양으로 발달한다. 중심지역에 장식이 풍부한 시설이 배치되고 중간지역에 음주·음식 관련 시설과 오락시설이 배치되어 문화성을 증대시키면서 동시에 사람들의 눈에 안 띄는 주변지역에는 러브호텔이나 특수목욕탕 등의 휴식시설이 입지하여 거리가 정연한 형태로 정리되어 있다.[24]

중심지역은 밝고 호화로운 거다. 그곳은 잘 정비된 상업활동이 전개되는 왕성한 소비의 공간이며 '번화가의 꽃'이다. 이곳을 둘러싸고 있는 중간지역에는 각종 술집, 식당, 오락시설이 입지하는데 마쓰자와는 그것을 '남성을 위한 밤의 거리', '어두운 거리'라고 한다. 청명한 거리인 중심지역에 비해 중간지역은 평범한 거리라고 할 수 있다. 그 바깥에 위치한 주변지역은 '포르노산업의 집적지'이면서 동시에 결혼식장, 문화회관, 스포츠센터 등의 집회시설이나 노면주차장도 입지한다.[25]

여기에서 주목해야 할 것은 철도역을 핵으로 한 삼층가의 다양성이다. 그곳에는 소비문화의 틀을 극히 화려한 상업공간부터 직장인이 직장에서 집으로 돌아가면서 들르는 술집, 러브호텔, 음란한 풍속산업에 이르기까지 인간욕망의 스펙터클에 폭넓게 대응하는 활동 기회가 존재한다. 영광의 거리와 평범한 거리, 쌍방이 공간적으로 뒤섞인 형태로 공존하고 있는

---

24 마쓰자와 미쓰오(松澤光雄), 『번화가를 걷는다 - 번화가의 구조분석과 특성연구 도쿄편(繁華街を歩く - 繁華街の構造分析と特性研究 東京編)』, 綜合ユニコム, 1968, p. 25.

25 마쓰자와 미쓰오, 『번화가를 걷는다 - 번화가의 구조분석과 특성연구 도쿄편』, 27~41쪽; 기타무라 류이치, 「'밝음'과 '기운'의 거리를 창조하는 철도역(〈ハレ〉と〈ケ〉の街を創る鐵道驛)」, 기타무라 류이치 편저, 『철도에 의한 마치즈쿠리 - 풍요로운 공공영역이 만드는 혜택』, 157~185쪽.

것이다.

이에 비해 교외의 쇼핑몰은 어떠한가? 삼층가의 중심지역과 같이 그곳에는 구매욕을 돋우는 상업공간이 연이어 있고 음식·오락시설이 조화를 이루고 있다. 그러나 삼층가와는 적어도 다음과 같은 세 가지 점에서 결정적으로 다르다. ① 쇼핑몰shopping mall에서는 그 수익성을 최대화하기 위해 새로운 점포를 내는 것이 엄격히 통제되고, ② 몰은 자기완결적으로 닫혀 있으며, ③ 몰의 상업공간은 진정한 의미에서의 공공공간이 아니라는 것 등이다.

첫째, 교외의 쇼핑몰은 밝게 보이도록 철저히 연출하고 계산한 상업공간이며, 점포 구성에서 마루의 소재, 자연광의 도입에 이르기까지 가능한 모든 요소가 통제되고 있다. 임대료는 매상에 비례하는 경우가 대부분이고 실적을 올리지 못하는 점포는 자리를 내줘야 한다.[26] 둘째, 교외형 쇼핑몰 방문객은 그곳에서 다양한 활동을 영위하지만 몰의 경계를 넘어서 주변지역으로 발길을 옮기는 일은 극히 드물 것이다. 몰은 주변지역과의 연계에 의존하지 않고 자기완결성을 지향한다.[27] 물론 교외의 간선도로에

---

26 J. Garreau, *Edge City: Life on the New Frontier*; W. S. Kowinski, *The Malling of America: Travels in the United States of Shopping*, Xlibris Corporation, 1985·2002.

27 극히 자기완결인 몰의 사례가 캐나다 앨버타 주의 웨스트에드먼턴 몰(West Edmonton Mall)이다. 건축이론을 전공한 크로포드(M. Crawford)는 다음과 같이 기술한다. "풋볼 경기장의 100배 이상인 웨스트 에드먼턴 몰은 기네스북에 오른 세계 최대의 쇼핑몰이다. 520만 평방피트(약 48만m²)의 넓이를 자랑하는 세계 최초의 이 메가몰은 그다음 생긴 로스앤젤레스의 델아모 몰(Del Amo Mall, 300만 제곱피트)의 약 2배에 달한다. 이 몰은 또 세계 최초의 실내유원지, 세계 최초의 실내수영장 그리고 세계 최대의 주차장이라는 기네스북 최초 타이틀을 보유하고 있다. 800개가 넘는 점포, 11개의 백화점, 110곳의 음식점은 물론 풀사이즈의 스케이트링크, 360개의 객실을 가진 호텔, 연못, 특정 종파에 속하지 않는 예배당, 20개의 영화관 그리고 13개의 나이트클럽을 보유하고 있다." M. Crawford, "The World in a shopping mall," in M. Sorkin(ed), *Variations on a Theme Park*, Hill and Wang, 1992, p. 3.

는 다른 몰이나 대규모 소매점, 체인점이 분산되어 있겠지만 이는 사람들이 오가는 거리가 아니다. 그 이유는 간단한데, 교외 상업시설 간 이동에는 거리에 상관없이 자동차가 이용되기 때문이다. 그리고 각각의 상업시설은 그 시설이 지닌 주차장에 대해서만 개방되고 나머지 다른 것에는 모두 닫힌 존재다. 집합체로서 볼 때 교외의 상업시설은 삼층가와 완전히 다른 내적 구조를 지닌다.

셋째, 이는 두 번째 특징과 관련되는데, 몰 공간은 진정한 의미에서의 공공공간이라고 할 수 없다는 점이다. 그 이유는 다소 추상적이지만 그곳에서는 언론의 자유가 보장되지 못한다.28 미국의 수도 워싱턴 교외에 있는 몰인 '타이슨스 코너Tysons Corner'에서는 각 입구에 "타이슨스 코너 내에 일반 대중이 이용하는 구역은 공공도로가 아니며 임차인 및 임차인과 거래하는 대중의 이용을 위해 제공되는 것입니다. 상기 구역 사용의 허가는 임의의 시점에서 취소될 수 있습니다"라고 게시하고 있다. 당연히 몰 내에서의 연설이나 유인물의 배포, 서명 활동 등은 원칙적으로 허가되지 않는다.29 이 점에서 몰은 중심시가지의 번화가와 다르다.

교외형 몰은 도시의 체질적 특성인 다양성과 의외성을 제거한 '도시'라는 역설적 특성을 가진다.30 쇠퇴하지만 그대로 방치된 미국의 도심이 그러한 몰로 변하면서 최근 재생의 기운을 보이고는 있지만,31 이것은 모든

---

28 K. Mattson, "Antidotes to sprawl," in D. J. Smiley(ed.), *Sprawl and Public Space: Redressing the Mall*, Princeton Architectural Press, 2002, pp. 37~45.

29 W. S. Kowinski, *The Malling of America: Travels in the United States of Shopping*, M. Sorkin, "Introduction: variations on a theme park," in a M. Sorkin(ed.), *Variations on a Theme Park*, Hill and wang, 1992, pp. xi-xv.

30 M. Crawford, "The World in a shopping mall," in M. Sorkin(ed), *Variations on a Theme Park*.

31 R. B. Gartz with N. Mintz, *Cities Back from the Edge: New Life for Downtown*,

것이 관리되는 '맥도널드화'[32]된 공간으로 도심이 바뀐다는 것을 의미할 뿐이다. 도시의 교외화라고 불러야 할 현상이라는 것이다. 철도역을 핵으로 하는 삼층가에서는 삼층 각각에 사람들 모두를 위해 공존하는 공공공간이 존재한다. 그곳에서는 다양한 사람들이 다양한 목적으로 집산하고 다양한 활동을 영위하지만, 그에 비해 쇼핑몰에서는 영광의 거리를 향한 소비자만을 반긴다.

2) 도시의 어메니티란 무엇인가?

무엇이 매력 있는 도시인가라고 묻는다면, 쉽게 대답하기 어렵다. 이 절의 앞부분에서 고밀, 다양성, 의외성을 도시 매력의 요소라고 거론했다. 도시형 쇼핑몰과 같이 극히 균일하게 통제되는 상업공간은 다양성이 결여되어 있고, 그것이 가진 의외성도 이미 집객이나 구매욕을 자극하기 위해 짜맞춰져 있을 뿐이다. 하지만 몰들이 다수의 사람을 끌어들인다는 것은 최근 개설된 대형 상업시설이 대부분 예상했던 것 이상의 집객력을 가지고 있다는 점에서도 잘 나타나고 있다. 한편 도시가 그와 같은 상업공간만으로 뒤덮일 때 매력적인 도시라고 부를 수 있을까?

시간이 지나면서 사람들이 가진 가치체계가 변화하기 때문에 무엇이 매력 있는 도시인가를 고찰하는 데 어려운 점이 있는 것은 사실이다. 일본뿐만 아니라 많은 문화권이 전통적인 것을 고리타분하다고 배척하고 새로운 것으로 바꿔왔다. 예를 들어 싱가포르에서는 전통적인 2층 건물에 점포 겸

Preservation Press, 1998.

32 G. Ritzer, *The McDonaldization of Society, New Century Edition*, Pine Forge Press, 2000.

주택이 밀집한 지구를 재개발로 대부분 철거했고, 동시에 위생 등을 이유로 포장마차를 금지했으며, 노점상들을 재개발로 건설된 식당가에 수용했다. 일본에서도 토착성이 강한 거리를 재개발해 그저 그런 현대 건축물로 바꾸었다. 특정 시점에서 이것은 거리의 근대화라고 평가받고 다수로부터 환영을 받았다.

그러나 사람들의 가치체계가 역사적 건축물을 보존해야 한다는 것으로 바뀌고, 싱가포르는 남아 있는 오래된 거리 모습의 보존에 나섰으며, 일본에서도 오사카 호젠지요코초法善寺横丁의 경우 화재 뒤 많은 시민의 지원 아래 화재 전의 모습으로 복원되었다. 전통문화의 계승에 더 큰 가치가 부여된 지금, 과거와 같은 획일적인 재개발은 시민에게 예전처럼 환영받지 못한다. 통제되고 잘 정돈된 호화로운 공간뿐 아니라 토착적이고 서민적인 평범한 활동공간도 중요하며, 이 두 곳이 공존하면서 매력 있는 도시가 형성된다는 인식이 광범위하게 퍼져가고 있다고 믿고 싶다. 문제는 그것이 아직 도시계획의 수법으로 확립되지 못하고 있다는 것이 아닐까?

그러면 여기서 도시성과 어메니티에 대해 고찰해보자. 어메니티라고 하면 우선 자연요소가 떠오를지도 모르겠다. 조용함, 녹음, 맑은 시냇물 등은 분명 '도시의 소란스러움'을 완화하는 어메니티라고 할 수 있지만 도시의 어메니티를 이것만으로 한정하는 것은 적절하지 않다. 또 글자 그대로 어메니티는 호화로운 공간 속성 중 하나라고 생각되는 경향이 있지만 포장마차나 선술집이 있는 뒷골목도 좋은 어메니티 공간일 수 있으며, 평범한 도시공간에도 어메니티는 필요하다.

아울러 어메니티가 신체적 쾌적성을 주는 것으로 한정되는 것도 적합하지 않다. 겐큐샤研究社의 영·일·중사전(6판)에서는 어메니티를 '(장소·기후 등의) 심리적 좋음, 쾌적함, 쾌적한 환경, (인성 등의) 호감, 좋은 감정'으로 정의하고 있다. 후자의 의미에 대응하는 것으로 웹스터 대사전Webster's

Unabridged Dictionary CD-ROM판에서는 'an agreeable way or manner; courtesy; civility'라고 정의하고 있다. 이것을 번역하면 '납득할 만한 행동, 호의를 가진 행위, 예의'가 되고, 물적 환경만이 아니라 사람과 사람의 관계에도 어메니티의 개념을 적용하고 있다고 볼 수 있다. 이 정의를 염두에 두고 도시 공공공간의 어메니티에 대해 생각해보고자 한다.

3) 공공공간의 어메니티

고밀과 다양성, 그리고 그것으로부터 생성되는 의외성이 도시의 매력을 창출한다면 도시의 공공공간에 기대되는 어메니티는 집산하는 다수의 사람들이 다양한 활동을 영위하면서 쾌적한 환경을 만들어내는 모습일 것이다. 걷고, 서고, 앉고, 쉬거나 또는 눕고, 보고, 소리를 듣고, 물을 마시고, 식사하고, 이야기하는 등 모든 활동을 쾌적하게 하는 것이 도시의 어메니티 공간에서 요구된다. 당연한 것이지만 무엇인가를 보고 소리를 듣는 동작이 쾌적하게 이뤄지기 위해서는 눈에 보이는 것, 귀에 들리는 것은 물론 더 일반적으로는 오감을 통해 입력되는 정보 그 자체도 쾌적하지 않으면 안 된다. 청정한 공기, 맑은 물, 뛰어난 경관은 중요한 어메니티의 요소이며 소음이나 악취는 배제의 대상이 된다.

또 중요한 것은 집적과 다양성을 현실화하기 위해서는 도시의 공공공간이 모두에게 열려 있어야 하며, 거기에 어울려 사는 사람들에게 커뮤니케이션을 포함한 다양한 활동이 허용되어야 한다는 점이다. 누구에게나 열려 있기 위해서는 특정한 사람들을 배제하는 조작이나 행위가 전혀 없어야 한다. 다양한 활동을 가능하게 하기 위해서는 앞에서 말한 서고 앉는 동작이 쾌적하게 이뤄져야 할 뿐만 아니라 필요한 만큼 또는 바라는 만큼 계속 허용되어야만 한다. 공공공간에는 멈추는 공간, 허리를 기댈 장소, 무엇인가를 펼쳐놓을 공간 등이 필요한 동시에 그곳에서의 체류가 방해받지 않는 물리적·사회적 환경이 필요하게 된다. 도시의 어메니티는 단순히 신체적 쾌적성을 염두에 둔 시설을 가리키는 것만이 아니라 공공공간의 관리운용에 '친절함courtesy'이나 '배려civility'가 있어야 한다.

공공공간이 내포한 문제 중 하나는 그것이 언제까지나 열린 공간으로서의 역할을 하는 것은 아니라는 점이다. 미국에서는 공원이 마약 판매상이나 상습복용자들이 머무는 장소로 빈번히 활용되고 있으며, 일본에서도 노숙자들이 주로 공공공간에 거주하면서 사회문제로 부각되고 있다. 이들 사례는 열린 공공공간에 사회의 특정 집단에 속한 사람들이 집중되면서 그로 인해 다른 계층에 속하는 사람들의 이용이 단절되고 결과적으로 공공공간이 폐쇄되는 딜레마를 보여준다. 이러한 사례로 최근 주목받고 있는 것이 오사카 시 텐노지天王寺 공원에서의 포장마차 가라오케 소음문제다. 공공공간에서의 '자유'는 다른 사람의 존재를 존중하는 것을 전제로 허용된 자유이며, 아무런 '구속이나 제한이 없음'[33]을 의미하는 것은 아니다. 따라서 사람들이 공공공간에서 공동 생활을 영위하는 연장선 위에서 도출된 암묵적 원칙은 많을 수밖에 없다.[34] 다수가 존중하는 행동의 자유를 실현하는 원칙을 공공공간에서 어떻게 확립해갈 것인지가 과제인 셈이다. 물론 공공공간에서 사회적으로 호감을 줄 수 없는 언동을 공공공간 폐쇄로 해소하려는 것은 해결책이 되지 못한다.[35] 폐쇄된 공공공간에 자리한

---

33 연구사 『신영화중사전』(研究社 『新英和中辭典』), 제6판.
34 L. H. Lofland, *The Public Realm: Exploring the City's Quintessential Social Territory*, Aldine de Gruyter, 1998.
35 공공공간을 폐쇄된 공간으로 바꾸는 데는 다양한 방법이 있다. 극단적인 사례를 들면 캘리포니아 주 새크라멘토 시에서는 도심 공원에 거주하는 노숙자를 배제하기 위해 야간에 잔디용 스프링클러로 정기적으로 물을 주고 있다. 경비원을 배치하는 것은 쇼핑몰 등 상업시설에서 볼 수 있으며, 누울 수 없는 벤치를 설치해서 더 오래 머무는

사람들의 신체적인 어메니티를 향상시켜준다고 해도 전체 도시의 어메니티에는 물론 기여하지 못한다.

4) 도시 어메니티와 자동차

자동차는 몇 가지 의미에서 도시의 어메니티를 저해한다. 우선 자동차가 주행하는 도로와 도로변 공간은 자동차에 타고 있지 않은 이상 어메니티 수준이 극히 낮은 공간이 된다. 둘째, 이미 말한 바와 같이 자동차는 도시 매력의 요소인 고밀과 어울리지 못하며 그런 의미에서 자동차는 도시 어메니티와도 반대의 성격을 갖는다. 셋째, 자동차 지향형의 토지이용은 교외형 상업시설의 성격으로 열린 공공공간을 갖지 못하며 다양성을 허용하지도 않는다. 이러한 의미에서도 자동차는 도시의 어메니티와 어울릴 수가 없다. 두 번째와 세 번째 점에 대한 논의는 다른 기회를 빌리고, 여기에서는 첫 번째를 집중적으로 살펴보기로 한다.

쇼핑몰의 전신인 쇼핑센터는 1930년대 미국에서 고안되었는데, 그 목적은 자동차와 보행자를 적절하게 분리하는 것이다.[36] 상업시설 주차장에 들어오고 나가는 자동차 동선과 자동차에서 내려 보행자가 된 쇼핑객의 동선을 어떻게 처리할 것인가 하는 문제에 대한 해답으로, 옆으로 한 줄로 늘어선 상업시설, 그 앞에 설치된 보도, 그리고 보도를 따라 그것과 수직으로 주차하도록 설계된 주차장이라는 체계가 고안되었다. 이것이 쇼핑센터의 원형이다. 자동차 지향형의 생활양식이 형성되어갔던 1930년대에 자동

것을 막는 방법은 최근 일본에서도 빈번히 나타나고 있다.

36 J. H., Kay, *Asphalt Nation: How the Automobile Took Over America and How We Can Take It Back*.

차와 보행자는 분리되어야 한다는 사고가 이미 확립되었으며 그러한 사고
는 지금의 쇼핑몰이나 테마파크에도 이어지고 있다.

일본에서 자동차가 마치 도로의 점유권을 독점한 듯이 돌아다니게 된
것은 고작 50년 전의 일이다. 그 이전의 도로는 어린이들이 노는 공간이었
으며, 야채상이나 두부 판매상이 스쳐 지나가고, 사람들이 서서 대화를 나
누는 공공공간이었다. 일반적으로 광장이라는 공간을 갖지 못한 일본의
도시에서 도로는 귀중한 공공공간을 제공해왔다고 볼 수 있다. 1960년대
시작된 자동차 대중화와 함께 자동차가 좁은 골목길까지 침투하면서 도로
공간은 완전히 변질되기 시작했다. 시간적 격차는 있지만 이 같은 상황은
다른 국가에서도 마찬가지로 나타나고 있다. 일본의 경우, 본래 차량 주행
을 염두에 두지 않고 설계된 도로를 자동차가 주행하고 있다는 점, 또 자동
차 지향형의 교외에서마저도 충분한 도로정비가 이뤄지지 못했다는 점 등
에서 보면 도로의 어메니티는 극히 낮은 수준에 머물고 있는 셈이다.

그러면 어떠한 개선책이 있는가? 과거에는 자동차와 보행자를 공간적으
로 분리하는 것이 유일한 대책이었으며 그러한 이념하에 설계된 도시나
뉴타운이 존재하지만37 기존 도시에서 이는 현실적이지 못하다. 더 현실
적인 시책으로 유럽에서 고안되어 일본에서도 광범위하게 실시되어왔던
'교통정온화traffic calming'가 있다.38 이는 도로 형상을 변경하거나 노상에

---

37 오사카 부의 센리(千里) 뉴타운이나 도쿄 도의 다마(多摩) 뉴타운 등은 뷰케넌(Bu-
chanan) 보고서에서 보차분리(步車分離)를 철저하게 시행한 뉴타운이다. 곤노 히로
시(今野博), 『마치즈쿠리와 보행공간 - 풍요로운 도시공간의 창조를 위해(まちづくりと
步行空間 - 豊かな都市空間の創造を目指して)』, 鹿島出版社, 1980; 오다니 미치야스,
「가구 내 가로에서의 교통 대책의 변천(街區內街路における交通對策の變遷)」, 주구내
가로연구회(住區內街路研究會), 『사람과 자동차·타협의 도로 만들기(人と車·おりあい
の道づくり)』, 鹿島出版社, 1989, pp. 26~44.

38 [역자] 앞서 인용한 야마나카 히데오의 책. 사람과 자동차가 서로 마찰 없이 도로를
공유 또는 공존하는 것으로, 주거지역에서 자동차 속도를 줄이도록 기존 시설을 개조

과속방지턱 또는 볼라드bollard를 설치함으로써 자동차의 주행속도를 낮추거나 또는 통과교통량을 줄이는 것을 목적으로 하여 가로의 안전성과 거주성livability 향상을 꾀한다. 그 기원은 1960년대 네덜란드의 델프트Delft에서 통과 교통 때문에 고민하던 주민이 거주지의 가로를 보네르프woonerf로 전환한 데서 유래하고 있다.[39] 자동차가 서행(시속 30km 이하)함으로써 보행자, 자전거와의 공존을 꾀한 것으로 가로공간을 기본적으로 거주자에게 제공하는 것이다.

델프트에서는 파이를 자르듯 도심부를 쐐기 모양의 지구로 분할하고 자동차는 지구 사이를 직접 왕래할 수 없게 함으로써 도심지역의 통과 교통을 제한하는 방안이 사용되고 있다. 도심 내를 자동차로 이동하려면 일단 쐐기 모양의 지구에서 나와 외곽도로를 주행해 다른 지구로 들어가야만 하는 이 시책은 위트레흐트Utrecht에서도 채택되고 있다. 더 나아가 독일 뮌헨München은 물론 유럽의 대다수 도시에서는 도심지역에서 자동차 교통을 배제하고 보행자전용지역 또는 보행자와 공공교통만 허용되는 대중교통전용 몰transit mall 방식을 운영하고 있다.

이와 같이 유럽에서는 자동차 교통 방식의 전환과 함께 근본적으로 자동차의 주행속도를 줄이면서 자동차 교통 자체를 제거하려 시도해왔다. 일본에서는 아케이드 설치 상점가처럼 예로부터 보행자 전용으로 운영된 가로가 있다. 하지만 현존하는 자동차 교통을 규제하는 데 저항이 커 아사히

하되 자동차 소통보다는 주민들의 만남의 장소 또는 어린이들의 놀이공간으로도 활용하자는 것이 목적이다. 교통정온화는 1963년 영국의 콜린 뷰케넌(Colin Buchanan)이 '도심의 교통(Traffic in Towns)'이라는 보고서에서 최초 제안한 이래 1969년 네덜란드의 드 보어(De Boer)가 주거지역의 공유·공존도로를 '본엘프(woonerf 또는 residential yard)'이라고 명명하면서 유럽에서 유행하기 시작했다.

39 www.trafficcalming.org

카와旭川 등의 사례40를 제외하면 아직까지 새로운 보행자전용지역은 소수에 불과하다. 한편 교통정온화 시책에서는 과속방지턱이나 볼라드에 더해 보도와 차도의 폭을 확대하거나 차도에 협착부를 설치하고 차선을 굴곡지게 하는 등 지구의 자동차 교통정온화를 위한 법제도가 정비되어41 도시공간의 어메니티 향상이 기대되고 있다.

자동차 교통은 도시의 어메니티를 저해한다. 주행속도를 낮추고 자동차 교통 자체를 배제함으로써 도시공간의 어메니티를 향상하는 것이 세계적인 추세다.42 일본에서는 과거 다목적 활동의 장소로 역할 하던 도로가 자동차의 주행공간이 되고 있다. 집적도가 높은 도시의 귀중한 공간을 대량 수송기관으로서는 극히 비효율적인 자동차를 위해서만 할애하는 것은 이치에 맞지 않는 것이다. 도로공간의 재배치가 본질적으로 검토되어야 하며, 그에 따라 보행자전용지구 등 도시 어메니티 공간을 창출해야 할 것이다. 그것이 도시의 활성화로 연결된다는 것을 유럽 도시들의 사례가 보여주고 있다.

4. 탈자동차 도시 모델

지금까지 살펴본 내용을 통해 자동차에 의존하지 않는 도시공간을 창조하면 더 안전하고 효율적인 도시 내 교통이 가능하게 될 뿐만 아니라 도시

---

40 앞서 인용한 오다니 미치야스의 책.
41 야마나카 히데오·오다니 미치야스·닛타 야스즈구, 『마치즈쿠리를 위한 교통 전략 - 패키지 접근 권장』.
42 지면 관계상 여기에서 논의하지 못하지만 자동차에 의한 직접적 어메니티 저하 중 또 하나의 측면은 경관문제다.

의 매력도 높아진다는 사실을 이해할 수 있을 것이다. 특히 도심지역의 교통체계는 보행, 자전거, 공공교통을 중심으로 해야만 한다. 이 절에서는 자동차 이용을 억제한 어메니티 공간으로서의 도시의 모습을 그려본다.

그와 같은 도시는 철도역을 핵으로 형성된다. 철도의 수송력은 도시의 집적을 생성하는 데 불가피하며 다종다양한 사람들이 집산하는 철도역은 도시 활동의 핵이 된다. 대규모 철도역은 마쓰자와가 말한 삼층가의 중심이 되지만, 이 삼층가가 보여주는 다양성은 매력 있는 도시에 필수 불가결한 것이 됨과 동시에 이제까지의 도시계획이 만들어내지 못했던 것이다. 계획이 해야 할 역할은 삼층가의 자연스러운 전개를 방해하지 않는 것이며 그 대책이 명확해진 경우에는 지원하는 것이다. 그러기 위해서는 도시의 계층화를 초래하지 않는 교통 패턴을 유지하는 것이 기본이고, 또한 그것에 필요한 회유공간을 어메니티 공간으로 정비하는 것이 중요하다.

건전한 도시는 다양한 성격을 가진 구획을 포함하고 있다. 이들이 유기적으로 연계되면서 다양한 사람들이 교차하는 공공공간이 형성되고, 그것이 도시에 활력을 넣는다. 역으로 도시가 특정한 사람들이 점유하는 구역으로 분할되고 다양성이 배제되어 도시공간이 계층화될 때 사회계층 간의 긴장은 높아지고, 도시는 범죄의 장소가 되며, 그것에 맞서 도시의 요새화43 또는 교외로의 이탈이 시작된다. 도시의 계층화를 초래하지 않는 교통 패턴을 만들어내는 교통로를 미시·거시 양쪽의 관점에서 만들어내는 것이 필수 불가결하다. 거시적으로는 다른 성격을 지닌 구획을 회유공간으로 이어주는 것, 미시적으로는 다양한 구획으로의 회유공간이 명료하게

---

43 M. Davis, *City of Quarze*, Vintage Books, 1992; T. Boddy, "Underground and overhead: building the analogous city," in M. Sorkin(ed.), *Variations on a Theme Park*, Hill and Wang, 1992, pp. 123~153.

나타나며 다른 목적지로 가는 사람들의 이동경로와 교차하고 다양한 사람이 혼재하는 교통공간의 형성을 꾀할 필요가 있다. 특정 계층의 사람들만을 분리하여 배타적으로 특정한 구역 또는 시설로 묶어내는 것은 반드시 피해야 한다는 것이다.

계층화되지 않는 도시를 위한 교통로는 보행자전용도로 또는 공공교통과 보행자(경우에 따라서는 자전거가 포함된다) 전용 대중교통-전용지구를 중심으로 한 보행자와 공공교통을 위한 어메니티 공간일 것이다. 특히 쾌적한 보행자공간은 중요하다. 왜냐하면 '걷고 돌아다니기遊步'(이하 걷기)는 도시에서는 주요한 자유활동이며,44 걷기를 통해 사람들은 도시의 매력을 체감하고 가로와 만나기 때문이다. 엄밀한 의미에서 걷기는 특정한 목적지와 목적활동을 가지지 않고 도시공간을 돌아다닌다는 것인데, 그러한 사람만이 아니라 쇼핑이나 업무를 위해 지나다니는 사람들에게도 어메니티 보행공간은 분명 가치가 있다. 그러한 보행공간이 다양성을 허용하는 열린 공공공간이어야 함은 물론이다.

도시는 걷기의 무대일 뿐 아니라 사회적 네트워크의 지리적 결절점이다. 정보기술의 비약적인 발전과 함께 기업들이 모여 있음으로써 생기는 이익은 점차 줄어들 것으로 생각된다. 현실에서는 '집적 패러독스'45라고 부르는 도시로의 집적이 멈출 우려는 없다. 그 배후에는 길모퉁이의 카페에서 동업자와 만나 나눈 대화가 정보교환이나 새로운 상거래로 이어지는, 도시의 사회적 네트워크의 결절점으로서의 기능이 있다. 동시에 도시는 직장동료, 친구 또는 연인들이 모이는 평화로운 장소이기도 하다. 이러한

---

44 가토 마사히로(加藤政洋), 『오사카의 슬럼과 번화가 - 근대도시와 장소의 계보학(大阪のスラムと盛り場 - 近代都市と場所の系譜學)』, 創元社, 2002.

45 이마가와 다쿠오(今川拓朗), "IT화, 도시의 경쟁가속(IT化, 都市の競爭加速)," ≪니혼게이자이 신문(日本經濟新聞)≫ 2001년 3월 21일자.

활동이 이뤄지기 위해서는 익명성이 지배하는 걷기공간에 사람과 사람의 교류공간이 필요하다는 것이다.

교류공간 가운데 대표적인 것이 '제3의 장소'다. 이는 사회학자 올덴버그Ray Oldenburg가 인간의 사회생활에서 필수적인 것 중 하나로 제창했는데, 사람들이 일상적으로 만나는 자택, 직장과 함께 '제3'의 장소에는 주점이나 카페, 주민자치센터, 미용원 등이 포함된다.46 매력 있는 도시는 걸을 수 있는 공간과 교류공간을 겸비하고 이를 유기적으로 결합한 것이라고 할 수 있다. 그것은 이동과 체류 또는 걷기와 교류 사이를 원활하게 옮겨다닐 수 있고, 도시공간과 시간의 소비를 풍부하게 하는 것이다.

이를 통해 매력 있는 도시의 모형을 그려보면, 철도역을 기점으로 삼층가로 걸을 수 있는 공간이 펼쳐지고 거기에 교류공간으로 제3의 장소가 여기저기 있는 것이라고 할 수 있다. 경전철LRT: Light Rail Transit47 등 공공교통수단이 걷기를 보완하면서 동시에 도시 내 걸을 수 있는 공간을 유기적으로 연계한다. 경전철은 걸을 수 있는 공간과 잘 결합되는 교통기관이며, 걷기 다음의 거리교통수단이다. 당연하지만 이들 걸을 수 있는 공간은 쾌적하고 매력 있는 것이며, 제3의 장소를 비롯해 교류공간과 흥미 있는 점포 등으로 채워져야 할 것이다.48

---

46 R. Oldenburg, *The Great Good Place: Cafés, Coffee Shops, Bookstores, Bras, Hair Salons and Other Hangouts ay tha Heart of a Community*, Marlowe & Company, 1989.

47 경전철은 중전철(HRT: Heavy Rail Transit)의 상대적 개념으로, 일본에서는 최근 개발된 신형 노면전차를 말하는 것이 일반적이다. LRT 차량은 턱이 낮아 노면에서 쉽게 오르내릴 수 있고, 가·감속도 우수하며, 소음은 적은 것은 물론 철궤도로 타는 느낌도 좋다. 건설비도 지하철의 10분의 1 이하다. 최근 개발된 LRT는 디자인이 뛰어난 사례도 많으며 스트라스부르(Strasbourg)와 같이 LRT가 거리의 상징이 된 도시도 있다. LRT는 자동차 대중화 속에서 성장한 세대도 충분히 받아들일 수 있는 교통수단이라고 할 수 있다.

이와 같은 걸을 수 있는 공간은 어디에 있어야 하는가? 이미 언급한 대로 지금 자동차로 대부분 점유되고 있는 도로공간을 재분배함으로써 어메니티가 있는 걸을 수 있는 공간을 창출하는 것이 가능하다. 자동차는 대량 수송에 적합하지 않기 때문에 재분배로 인해 도로가 나를 수 있는 사람 수가 감소할 리는 없다. 즉 도로의 효율적인 이용이 가능해지고 따라서 도로용량의 문제는 발생하지 않는다. 물론 사적으로 소유한 자동차가 제공하는 어메니티는 포기해야 하지만, 모두가 그러한 어메니티를 누리는 것이 불가능한 것은 앞서 본 사회적 딜레마 논의에서 이미 밝혀진 바다. 자가용이 제공하는 어메니티에 필적하는 어메니티를 갖고 열려 있는 걷기공간을 창출하는 데 사람들의 상상력을 모아야 할 것이다.

도로 네트워크의 일부가 보행자전용공간이 될 때 물류교통은 어떻게 처리할 것인가. 물류전용 지하도로가 제공되기도 했지만 비용은 물론이고 건설에도 어려움이 크다는 점에서 이와 같은 기반시설 설치를 지향하는 시책은 바람직하지 못하다. 하나의 해결책이 있다면 보행자와 물류교통을 공간적으로 분리할 수 없을 때는 시간적으로 분리하는 것을 시도해볼 수 있다. 예를 들어 물류차량을 포함한 자동차의 진입을 오전 5시부터 10시까지로 제한하는 방법이 있다. 이 시간대 외에는 교토의 니시키도리錦通り 상가와 같이 공동 화물처리시설에서 최종목적지까지 수레 등으로 운반하여 긴급한 배송을 해결하면 된다.[49] 이와 같은 시책으로 양은 적고 운반 빈도가 많은 물품은 수송하기 어려워지겠지만, 이는 교통과 연관하여 재고비용을 부분적으로 도로교통 시스템에 부담시킨다는 비용의 외부화이며, 여

---

48 기타무라 류이치, 「탈자동차 시기의 교통디자인」, 3~10쪽.
49 교토만의 식품시장으로 알려져 쇼핑객과 관광객들로 붐비는 니시키(錦) 시장은 폭
3m 정도의 아케이드로 덮인 보행자전용도로인 니시키 골목길에 위치해 있다. 여기에
서는 공동 화물처리시설을 두고, 수레를 이용하여 점포로 상품을 운반하고 있다.

기에서 제안하는 규제는 그 내부화를 촉진하는 것에 불과하다.

오카 나미키岡並木는 1973년 저서 『자동차를 영원히 탈 수 있을 것인가? 自動車は永遠の乗り物か』에서 "조만간 긴자銀座 스스로 도로의 보행자에게 개방을 선언하는 날이 올 것이다"라고 말하고 있다. 아직 이는 실현되지 못했다. 그러나 도시의 매력이 도시 발전에 필연적이라는 점은 더욱 광범위하게 인식되고 있다. 도시의 공공공간을 매력적이게 하는 고밀, 다양성 그리고 의외성을 자동차 주도의 도시교통으로는 달성하기 어렵다. 도시 내에서의 자동차의 역할을 근본적으로 바꾸는 것이 풍부한 공공공간과 매력이 넘치는 도시의 창출로 이어진다. 더 나아가 어떠한 이념으로 도시 공공공간이 운영될 것인지가 탈자동차 도시의 질을 규정할 것이다.

제5장

환경·재해 위험과 도시생활

시오자키 요시미쓰 塩崎賢明

1. 현대 사회와 위험

1) 인류의 생존과 위험

인류 또한 자연계 속에서는 동물의 일종이며, 다른 동물들과 같이 살아가는 데 많은 위험에 둘러싸여 있었다. 인류는 그 위험을 피하고 줄이기 위해 다른 동물과 비교할 수 없을 정도의 장치들을 만들어왔으며, 그것이 곧 문명이고 문화다.

모든 동물은 식물에 근거하여 살아가고 있다. 인류 역시 식량을 얻기 위해 자연물의 수렵·채집에서 시작하여 계획적인 목축·농업에 이르렀고, 더 나아가 공업생산기술을 가지게 됨으로써 대규모 인구증가가 가능했고 지구를 지배하게까지 되었다. 세계의 인구는 기원 원년에는 3억 명 정도였지만 1804년 10억 명이 되었다. 1,800년간 7억 명이 늘었는데, 근대에 들어서서히 증가세가 높아지면서 1927년에는 20억 명, 1960년에는 30억 명이 되었으며, 이후 10년마다 10억 명씩 늘어나 현재는 64억 명에 달하고 있다. 앞으로 인구증가율은 서서히 낮아지겠지만 인구 자체는 계속 증가할 것으로 추정되고 있다. 이 같은 결과는 사실 인류가 끊임없이 위험을 회피한 덕분이라고 할 수 있다.

19세기부터 20세기 초반에 이르는 120년간 인구는 10억 명이 증가했는데, 이 기간은 다양한 장애(위험)를 제거하며 지구 곳곳의 인구가 폭발적으로 늘어났던 시기라고 볼 수 있다. 산업혁명과 그 후 각종 과학기술의 발전으로 이른바 상품의 대량생산이 가능해지고, 도시로 인구가 집중되면서 인공적으로 제어할 수 있는 거주환경이 확보됨에 따라 그 이전과 비교할 때 대단히 안정된 의식주 기반이 확보되었다. 또 자녀를 많이 낳아 기를 수 있게 되었으며 수명도 확실히 연장되었다. 그 결과 인구의 폭발적인 증가가 일어난 것이다.

인간에게 전쟁이나 재해·불시의 사고를 제외하면 인생을 살아가는 데 가장 큰 위험은 질병일 것이다. 대부분의 사람은 완전한 노쇠에 이르기 전에 병에 걸려 사망하는 것이 정상이며, 얼마 전까지도(현재도 세계 대부분의 지역에서) 다수의 사람이 유아기를 넘기지 못하고 사망하기도 했다. 따라서 질병의 극복은 위험 경감에서 가장 중요한 과제였으며, 중세로부터 산업혁명 시기에 이르기까지 인류가 직면했던 가장 큰 위험 중의 하나는 전염병의 만연이었다. 페스트는 과거 네 번의 대유행이 있었다고 알려져 있는데, 14세기 중반에는 유럽에서 2,500만 명이 사망했다고 한다. 1848년부터 1849년까지 런던에서는 콜레라가 대유행했으며, 3만 명이 감염되어 1만 명 이상이 사망했다. 페스트와 콜레라, 장티푸스, 천연두 등 가혹한 전염병의 극복에는 전염병의 원인균이나 그 전염병의 경로 발견, 백신 개발 등 의학적인 진보가 크게 공헌했지만, 동시에 대도시의 밀집된 거주에 의한 폐해를 극복하는 공중위생이나 안전·쾌적한 주택 건설, 도시계획 등 기술의 발전도 이를 뒷받침했다. 전염병의 급격한 확산이 없었다고 하더라도 늦은 여름이나 추운 겨울 고령자나 병약자는 자신의 체력만으로 이를 견뎌내는 데 한계가 있었으며, 냉난방 등 주택에서의 인공적인 환경제어 기술이 수명을 비약적으로 늘린 것은 분명하다.

2) 현대의 위험

현대 생활 속에서 우리를 둘러싸고 있는 위험은 일상적 위험과 비일상적 위험으로 구분해 생각할 수 있다.

일상적 위험은 병이나 부상, 범죄 피해, 사고 등의 위험과 도산·실업 등 사회제도상의 위기가 있다. 이들에 대해서는 일상적으로 신경을 쓰고 있기 때문에 구체적인 설명이 필요 없을 것이다. 일상적 위험은 사고나 범죄에서 전형적으로 나타나듯이 예기치 못하게 돌발적으로 발생하는 것이 대부분이기 때문에 회피하기가 매우 어렵다. 물론 병이나 범죄는 그에 따른 효과가 뒤늦게 발생하는 측면이 있으며, 사전에 대처가 가능한 부분도 있다. 그러나 병이나 사고는 그 원인을 해소함으로써 줄일 수는 있지만 근본적으로 모두 없애는 것은 불가능하다. 다양한 의료·기술이 진보를 거듭하고 있지만, 또 그만큼 끊임없이 새로운 병원체가 등장하고 있기 때문이다. 세심한 주의를 기울여도 사고의 위험성을 100% 불식시킬 수 없으며 항상 그에 대한 대응책을 마련해야 한다.

비일상적 위험으로는 재해, 전쟁, 환경파괴, 기아 등을 거론할 수 있다(〈표 5-1〉). 특히 환경파괴나 전쟁·기아가 일상화된 지역도 있으며, 재해가 상습적으로 발생하는 지역도 있다. 나중에 다루겠지만 일본은 재해를 일상적인 위기로 다뤄야 할 단계에 접어들고 있다. 그러한 의미에서 이들 위험은 일상생활에서 우리의 신체 주변을 둘러싼 위험과는 다르지만 반드시

	위험	내용	급성 ■ 만성 ●	회피 가능성
1	재해	자연현상이 원인인 재해 (지진, 화산 분화, 풍수해, 가뭄, 화재 등)	■	△
2	전쟁	전투에 따른 민간인 살상, 도시 파괴 (세계대전, 지역분쟁, 테러, 기지 공해)	■ ●	○
3	환경	인간활동에 의한 환경파괴 (공해, 지구온난화)	●	○
4	기아	재해 또는 전쟁으로 기인되는 경우가 많음 (분쟁에 의한 난민, 천재지변에 의한 식량난)	●	○
5	병·부상	감염증, 만성병, 생활 습관병	■ ●	△
6	범죄	살인, 테러, 부상, 납치 · 감금, 강도, 사기, 상품 결함	■ ●	○
7	사고	교통사고, 가정 내 사고, 해난사고, 노동재해, 원자력발전 사고	■	△
8	도산·실업	생활 기반의 상실, 노숙자 발생, 자살	■	○

비일상적이라고 말할 수 없을 것이다. 또 기아는 재해나 전쟁·환경파괴로 인해 발생하는 경우가 대부분이기도 하다.

이러한 비일상적인 위험은 재해를 제외하면 만성적으로 그 영향이 늦춰지는 것이 많으며, 또 본질적으로 피할 수 있는 것들이다. 이들 위험이 인위적인 원인에 의해 발생하고 있기 때문이다. 재해는 대부분 자연의 파괴력을 근원으로 하지만 인재가 개입하는 경우도 많다. 사람이 없는 곳에서 발생하는 화산 분화나 지진은 재해라고 할 수 없다. 사람이나 그들이 소유한 재산이 피해를 입어야 재해이며, 그때 피해를 입은 사람 주변 어딘가에 무엇인가 인위적인 원인이 있는 경우가 있으면, 천재天災가 인재人災로 바뀌는 것이다.

인류는 생존을 위해 다양한 위험을 극복해왔지만 지금 당장 위험이 줄어 보편적으로 안전하고 쾌적하며 평화로운 생활이 보장되었는가를 묻는

다면 유감스럽게도 그렇다고 말할 수 없다. 현대는 과거에 비해 물질적으로 풍족해졌지만 그 위험은 오히려 확대·심화되고 있으며, 따라서 생활의 안전성이 반드시 향상된 것만은 아니다.

현대에서 위험이 늘어나고 있는 이유 중 하나는 인구가 증가하고 위험에 노출되는 사람의 수나 기회가 늘어나는 데 있다. 수명이 연장됨에 따라 인구가 증가하고, 사람이 병에 걸릴 기회가 늘어나고, 사고와 마주칠 확률이 높아지는 것이다. 그러나 인구 증가는 앞서 보았듯이 위험의 극복·경감에 따라 이루어졌기 때문에 단순히 생각하면 위험은 없앨 수 있을 것 같기도 하다. 하지만 사실 인구를 증가시키는 과정에서 새로운 위험이 드러나고, 그것과 만날 기회도 많아지는 것이다. 핵무기나 화학병기, 지뢰 등 무기나 공해, 약품 피해, 더 나아가 과밀도시 등 과거에 없었지만 현대에 등장한 다양한 위험의 요인은 하나하나 열거하기도 벅찰 정도다.

3) 재해·전쟁·환경파괴

그러면 현대 사회의 위험을 대표하고 있는 3대 위험인 재해·전쟁·환경 파괴와 그들의 관계를 고찰해보자. 이들 위험의 특징은 첫째, 앞서 말한 대로 통상 일상생활에서는 경험할 수 없는 '비일상적' 위험이라는 점이다(여기서는 일단 일상화되고 있는 것은 제외한다). 다시 말해 일상생활에서 쉽게 일어날 수 없다. 둘째, 일반적으로 이들 위험에 의한 피해의 증상은 동시·일거에 나타나며, 규모가 크다. 셋째, 그 위험을 회피하기 위해서는 개개의 사람이 주의를 기울이는 행동만으로는 대처할 수 없으며, 또 피해로부터의 회복 역시 똑같다. 즉 이들 위험은 발생의 예측, 회피 행동, 피해 회복 등 어느 부분에서도 그것을 충분히 달성하는 데에는 일상생활에서 개인 노력의 범위를 넘어서며, 사회적으로 대처하는 것이 불가피하다는 점에

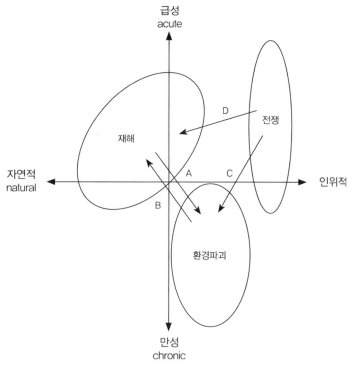

급성
acute

D

전쟁

재해

자연적
natural

A   C

B

인위적

환경파괴

만성
chronic

〈그림 5-1〉 위험의 원인과 그 상관관계

가장 큰 특징이 있다.

이들 위험을 '인위적 - 자연적', '급성 - 만성'이라는 두 가지 축이 만드는 평면 위에서 생각해보면 〈그림 5-1〉과 같이 표현할 수 있다. 전쟁은 완벽히 인위적으로 발생하는 재난이며, 대부분의 경우 돌발적이다. 물론 전쟁을 벌이기 위해서는 오랜 기간에 걸쳐 준비를 하겠지만 통상적으로 사전에 알려지는 일은 없다. 전쟁과 관련된 위험이 급성이 아니라 만성화되고 있는 것도 종종 볼 수 있다. 과거 냉전을 겪었거나 장기화된 지역분쟁, 점령통치, 군사 연습, 기지 설치, 지뢰 설치 등이 그것이다. 전쟁에 의한 위험은 직접적인 전투행위만이 아니라 전쟁에 관련한 모든 파괴 및 그 후유증이 포함된다.

재해의 상당 부분은 돌발적인 자연현상에 의해 발생하지만, 피해가 현실화되는 것은 인간활동을 전제로 했을 때다. 자연현상 자체도 완전히 돌발적이지는 않으며 태풍과 같이 상당수는 주기적·규칙적으로 발생한다. 지진이나 화산 분화도 장기적인 주기성이 존재하며, 완전히 예측 불가능한 것이 아니다.

환경파괴는 인간의 활동 결과로서 발생하는 것을 말한다. 단적인 사례는 공해와 지구환경 파괴다. 도시 개발로 인한 산이나 강, 바다 등 자연의 파괴도 포함된다. 이것은 또 순수하게 인위적인 행위의 결과이며, 또 장기간에 걸쳐 만성적인 활동의 영향에 의한 것이다.

이들 세 가지 대규모 위험 사이에는 상호관련성이 있다(〈그림 5-1〉 중 A, B, C, D). 특히 환경파괴와 재해 사이에는 강한 관련성이 있다. 첫째, 재해가 환경파괴를 촉진하는 측면을 지적할 수 있다. 이해하기 쉬운 사례가 재해폐기물 처리일 것이다. 고베대지진으로 대량의 폐기물이 양산되고 다이옥신 등이 배출되었다.[1] 지진이나 태풍에 의한 토사 붕괴, 사면 붕괴, 천연댐 현상 등은 자연현상이라고 볼 수 있지만, 인간생활 측면에서 본다면 중대한 환경파괴다(A).

둘째, 지진·태풍 등 자연현상이 대규모 피해를 주는 배경에는 개발에 따른 자연파괴가 존재한다. 토사 붕괴나 도시형 수해, 과밀시가지에서의 지진 피해 등을 보면 이러한 부분을 쉽게 이해할 수 있을 것이다(B).

셋째, 전쟁도 중대한 환경파괴를 가져온다. 베트남전쟁에서 고엽제 살포로 인한 열대우림 파괴, 걸프전에서 대량연소에 의한 대기오염, 핵무기

---

1 시오자키 요시미쓰·니시카와 에이이치(西川榮一)·데구치 도시카즈(出口俊一) 엮음, 『대재난의 100가지 교훈(大震災100の教訓)』, クリエイツかもがわ, 2002 참조.

실험에 의한 방사능 오염 등이 그 사례다. 무기를 직접 사용하지 않았다고 하더라도 일본 국내에서의 미군기지 건설을 위한 산호초 매립이나 삼림 벌채 등도 환경파괴이며, 그것은 곧 재해의 원인이 된다(C).

넷째, 전쟁이나 지역분쟁은 재해 시 구조 활동, 복구·부흥의 장애가 되며 피해의 확산을 초래한다. 2004년 12월에 발생한 수마트라지진, 인도양 해일 피해 지역은 대부분 분쟁 지역을 포함하고 있으며, 이로 인해 피해 실태 파악도 제대로 이루어지지 못하고 구조나 복구·부흥이 진전되기 어려운 실정이었다(D).

이상과 같은 점에서 재해와 전쟁 및 인간의 경제활동에 의해 환경이 파괴되고 그것이 또 재해 피해의 대규모화를 초래한다는 세 가지 요인 간의 관련성을 엿볼 수 있다. 결론부터 말하자면 전쟁을 멈추고, 경제활동에 의한 환경파괴를 없애고, 자연현상에 의한 재해를 최소한으로 막아내는 것이 이들 위험에서 벗어나는 기본적인 전략이다. 우리는 그것을 향해 어떠한 과정을 밟아갈 것인가, 그리고 지금 어떠한 지점에 서 있는 것인가? 이제부터 재해를 중심으로 살펴보자.

2. 재해 위험의 증대

1) 재해 발생 구조

사토 다케오佐藤武夫는 재해를 '인간과 노동의 생산물인 토지, 동식물, 시설, 생산물이 자연적 또는 인위적(파괴력) 힘에 의해 그 기능이 상실되거나 또는 저하하는 현상'이라고 정의하고, 재해가 '근본 요인', '필수 요인', '확대 요인' 등 세 가지 요인이 연쇄적으로 결합한 구조를 가지고 있다고 한다.[2] 예를 들어 해일 재해에서 근본 요인은 자연현상으로서의 해일이다. 이를 방지하기 위해 충분한 제방을 만들어두지 않아 재해에 이르게 된다면 이것이 필수 요인이다. 그리고 방조제 뒤로 해발 0m인 저지대에 주택을 밀집시켜 건축하여 한층 피해가 증대되는 경우 확대 요인이 된다.

이와 같이 재해구조를 파악하는 방식을 니시야마 우조西山夘三는 이론이나 용어상 분명하지 않은 점이 있다며 비판하고 있다.[3] 니시야마는 혼란을 피하는 의미에서 우선 넓은 의미의 재해 안에 공해 등을 구별해두고, 일시적으로 큰 피해를 가져오는 좁은 의미의 재해를 다시 구분했다. 그러한 기조 아래 재해 발생구조를 근본 요인, 재해를 입는 요인(피재被災 요인, 피재 기반), 확대 요인으로 규정하고 있다. 사토의 필수 요인은 근본 요인에 의한 것을 막을 수 없는 조건으로 보고 있지만, 니시야마는 피해를 입는 측에서 그 근본 요인의 조건을 발전시키는 것을 피재 요인으로 본다.

여기에서 공해를 재해와 구별하는 것은 타당하다. 그러나 니시야마의 피재 요인과 확대 요인을 구별하는 데는 애매한 부분이 있다. 예를 들어 수해의 경우 해수면보다 낮고 위험한 지역에 가옥을 지어 거주하고 있는 것을 피재 기반이라고 하면서 동시에 목조건축이 밀집되거나 노후한 위험 건축이 늘어나는 것은 확대 요인이라고 하는데, 그 명확한 차이를 확인하기 어렵다. 또 근본 요인과 피재 기반을 엮어내는 중간매개 조건을 확대 요인이라고 한다는데, 이 점도 이해하기 어렵다. 저지대에 가옥이 한 칸 서 있는 상태는 피재 요인이며, 이것이 수백 채 밀집하고 있다면 확대 요인일 것이다. 그렇다면 이들 사이에 명확한 선을 그어 구분하는 것은 매우 어려

2　사토 다케오(佐藤武夫), 『재해론(災害論)』, 勁草書房, 1964.
3　니시야마 우조(西山夘三), 「새로운 재해(新しい災害)」, ≪건축잡지(建築雑誌)≫, 1967년 10월.

운 일이다. 따라서 확대 요인은 근본 요인과 피재 기반의 중간에 있는 매개체가 아니라 피재 기반을 더 악화시키는 것으로 이해되어야 할 것이다.

일정한 근본 요인이 작용한 경우, 이에 견딜 수 있는 정도(재해에 이르지 않을 만큼의)의 조건을 갖추지 못하면 재해가 일어난다. 어느 시점에서 이미 알고 있는 재해의 발생 위험을 막을 수 있을 만큼의 조건이 갖춰지지 못할 때 이를 피재 기반이라고 하며, 이는 근본 요인에 대한 지식이 발전하면서 그에 따라 변화한다고 봐야 할 것이다. 그리고 이와 같이 발생한 피해를 더욱 악화시키는 쪽으로 연계된 요인을 확대 요인이라고 할 수 있다. 이 경우 재해 피해는 근본 요인이 작용하여 입은 직접 피해만 파악해서는 안 된다. 재해 피해가 일어난 뒤에 종전 상태를 회복해야 비로소 피해가 해소되는 것을 의미하기 때문에 그것이 달성되는 시간까지 간접 피해(사후 피해)를 받고 있는 것이며, 회복(복원) 과정의 방식은 피해의 총량을 좌우하는 중요한 요인이다. 부적절한 피난·구출·복구에 의한 간접적 피해도 피해 속에 포함시켜야 할 것이며, 거기에 확대 요인이 크게 개입하게 된다.

2) 근본 요인의 증대

일본 재해의 전형인 지진이나 풍수해에 대해 살펴보면 이를 일으키는 자연의 위험성이 높아지고 있음을 우선 인식할 필요가 있다.

(1) 지진활동기

일본의 국토 면적은 전 세계 면적의 0.25%에 불과하지만 지진, 태풍, 호우, 화산 분화 등 자연재해는 비교적 많은 국가에 속한다. 전 세계에서 발생하는 진도 6.0 이상의 지진 중 23%는 일본에서 일어나며(1994~2003년 합계), 활화산(1,511개)의 7.1%가 일본에 있다. 그 결과 자연재해 사망자 수의

0.5%, 피해 총액의 16%를 점하고 있다.[4]

잘 알려진 바대로 일본은 해양판과 대륙판의 경계에 위치하기 때문에 판의 침하에 의해 판경계형의 거대 지진, 판운동으로 인한 내륙의 지각 내 지진 발생을 피할 수 없는 자연조건을 갖고 있다.

이와 같은 기본적 조건하에 대다수 지진학자는 최근 지진활동이 활발해지는 시기에 돌입했다고 지적한다.

〈그림 5-2〉는 간토關東대지진 이후 일본에서 일어난 대규모 지진을 보여준다. 사망자 14만 명을 기록한 간토대지진 이후 도난카이東南海·난카이南海지진, 후쿠이福井지진이 이어져 1,000명 이상의 희생자를 낸 재해가 발생한 바 있다. 그 후 효고 현 남부지진(한신·아와지대지진阪神·淡路大地震)까지 50년 이상 1,000명을 넘는 희생자가 발생한 지진은 일어나지 않았다. 이 50년간 지진이 없지는 않았지만, 지진 재난이라는 측면에서는 평온한 기간이었다. 그러나 이러한 상황이 계속되는 것은 아니며 도카이東海지진, 도난카이·난카이지진 등 판경계형 지진의 주기가 다가오고 있다. 판경계형 지진 발생 전후에는 내륙 직하형 지진이 자주 일어나는 경향이 있다는 것은 역사적으로 이미 알려져 있으며, 효고 현 남부지진 이후 니가타 현新潟県 추에쓰中越지진에 이르기까지 계속해서 내륙부에서 직하형 지진이 발생하고 있다. 따라서 활동기에 들어선 지금, 일본 어느 지역에서도 지진이 일어날 수 있음을 인식할 필요가 있다.

또 정부의 지진조사위원회에 의하면 효고 현 남부지진은 롯코六甲 산 남측 산지 - 아와지시마淡路島 단층대가 가지는 에너지의 몇 %만이 작용되었을 뿐이며, 이 지역에서 이후 30년간 진도 7.9 정도의 지진이 일어날 확률은 0.9% 이상으로 상당히 높은 것으로 평가되고 있다. 대규모 지진이 있었

---

4 『2004년도판 방재백서(平成16年度版 防災白書)』.

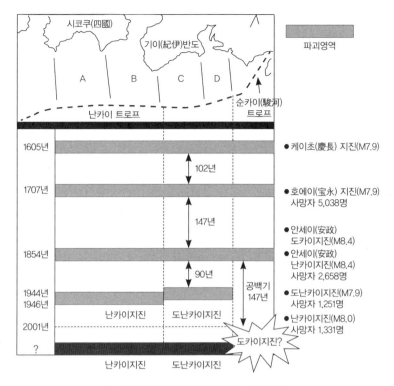

<그림 5-2> 도카이 지진과 도난카이·난카이 지진

자료: 중앙방재협의회(2003년 12월)

주: 트로프(trough)란 2개의 지각 판이 매우 활발한 대규모 활단층의 형태로 충돌하며 이루는 좁고 긴 계곡을 말함

기 때문에 이후 100년 이상은 괜찮을 것이라는 낙관론은 금물이라는 것이다.[5]

(2) 이상기후와 지구온난화

한편 2004년에는 일본열도에 사상 최다인 10개의 태풍이 상륙했으며, 전국에서 2,000명 이상이 사망했다. 태풍으로 분류되지 않는 강력한 저기

_____

5 ≪고베 신문(神戸新聞)≫, 2005년 1월 13일자.

압이나 집중호우를 포함하면 2004년은 이상기후의 해였다. 12월에 들어서서도 태풍으로 발달한 저기압이 일본열도를 종단하여 간토關東 지방은 섭씨 25도를 넘는 '여름'이 되었고, 또 도쿄 도심에서는 관측 사상 최고치인 순간풍속 40.2m/sec를 기록하기도 했다. 한편 저기압의 북측에 위치한 홋카이도에서는 큰 눈이 내렸으며, 강풍으로 인해 37명이 중경상을 입기도 했다.6

기상청에 의하면 이상기후란 '일반적으로 과거에 경험한 현상에서 크게 벗어난 현상으로, 사람이 일생동안 거의 경험할 수 없는 현상'이며, 통상 과거 30년간 발생한 적이 없었던 현상을 가리킨다. 그러나 최근 수년간 이상기후는 세계 곳곳에서 발생하고 있으며, 매년 그 기록을 경신하고 있다. 국제적십자·적신월사赤新月社 연맹에 따르면, 2003년의 이상디위로 유럽에서 사망한 사람은 2만 2,000명 또는 3만 5,000명에 이르며, 경제 손실은 130억 달러에 달한다고 한다.7

이와 같은 이상기후가 지구온난화와 어느 정도까지 관계가 있는지는 이후 연구에서 살펴봐야 할 부분이 많지만, 전혀 관계가 없다고는 할 수 없다. 스미 아키마사住明正 도쿄대 교수는 2004년의 무더운 여름이 온난화에 의한 것이라고 직접 증명하기는 어렵지만 대략 1980년부터의 온도 상승은 이산화탄소의 인위적인 증가를 빼놓고 설명하기 곤란하며, 이후 온난화가 진전되면 이와 같은 여름이 일반화되는 등 이상기후가 상시적으로 나타날 위험이 있다고 지적한다.8

2004년 12월 부에노스아이레스에서 개최된 제10차 유엔기후변화협약

6 ≪마이니치 신문(毎日新聞)≫, 2004년 12월 6일자.
7 World Disasters Report 2004, "International Federation of Red Cross and Red Crescent Societies," http://www.ifrc.org/publicat/wdr2004/chapter2.asp
8 ≪아사히 신문(朝日新聞)≫, 2004년 11월 16일자.

당사국총회COP10는 비준을 거쳐 2005년 2월 16일부터 교토의정서가 발효됨을 확인했다. 채택된 지 7년이 지나 겨우 의정서가 실천되었지만 최대 배출량을 내뿜는 미국은 의정서에서 빠진 채로 남아 있으며, 온실가스 배출량 감축 목표를 달성할 수 있을지에 대한 전망은 암울하다. 미국과 일본 모두 1990년 수준에서 감소하기는커녕 12~13% 증가하고 있는 것이 우리가 지금 서 있는 현실이다. 따라서 지구온난화는 한층 더 진행될 위험성이 높고, 이상기후의 상시화는 기우가 아닐 수도 있다.

3) 피재 기반의 요인

자연의 파괴력이 높아지는 동시에 그것을 받아들이는 쪽의 취약함이 증가하고, 피재 기반이 확대되는 것도 재해 위험성을 높이고 있다. 이것을 하드웨어, 소프트웨어의 양면에서 살펴보자.

(1) 위험에 노출되기 쉬운 도시공간

한신·아와지대지진의 사망자는 직접 사망이 5,502명, 관련 사망을 포함하면 6,433명에 이르지만, 니가타·추에쓰新潟中越지진9의 사망자는 40명이다(2004년 12월 현재). 이는 당연히 피해 지역의 인구 차이 때문이며, 대도시와 농·산촌의 차이에 따른 것이다. 추에쓰지진의 피해는 계속 진행되고 있으며 그 전모의 파악은 이후로도 계속되어야 하겠지만(특히 지반 피해나 농업시설 피해는 심각하다), 인명 피해나 가옥 등의 피해 총량을 보면 고베대지진에 비해 경미했다고 할 수 있다. 여기에서 한신·아와지대지진 경험은 현대 도시가 안고 있는 문제를 검증하는 데 중요한 시사점을 준다.

---

9 [역자] 2004년 10월 23일 발생한 진도 6.8의 지진.

첫째, 도시 건축물의 대부분은 주택이 점유하고 있고 그 태반이 지진에 극히 취약했다.

한신대지진은 엄청난 주택 피해를 입혔으며, 그것이 원인이 되어 대량의 사망자를 냈다. 한신대지진에서 건물 피해는 주택 완파 10만 4,906동, 전소 6,148동, 반파 14만 4,272동, 반소 69동 등 주거용 건축물 51만 9,438동, 비주거용 건축물 5,773동에 달했다.[10] 효고 현 10개 시 10개 초町에서의 피해는 전파·전소 11만 1,123동, 반파·반소 13만 7,289동이다. 피해의 태반은 현행 내진 기준(1981년 시행)이 요구하는 성능에 미치지 못해 발생했다. 이른바 '기존 부적격 건축물'은 전국적으로 약 2,500만 동이 존재하는 것으로 추정되는데, 한신대지진으로 파괴된 건물의 약 95%가 1981년 이전에 건설된 것이다. 물론 파괴된 건물 모두가 단순히 기준 미달로 파괴된 것은 아니며, 기존 부적격이라는 점과 함께 적절한 유지관리가 이뤄지지 못하고 노후나 흰개미에 의해 성능이 악화된 때문이기도 했다. 이 점에서 추에쓰지진에서 주택 피해가 비교적 적었던 원인으로는 폭설지대이기 때문에 눈의 하중을 견딜 수 있는 주택을 짓고, 주택 파손에도 민감하며, 잘 보수된 주택이 많았다는 점도 고려 대상이 된다.

이에 비해 행정의 잘못으로 오사카와 고베 지역에는 지진이 없을 것이라는 비과학적 풍문이 확산되었고, 보강지주 없이 지어진 주택도 많았다.

일본의 도시주택이 이와 같은 상태에 놓인 원인은 어디에 있는 것일까? 그 기본적인 원인은 전후 고도성장기에 급격한 도시화가 진전되고, 농촌에서 도시로 몰려드는 인구를 위한 주택 공급을 목조 연립주택長屋, 목조 임대아파트, 문화주택, 미니개발 등 질 낮은 수준의 민간 개발에 맡겨둔 데

---

10 자치성 소방방재대책본부(自治省消防防災害對策本部), 『한신·아와지대지진에 관해 제104보(阪神·淡路大震災について 第104報)』.

있다. 게다가 도시 기반 정비와 연계되지 못한 채 이른바 '개발 자유' 원칙 아래 무질서하게 주택시가지가 형성되어왔다. 개개의 주택 성능이 떨어지고, 그것이 집합하여 만들어낸 주택시가지는 충분한 기반시설을 갖추지 못하여 방재상의 위험에 노출된 것이다. 그 전형이 오늘날 20세기의 유산이라고 할 수 있는 목조 밀집시가지다. 한신대지진에서는 노후한 목조주택 밀집시가지의 대부분이 파괴되었다. 지진 피해가 대규모로 발생한 것은 이와 같은 상황의 기반 요인이 크게 작용했다. 도심의 목조 밀집시가지만이 아니라 주변 지역도 단독주택지에서는 무리한 택지개발로 조성된 부지에 들어선 단독주택이 대부분이며 태풍이나 호우, 지진에 의한 토사 붕괴나 지반 재해의 위험성이 높은 것이 현실이다.

둘째, 앞의 원인과도 관련이 있지만 도시의 과밀화, 도시 기반의 미정비, 토지이용의 혼란, 철저하지 못한 건축규제 등 도시계획의 총체적인 부실이 있다. 그 결과 도로나 공원 등의 기반시설이 제대로 정비되지 못한 상태에서 과밀한 시가지가 제멋대로 형성되고, 재해에 취약한 거리가 되었다. 고베 시는 일반적으로는 도시경영의 선진도시로 알려져 있으며 마치즈쿠리まちづくり 조례를 가장 먼저 제정하는 등 다른 도시에 비해 앞선 도시계획을 실행하고 있는 곳으로 인정받고 있다. 그러나 그것은 일면일 뿐 전체가 아니다. 롯코 산을 절개하고 뉴타운을 개발하여 파낸 흙을 오사카 만에 매립함으로써 항만시설이나 인공섬을 만들어낸, '산, 바다를 개척하는' 방식은 일석이조의 현명한 도시경영으로 전국에 그 이름을 날렸고, 또 시가지 재개발을 서둘러 이곳저곳의 역 앞을 '근대화'하기도 했다. 그러나 기성 시가지의 노후주택은 대부분 그대로 방치되었다. 고베 시의 공원 면적은 지진 당시 시민 1인당 14m² 정도로 전국에서 최상위권이었지만, 나가다 구長田区는 2m²에 불과했다. 전체적인 공원 면적은 넓지만 정작 필요한 곳에는 부족했고, 지진이 닥치자 그러한 것이 원인이 되어 방재나 피난에

어려움을 겪게 되었다. 물론 이러한 상황은 고베 시만이 아니라 어느 도시도 비슷할 것이다. 그러나 고베 시의 경우 '도시경영'이라는 개념하에 다양한 개발을 시도했지만 신규 개발에만 치중하고 재해에 강한 도시 만들기로 나아가지 못했다는 점을 눈여겨볼 필요가 있다.

교외 개발, 역세권 개발이 우선되고, 도심 대책은 뒤로 밀린 것이다. 물론 도심 대책의 모델로 유명한 나가다 구 마노眞野 지구의 마치즈쿠리는 30년 이상 주민운동이 행정과의 긴장관계 속에서 형성한 성과이지만, 고베 시는 이 같은 방식을 다른 지역으로 확산시키려 하지 않았다. 또 도심 마스터플랜도 책정했지만 이를 내용적인 측면에서 보면 과거 해안에 적용했던 대규모 프로젝트를 기성 시가지에 도입하려는 것이 주목적이었다.[11]

셋째, 현대 도시공간은 사연에 상반되는 구조물로 가득 차 있으며 재해에 취약하다. 한신대지진 피해에서 보이는 중요한 특징은 주택 이외에 항만·도로·철도 등의 공공시설이 큰 피해를 입었다는 사실이다. 특히 한신고속도로의 600m에 걸친 붕괴는 많은 주목을 받았다. 한신대지진이 있기 1년 전 미국 캘리포니아에서 발생한 로마프리에타Loma Prieta지진으로 고속도로가 큰 피해를 입었을 때 일본 연구자들은 일본 고속도로에서 그와 같은 피해는 일어나지 않을 것이라고 단언한 적이 있었기 때문이다. 붕괴는 아시야芦屋에서 히가시나다 구東灘区 후카에深江 지구까지 일어났으며, 이 지역의 진동은 가장 심했지만 고속도로 주변에 있는 주택은 피해가 없었다. 다행스럽게 지진이 오전에 발생했기 때문에 통행 차량이 적어 희생자 수는 16명에 그쳤다. 이 고속도로는 세계박람회 일정에 맞추기 위해 무리

---

11 시오자키 요시미쓰, 「고베 시 도시계획에 있어 참여와 협동(神戸市都市計劃における 參加と協働)」, 히로하라 모리아키(廣原盛明) 편저, 『개발주의 고베의 사상과 경영(開 發主義神戸の思想と經營)』, 2001.

하게 공사를 강행했고, 그 산물인 철근 용접 불량도 붕괴한 구간 곳곳에서 다수 발견되었다. 유족 중 한 명은 원인 규명을 위해 재판을 제기했지만 붕괴 현장이 신속하게 철거되었기 때문에 물적 증거를 찾기 어려워 결국 원인이 밝혀지지 않은 채 합의로 끝을 맺었다.[12]

고가도시고속도로는 도시 내 교통 처리를 목적으로 건설되어 중요한 역할을 맡고 있다. 그러나 한편으로는 과밀시가지의 상공을 고가가 가로지르는 무리한 구조가 다양한 폐해를 낳고 있다. 소음·진동, 대기오염, 전파 장애, 일조 장애, 경관 파괴, 지역 분단 등이 그것이다. 그리고 이렇듯 지상 높이 설치되어 있다가 재해로 붕괴할 경우에는 대참사를 초래하게 된다.

고가교량이나 제방 위를 시속 300km 가까운 속도로 달리는 신칸센新幹線 또한 재해 위험성이 충분하다. 한신대지진에서는 고가도로나 교량 8곳이 손상되고, 신오사카新大阪 - 히메지姫路 구간이 81일간 불통되었으며, 추에쓰지진에서는 조에쓰上越 신칸센이 탈선해 2004년 말까지 복구작업이 진행되었다.

이외에도 자연을 거스르는 무리한 구조물로는 인공섬이나 지하도, 고층건축물을 들 수 있을 것이다.

고베 시는 앞서 언급했듯이 도시경영의 핵심을 항만 매립에 두고 있었다. 그 산물이 포트아일랜드ポートアイランド, Port Island나 롯코아일랜드六甲アイランド이며, 더 나아가 고베공항섬이나 롯코아일랜드 남측 인공섬 건설·계획 등이 있다. 앞의 두 인공섬에서는 호안(항만시설)이 완전히 파괴되었고 섬 내부도 지진으로 지반이 액체로 변하는 액상화液状化가 일어나 큰 피해를 입었다. 그 안의 고층주택단지가 붕괴하거나 대규모 화재가 발생하지

---

12 시오자키 요시미쓰·니시카와 에이이치·데구치 도시카즈 엮음, 『대지진 10년과 재해 열도(大震災10年と災害列島)』, クリエイツかもがわ, 2005.

는 않았지만 엘리베이터가 멈추고 본토와의 파이프 구실을 했던 다리가 파괴되었으며 높은 의료 수준을 자랑했던 고베 중앙시민병원은 자가발전 장치가 고장나면서 부상당한 피해자에게 제때 응급치료를 해주지 못했다. 인공섬과 본토를 연결하는 공공교통기관인 고가구조라는 새로운 교통체계가 파괴되면서 섬은 일시 고립될 수밖에 없었다.

고베 시는 건립된 지 20년밖에 지나지 않은 중앙시민병원을 노후했다는 이유로 지금보다 더 바다 쪽에 가까운 포트아일랜드 2기 매립지로 이전해 새로 설립하는 계획을 추진하고 있다. 이는 방재나 구급의료, 시민 편리성 이라는 관점에서 이해하기 어려운 부분이 있으며, 의료 관계자나 건축가 들도 의문을 제기하고 있다.13

한신대지진에서는 고층건축물은 붕괴하지 않았지만 피해가 전혀 없었던 것은 아니며, 그 상세한 부분은 알 수 없다. 다만 아시야하마芦屋浜 해안 가에 세워진 철골구조의 초고층주택단지에서는 한쪽 면이 50cm나 되는 네모기둥이 파손되는 등 치명적인 피해를 입었다. 고층부는 심하게 흔들 리면서 집안 내부가 크게 파괴되기도 했다. 이 건물은 철골이 내화피복 되 지 않아 외부에서 볼 수 있는 구조였기 때문에 피해가 드러난 것으로, 내부 가 안 보이는 다수의 고층건축물에서도 비슷한 피해가 있었으리라고 추정 할 뿐이다.

한신대지진은 직하형 지진이었기 때문에 피해가 적었다고는 하지만 2004년 추에쓰지진 당시 도쿄에서는 오랜 주기의 흔들림으로 신주쿠新宿 의 도쿄 도 청사 등에서 엘리베이터에 승객이 갇히는 사태가 발생했으며, 앞으로 장기간 오랜 주기의 흔들림이 엄습한다면 엄청나게 큰 피해가 날 것이 틀림없다.

---

13 ≪고베 신문≫, 2004년 10월 8일자.

지진이 발생할 때 지하공간은 지진과 같이 흔들리기 때문에 내성이 있다고 했지만, 한신대지진에서는 다이카이大開 역 등 지하철 역사가 파괴되었다. 또 밀폐된 공간이어서 화재나 수해에 특히 취약하다는 문제점을 안고 있으므로 구조적으로 파괴되지는 않더라도 지진으로 화재가 발생하면 지상보다도 훨씬 위험하다. 이제까지 1980년 시즈오카静岡 골든지하상가의 폭발화재나 1999년 후쿠오카福岡에서 집중호우로 인한 대규모 피해가 있었으며, 이후 판경계형 지진으로 큰 해일이 발생할 경우 피해 규모는 엄청날 것으로 예상되고 있다. 지하상가는 전국적으로 면적 100만㎡, 약 80개소가 있다. 시즈오카 화재 이후 신규 조성이 규제되었지만 1998년 이후 규제완화로 다시 조성이 가능해졌으며, 이로 인해 위험한 공간은 더 확대되고 있다.

인간은 태고 때부터 땅에 발을 붙이고 지표면에 거주하는 것이 가장 자연적이며 안전한 삶의 방식이다. 공중이나 지하, 해상 환경은 인간에게 근본적으로 무리이며 재해에도 취약할 수밖에 없다. 따라서 이러한 위험한 공간을 인간생활의 기본적인 장으로 삼거나 도시공간화하는 것은 이치에 합당하지 않다. 특수한 경우에나 일시적으로 선택하는 것이며, 이런 점에서 온통 매립된 도시공간은 비정상일 수밖에 없다.

넷째, 도시생활을 지탱하는 주요 시설의 거대화다. 통상 기반시설이라고 불리는 전기·가스·수도·하수도 등 파이프로 된 시설은 과거 도시의 비대화와 함께 거대한 네트워크를 형성해왔다. 이 기반시설은 한신대지진으로 파손되어 피해를 확대했으며 피해자들이 기존 생활로 회복하는 데도 큰 장애가 되었다. 거대도시에 서비스를 공급하기 위해 집중형 네트워크를 구축해왔던 것이 재해 면에서는 취약성으로 이어진 것이다. 파이프라인 자체의 내진성을 향상시키면서 동시에 부분적 파괴가 전체 기능 정지로 이어지지 않도록 하는 유연한 체계가 필요하다. 기본적으로는 최소생활권에서 공급처리 시스템이 완결되는 체계가 재해에 강하다고 할 수 있다. 에너지나 물, 폐기물의 처리체계도 최소생활권 단위에서 해결하는 것이 바람직하다.

(2) 사회 시스템

재해의 원인이 되는 피재 기반이 확대되고 심화하는 데에는 주택이나 도시의 물질적인 조건만이 아니라 사회 시스템이나 생활양식의 변화도 그 원인이 되고 있다.

첫째, 앞서 말한 물질적 피재 기반을 만들어내는 배경에는 일본의 독특한 사회체계의 특징이 있다. 이른바 후발 자본주의의 야만적인 개발로, 재해 대책에 대한 투자는 최소한으로 억제하면서 효율 위주의, 이윤 획득 우선의 개발을 추진하는 것이다. 이것의 결과물이 미국이나 유럽 국가들에 비해 급격하고 과밀한 일극 집중형의 도시의 형성이다. 이로 인해 도심·부도심의 고밀·고층 심화, 직장과 주거지의 간격 확대, 원거리 통근, 신칸센 통근, 과밀한 자동차 대중화 등이 뒤따르고 재해에 취약한 기반을 형성한 것이다.

둘째, 그와 같이 만들어진 대도시는 개별적으로 낱낱이 분해된 시민으로 구성되는 익명성의 사회를 촉진했다. 도시민 사이에는 과거 농촌사회와 같은 긴밀한 공동체나 연대가 없기 때문에 마을공동체적인 집단결속으로부터 자유로운 반면, 재해 시 피난·구출을 위해 서로 돕는 데 익숙하지 못하다. 시민들의 자발적인 의사에 근거해 사회적인 연대를 회복해가는 것이 중요한 과제다.

셋째, 국가와 지방정부 간 행·재정체계의 중앙집권적·관료주의적 성격이다. 중앙정부의 지배 아래 수직적 행정이 이뤄지는 과정에서 사소한 것까지 중앙에서 파악해 지시하고, 지방정부는 중앙정부를 향해 줄을 서는 관행이 만연해 있다는 것이다. 이러한 수직적인 행정체계는 재해 시 현장 상황 파악이 늦어지고 현장과 동떨어진 지침이 시행되는 원인이 되고 있다. 한신대지진에서 나타난 정부 위기관리체제의 허약함, 자위대 출동에 관한 규정 등이 대표적이다. 최근 이러한 문제가 어느 정도 개선되었다고 하지만, 반대로 삼위일체 개혁이라는 미명 아래 중앙정부는 재해 복구에 관한 세원을 지방으로 이양하면서 책임을 회피하려 하고 있다. 지방·지역의 재해 파악·판단에 근거해 신속하게 대응하고, 복구·부흥에 중앙정부가 적극 지원하는 체제가 절실하지만 현실은 그렇지 못하다.

넷째, 행정에서 방재·재해 복구 대책이 우선순위에서 밀린다는 점이다. 국가 방재의 기본적 체제는 「재해대책 기본법」으로 규정되고 있으며, 국토 및 국민의 생명, 신체, 재산을 재해로부터 보호하기 위해 방재에 관한 만전의 조치를 강구할 의무를 규정하고 있다. 또 방재기본계획이나 자치법으로 지방자치단체가 지역방재계획을 책정하도록 의무화하고 있다. 그러나 이것만으로는 재해 예방에 결코 충분하지 못해 거의 매년 각지에서 재해가 반복되고 있다. 지역방재계획은 상세히 작성되지만 실제로 그것이 작동하고 있는지는 확인하기 어렵다. 대부분 계획서가 작성되더라도 해당 지자체 직원조차 활용하지 못하고 있다. 한신대지진 당시 효고 현 산하 85개 기초지방자치단체 중 65곳의 조사에서, 지역방재계획은 일단 책정되어 있지만 사업비를 명시해 연차별 계획을 작성하고 있는 곳은 단 한 곳에 불과했다. 매년 개최하게 되어 있는 시정촌市町村 방재회의를 전년도 한 차례도 개최하지 않은 지자체가 63%에 이른다. 이외에도 규정사항 중 대부분이 실행되지 못하고 있으며, 그 주된 이유는 인원이나 재원 부족에 있었다.[14] 재해 예방의 시각에서 행정의 전 분야를 검토하여 필요한 예방 대책

14 시오자키 요시미쓰, 「고베 시 도시계획에 있어 참여와 협동」.

에 충분한 자금을 투자할 의향은 없고, 오히려 그것과 역행하는 개발주의를 신봉하는 경우가 대부분이다. 한신대지진 피해의 상당 부분은 이러한 행정에 책임이 있다는 지적도 있다.[15]

(3) 확대 요인

이와 같은 피재 기반이 양성되고 있을 때 자연력이 폭발하면 재해가 일어나는 것이며, 때때로 피재 기반의 형성은 피해를 반복하고 확대한다. 그것이 확대 요인이다. 그 전형적인 사례가 무리한 도시개발 과정에서 강행공사나 날림공사를 하고, 규제완화에 의해 비정상적으로 택지를 조성하면서 결함주택을 소비자에게 떠넘기는 것이다. 이들 중 상당수는 위법이며, 피해를 필요 이상으로 확대하는 원인이 된다. 한신대지진 때의 고속노로 붕괴를 예로 들면 과밀도시의 상공을 가로지르는 고가고속도로의 건설 그 자체는 적법했지만 결과적으로 피재 기반을 형성했던 것이다. 그러나 만일 그 일부가 강행공사로 무리하게 공사를 진행하거나 질 낮은 소재로 건설된 것이 원인이 되어 붕괴되었다면 이것은 피해를 확대시킨 요인이라고 생각할 수 있다.

확대 요인으로 거론할 수 있는 두 번째 사항은 재해의 직접적 위험에서 벗어났지만 이후에 피해가 발생하는 경우다. 예를 들어 구출된 피해자가 교통정체 때문에 치료를 제때 받지 못해 사망하는 경우나 소방능력 부족 때문에 오랜 시간 화재를 진압하지 못해 피해가 확산되는 경우다. 더 나아가 대피소 등의 열악한 환경이 원인이 되어 병사하는(추에쓰지진 후 자동차

---

15 하야카와 가즈오(早川和男), 「한신대지진 - 복구는 인권 회복과 함께(阪神大震災 - 復興は人權の回復とともに)」, ≪쥴리스트(ジュリスト)≫ 임시증간(臨時增刊) 1070호, 1995; 하야카와 가즈오, 『재해와 주거 복지(災害と居住福祉)』, 2001.

에서 거주하면서 발생한 이코노미클래스 증후군 등) 사례도 거론할 수 있다. 10여만 명이 넘게 사망한 수마트라 지진해일에서는 피해지의 위생 상태 악화에 따른 전염병으로 직접 피해와 같은 규모의 희생자가 나올 것이라 고 예상되었으며, 피해 후 한 달이 지나서야 그 같은 위기에서 벗어났다고 전해지고 있다.

세 번째, 피해 회복이나 부흥 과정에서 정책상 오류가 재해 관련 피해를 확대시키는 경우가 있으며, 이 역시 확대 요인으로 봐야 할 것이다. 한신대 지진에서는 지진 재난이 정리된 시점부터 자살이나 고독사(2004년 말까지 총계 560명)가 대량 발생하고 있다. 지진이라는 재난이 근원이 되어 병이 악화되거나 도산 또는 폐업, 실업 등에서 회복할 수 없는 경제적 파탄에 이 른 것이 그 배경이 되고 있으며, 이는 어찌 되었든 재해가 없었다면 발생하 지 않았을 피해다. 재해로 인한 피해를 최소화하기 위해서는 이러한 사태 를 왜 미연에 방지할 수 없었는지 그 원인을 규명할 필요가 있다.

3. 재해열도에서의 준비

최선을 다해 재해로 인한 피해를 최소한으로 억제하기 위해서는 이제까 지 언급한 근본 요인을 최대한으로 줄이고 피재 기반이나 확대 요인을 없 애야 한다. 이를 위해서는 우리의 생활을 둘러싼 시설 측면과 운영·관리 측면 등 전 분야에 걸쳐 위험성을 검토하고 종합적 대책을 착실히 추진해 나가야 하며, 정치·경제·생활 등 모든 분야에 걸친 개혁이 선행되어야 할 것이다.

1) 환경위험 줄이기

재해를 줄이는 첫 번째 방법은 근본 요인을 줄이는 것이다. 근본 요인은 자연력의 폭발이나 인간의 과실에 의한 사고 등인데, 사고나 과실이라도 단순히 개인의 잘못이라기보다는 높은 노동 강도나 경비 삭감이 배경이 되는 경우가 대부분이기 때문에 그 원인을 규명해 대책을 강구해야 할 것이다. 자연력의 폭발은 일반적으로 사람의 힘으로 좌우할 수 없다고 하지만 환경 이변이 재해 위험을 증대시킨다는 것을 염두에 둔다면 반드시 그렇다고만은 할 수 없다. 따라서 오늘날 재해를 방지한다는 관점에서 지구 환경 개선에 본격적으로 대처하는 것이 급선무일 것이다. 또 환경문제에 대해서는 산업이나 생활의 모든 면을 되돌아보고 개선해가야 하며, 그 결과로 재해 발생을 줄이는 경우도 상당하다.

(1) 교토의정서의 목표달성을 위해

환경정책으로는 우선 2005년부터 발효된 교토의정서에 따른 일본의 목표를 달성할 구체적인 정책을 수립할 필요가 있다. 이미 알려진 바처럼 교토의정서에서 일본은 2008년부터 2012년까지 온실가스 배출량을 1990년 기준으로 6% 감축하는 것을 목표로 하나, 현 시점에서는 반대로 12% 증가하고 있다. 일본의 온실가스 배출량은 세계 4위로, 전체의 5.2%를 차지한다(미국 14.4%, 중국 12.1%, 러시아 6.2%). 미국은 1990년에 비해 13.2% 증가, 러시아 38% 감소, 독일 18.5% 감소, 영국 14.5% 감소 등에서 보듯 배출량과 증감 경향 모두 일본과 미국이 온난화에 미치는 악영향을 뚜렷하게 드러낸다. 미국은 또 계속해서 교토의정서 참가를 거부하며 세계 여론에 등을 돌리고 있어, 일본은 미국보다 유럽 국가들의 대처에서 진실로 배울 가치가 있다.

(2) 지속 가능성의 실현

일본의 온실가스의 배출량은 약 13억 톤으로 그중 산업 부문이 4.8억 톤, 운수 부문이 2.2억 톤, 업무 등 기타가 1.4억 톤이다. 산업 부문이 중요한 것은 물론이지만 교통운수 부문에서의 개선도 시급하며, 특히 자동차 의존 사회에서 서둘러 탈피해야 할 것이다.

EU(유럽연합)는 다른 국가들보다 앞서 지구환경문제에 대처하고 있지만, 그중에서 도시의 존재방식을 지속 가능하도록 해가는 데 중점을 두고 환경 녹서Green Paper, 유럽도시회의, 덴마크 올보로그Aalborg 헌장 등을 거쳐 지속 가능한 도시 프로젝트 등의 대처를 전개하고 있다.16 일본에서는 「환경 기본법」을 개정하고 「순환형 사회형성 추진 기본법」을 제정했지만 지속 가능 도시를 실현할 구체적인 시책은 펴지 못하고 있다. 2003년 사회자본정비심의회의 답신은 도시 재생 비전을 제시하고, 거기에서 최초로 지속 가능한 도시를 채택하며 '수복집약형修復集約型 도시구조'를 거론했다. 들어본 적도 없는 이 용어는 압축도시의 일본어판으로 여겨지지만, 적극적이고 구체적인 대책이라고는 보이지 않는다.17

이러한 일본의 상황을 고려할 때 한국의 서울 도심에서 6km에 이르는 고가도로를 철거해 하천을 부활한 '청계천 프로젝트'는 큰 충격을 주고 있다. 2003년부터 공사에 착수한 이 프로젝트는 이미 고가도로 철거를 마쳐 하천복구공사가 순조롭게 추진되고 있으며, 일본을 포함한 각국의 시찰이 쇄도하고 있다. 한국은 수도 서울로의 일극 집중이 도쿄의 수준을 넘어설

---

16 시오자키 요시미쓰, "도시고속도로는 재건해야만 하나?(都市高速道路は再建すべきか)", ≪아사히 신문≫, 1995년 3월 3일 논단.

17 시오자키 요시미쓰, 「오늘날의 '도시 재생'과 주거환경정책(今日の「都市再生」と住環境政策)」, 일본건축학회 도시계획위원회(日本建築學會都市計劃委員會), 『'도시 재생'과 주거환경정책(「都市再生」と住環境政策)』, 2004.

정도이며 환경문제도 극히 심각하지만, 이 프로젝트는 환경문제 해결의 상징이 되고 있다. 앞서 말했듯이 도시 내의 고가도로를 철거해가는 것은 피재 기반의 개선이라는 점에서도 중요하다. 그런 점에서 한신대지진으로 고속도로가 붕괴한 사건은 일본이 방향을 전환할 큰 기회였지만 이는 실현되지 못했다.18 서울 프로젝트가 미국의 샌프란시스코나 보스턴의 고가도로 철거 등과 맥을 같이한다고 생각하면, 대국적으로는 도시의 존재방식을 환경 지향형으로 전환해가려는 장래성을 내포하고 있으며 아시아에서 최초의 선진적인 시도라고 평가할 수 있다. 무엇보다도 서울시장의 강력한 리더십으로 시작한 이 프로젝트에서는 고가도로 주변 주거·상업·공업 혼재 지구의 재개발문제 등이 얽혀 있어 어떤 결과에 이를지는 이후 추이를 지켜볼 필요가 있다(이미 일본에서도 이에 대비해 철거공사나 하천공사 수주에 관심을 둔 건설회사 등이 시찰하고 있다19).

2) 종합적인 방재 대책의 대처

(1) 공공시설에 대해 철저한 방재 대책 세우기

일본은 유럽이나 미국 등에 비해 공공사업 예산 규모가 훨씬 크고 각지에서 항상 공공시설을 건설하고 있지만 그러한 시설이 재해에 반드시 안전하다고 볼 수는 없다. 예를 들어 학교는 대부분 재해가 발생하면 대피소로 이용되지만, 내진보강이 계속 미뤄져 전국 공립초등학교 건물의 내진

---

18 시오자키 요시미쓰, "도시고속도로는 재건해야만 하나?".
19 시오자키 요시미쓰, 「도쿄 대기오염재판과 지속 가능한 도쿄의 과제(東京大氣汚染裁判とサステイナブル東京の課題)」, ≪환경과 공해(環境と公害)≫ 32권 4호, 2003. 또 이 프로젝트에 대해서는 서울시 일본어 홈페이지 http://japanese.seoul.go.kr/index.cfm 를 참조하면 된다.

설계 비율은 49%에 불과하다. 효고 현의 초·중등학교 내진설계는 전국 광역자치단체 중 26위, 고베 시의 내진설계는 겨우 7%에 불과한 실정이다. 고치 현高知県에서는 노후 방파제가 높은 파도에 붕괴되어 주택이 파손된 사례도 있다. 지진이나 태풍이 닥쳤을 때에는 지역주민이 의지하고 있는 제방이나 도로·철도·공공공익시설의 안전 확보를 가장 우선시할 수밖에 없다. 다만 불필요한 공공사업 비대화로 연결되지 않도록 감시할 필요가 있다.

(2) 실질적인 지역방재계획

모든 지역에서 작성하고 있는 지역방재계획이 문자 그대로 재해 방지 역할을 제대로 하는 것이 중요하다. 그러기 위해서는 계획서를 만들 때 용역업체에 맡기는 것이 아니라(효고 현 산하 지자체 조사에서는 계획서 표지가 완전히 같은 것도 발견되었으며, 이 같은 사례가 상당수 지자체에서 나타난다), 지자체가 주체적으로 지역주민과 함께 만들어야 할 것이다. 그것은 주민이 재해의 위험성을 인식하고 방재 대책에 눈을 뜨는 계기가 될 것이다. 많은 지역에 자주방재조직이 구성되어 있으며(자치모임인 주민회의 명단을 그대로 자주방재조직 명단으로 쓰는 사례도 있지만), 그러한 주민 측의 대처와 연계하여 계획을 만들어야 할 것이다. 또 작성된 계획서가 공공기관의 창고에서 먼지를 뒤집어쓴 채 방치되어서도 안 되며, 직원·주민에게 보급하여 방재훈련에 맞춰 활용되도록 해야 할 것이다.

(3) 방재 마치즈쿠리의 추진

피재 기반을 개선하기 위해서는 마치즈쿠리 전체를 되돌아볼 필요가 있다. 저출산, 고령화, 인구 감소 속에서 과거와 같은 개발압력은 사라졌고 과밀도시를 안전하고 쾌적하게 변모시키는 것이 필요하며, 그러한 조건

역시 확대되고 있다. 앞서 언급한 위험한 피재 기반은 가능한 제거해야 할 것이다. 목조 밀집시가지 등 주택지역의 시가지 정비는 마치즈쿠리 중에 서도 가장 어려운 사업이지만 결코 불가능한 것은 아니다. 확고한 기술을 가지고 주민 주체의 마치즈쿠리를 실현할 수 있는 컨설팅 업체는 얼마든지 있으므로 예산을 확보하고 그들의 노하우를 확산시켜 평상시에 방재 마치즈쿠리를 추진해야 할 것이다. 이러한 관점에서 도시 재생기구(구 도시기반정비공단)의 노하우나 우수한 인력을 민간 도시 재개발에서 이용하기보다는 재해에 강한 주택 마치즈쿠리에 활용하는 것이 중요하다.

3) 주택의 안전 확보

한신대지진의 가장 큰 교훈은 주택 붕괴로 압사한 사람이 압도적으로 많다는 것이며, 그로 인해 기존 주택의 내진보강이 매우 중요한 사안으로 인식되었다는 것이다. 그리고 1997년에는 건축물의 「내진촉진법」이 제정되었지만, 현실적으로 내진보강은 학교 등 특정 건축물들에서만 약간 진전되었을 뿐 일반 주택들은 거의 하지 못하고 있다. 가장 신속하게 대처하고 있는 시즈오카 현에서도 새로운 내진 기준 이전의 주택 65만 동 중 내진 개보수가 이뤄진 것은 1,067동(0.16%)에 불과했다. 또 요코하마 시橫浜市는 내진 개보수에 대해 가장 선도적인 보조제도까지 채택하여 최대 90%(450만 엔)까지 보조했지만 실적은 356건(2002년)에 머물렀다.

도난카이·도카이지진을 가정해 고치 시의 두 개 지구에서 실시한 조사를 살펴보자. 지진으로 자택이 붕괴될 것이라는 사실을 인지한 경우, 조건에 따라 무엇인가 대책을 취하겠다는 사람이 전체의 74%였으며 그중 내진 개보수에 적극적인 사람이 가장 많았다. 대책을 실시하는 데 필요한 조건으로는 자금지원이 가장 중요했지만, 거주하면서 동시에 공사를 진행할 수 있게 한다거나 믿을 만한 업자를 소개받는 것 등도 포함되었다. 조건이 충족된다면 상당수 사람이 내진 개보수에 나설 가능성이 있다는 것이다. 반면 응답자의 26%는 어떠한 대책도 취하지 않겠다고 응답하고 있다. 자금이 없기 때문이기도 하겠지만 반드시 그 이유만은 아닌 듯하다. 가령 400~500만 엔의 여유자금이 있다면 무엇에 사용하겠느냐는 질문에 주택을 개량하겠다는 응답은 겨우 16%에 불과했으며 60% 이상이 저축하겠다고 답했다. 자금이 있더라도 주택을 개량하는 데 투자하지는 않겠다는 것이다. 조사 응답자 중에는 고령자가 많았으며, 따라서 노후자금을 마련하겠다는 의지가 강해 보였다. 이후 30년간 50%의 확률로 일어날 지진보다 목전에 임박한 노후나 개호介護 쪽이 더 절박하다는 뜻이며, 만일 지진이 일어나면 삶을 포기하겠다는 심경을 반영한 것이다. 그러나 지진에 의한 주택 붕괴는 자신의 생명만 위험하게 하는 것이 아니라 피난길을 막고 지역주민들(특히 어린아이들)의 피난에도 중요한 장애가 된다는 사실을 알아야 할 것이다.[20]

내진 개보수를 근본적으로 추진하기 위해서는 적어도 세 가지 조건이 필요하다고 본다. 하나는 자금지원 구조를 만드는 것이다. 요코하마 시와 같이 적극적인 제도를 모든 지자체에서 실시하기는 어렵겠지만 비용의 절반 정도가 보조금으로 지급될 필요가 있다.

둘째는 내진 개보수를 이해하기 쉽고 매력적인 상품으로 만드는 것이다. 내진 개보수가 필요하다고 하지만 실제로 그 효과는 사전에 분명히 인식되지 못해 지진이 발생하지 않으면 효과를 알 수 없는 측면이 있다. 적

---

20 시오자키 요시미쓰, 「난카이지진 피해 예상지역에서의 주민의 예방적 대책의 저해요인에 관한 연구 - 고치 시 다네자키 지구·우라도 지구를 대상으로(南海地震被害想定地域における住民の豫防的對策の阻害要因に關する研究 - 高知市種崎地區·浦戸地區を對象として)」, ≪도시계획논문집(都市計劃論文集)≫, 39-3호, 2004.

어도 100만 엔 이상, 수백만 엔까지 비용이 들지만 그에 따른 이득을 쉽게 인지할 수 없기 때문에 투자한 자금에 상응하는 이익이 눈앞에 드러나게 할 필요가 있다. 구체적으로는 공사 전후 주택이 어느 정도 안전해졌는지를 수치로 보여주는 일이 중요할 것이다. 그중 하나가 상시미동을 계측해 건물의 강도 개선 정도를 알기 쉽게 보여주는 시도이며, 지금은 시작 단계에 불과하지만 향후 기술적 완성도를 향상시켜 실용화될 것으로 기대한다. 또 고령자가 거주하는 경우 지진에 강할 뿐만 아니라 살기 편하고 이동에 편의성을 높이는 개보수나 일상적인 주거생활을 쾌적하게 하는 리폼 등과 내진 개보수를 조합해 지진이 발생하지 않아도 투자한 자금이 담보되는 매력적인 상품으로 만들어가는 것이 반드시 필요하다.

셋째, 대다수 주택이 안전하지 못하나면 해일이나 지진으로 인한 대규모 화재로부터 지역을 보존할 수 없기 때문에 내진 개보수는 지역 전체가 나서야 하는 문제다. 자주방재조직을 구성하고, 얼굴을 마주 보면서 정중히 정보를 전달하며, 믿을 만한 업자가 공사를 맡는 구조를 만듦으로써 내진 개보수를 포함한 방재활동을 일종의 지역운동으로 확산시켜나가는 것이 열쇠가 되지 않을까?

또한 이러한 지역운동에 맞춰 내진 개보수에 대해 세금이나 지진 보험료 우대정책을 펴는 등 다각적인 대책도 강구되어야 할 것이다.

4) 주택·공동체의 재건 지원

재해로 피해가 발생하면 가능한 시급히 종전의 생활로 되돌아가는 것이 중요하며 그러기 위해서 가장 중요한 것이 주택 복구다. 따라서 주택 재건 지원 대책이 필수적이다. 한신대지진 후 피해자들이 강한 유대감을 갖고 운동을 펼친 결과 1998년 「재해 피해자 생활재건지원법」이 제정되었지만 그 내용은 너무나 불충분했고, 2004년에서야 가까스로 개정되면서 주거안정지원제도를 통해 최고 300만 엔이 지급되게 되었다. 그럼에도 금액이 충분하지 못한 것은 물론이고 지원금을 주택 본체의 재건공사에는 사용할수 없다는 제약이 있는 등 아직 한계도 여전하다. 그 이유는 지원금이 개인자산 형성에 기여해서는 안 된다는 논리지만, 이는 이미 돗토리 현鳥取県서부지진 이후 객관성을 상실하고 있다.[21] 2004년 각지의 수해와 니가타현 추에쓰지진의 피해를 앞에 두고 니가타 현, 후쿠이 현, 교토 부 등이 잇따라 독자적인 지원제도를 내놓았는데, 앞선 국가 논리로는 피해자나 지역을 구제할 수 없음을 다시 한 번 보여주었다. 지금에 와서는 전국 44개광역자치단체장이 주택 본체의 자금지원에 찬성할 정도다.[22] 각 지자체의지원은 크나큰 진전이라고 할 수 있겠지만 대규모 재해의 경우 지자체만으로는 재정적으로 지탱할 수 없을 가능성이 있으며, 각 지자체의 재정 여건에 따라 격차가 날 수도 있다. 국민 생활의 가장 중요한 기반인 주택 재건을 국가가 보장하지 않는다면 국가의 존재 의의도 없을 것이다.

4. 결론

재해 피해를 줄이고자 할 때 재해 후의 복구·복원 과정은 우리가 통상알고 있는 것 이상으로 중요하다. 복구·복원 중에는 피해 당시나 직후에비해 극적인 장면이 없어서 이목을 집중시키는 경우도 적지만, 사실 살아

---

21 시오자키 요시미쓰·니시카와 에이이치·데구치 도시카즈 엮음, 『대지진 10년과 재해열도』.
22 ≪아사히 신문≫, 2004년 12월 26일.

남은 피해자가 큰 위험을 겪는 것은 이 과정에서다. 그런 의미에서 필자는 방재나 긴급대응과 같은 수준으로 부흥과학·부흥공학이라고까지 할 정도의 종합적인 연구가 필요하다고 생각한다.

한신대지진으로부터 10년이 지난 지금 외견상 복구는 완벽하게 이뤄졌다고 할 수 있을지 모르나 눈에 보이지 않는 곳이나 피해자의 생활 깊숙한 곳에서는 그늘진 부분이 쌓이고 있다. 대지진 10년 복구의 결과는 빛과 그림자가 복잡하게 혼재되어 있으며 고뇌하는 사람들이 적지 않다.

이러한 복구 과정은 통상 '창조적 부흥'이라고 불린다. 창조적 부흥은 '단순히 지진 전의 상태로 되돌리는 것만이 아니라 지진의 경험과 교훈을 되살려 21세기의 성숙한 사회와 어울리는 부흥을 달성하는 것'이라고 할 수 있다.[23]

단순히 지진 전으로 되돌리는 것으로는 21세기에 대응할 수 없기 때문에 더욱 높은 수준의 복구를 목표로 하는 것이다. 이는 적극적인 자세처럼 보이지만, 실제로 지진 전보다 높은 수준을 달성할 수 있는 것은 모든 사람이나 모든 분야가 아닌 일부분이다. 지진 발생 후 10년이 넘었는데도 21세기에 부합하는 수준은커녕 지진 전의 수준마저도 회복할 수 없는 사람이나 분야가 광범위하게 존재한다는 것은 각종 자료를 통해 확인할 수 있다. 효고 현의 중간보고에서도 지금까지 남겨진 과제로 '피해 고령자의 생활 재건, 부흥 시가지 정비사업의 더 신속한 진행과 도심 활성화', '지역경제 활성화와 고용의 사회안전망 충실', '재해 복구 지원자금 대출금 상환 대책이나 중소기업을 위한 융자제도 등의 탄력적 적용' 등 개별 과제를 언급하고 있다.

---

23 효고 현(兵庫縣), 『복구 10년 총괄검증 중간보고(復興10年總括檢證中間報告)』, 2004, p. 27.

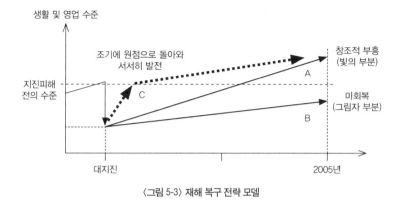

<그림 5-3> 재해 복구 전략 모델

즉 지진으로 인해 추락해버린 생활이나 영업 수준 중에는 지진 전의 수준 이상으로 회복·성장한 부분과 지진 전 수준 또는 그보다 못한 수준에 머무르고 있는 부분이 있다는 것이다. 전자는 복구의 빛, 후자는 그림자에 해당한다고 할 수 있다(〈그림 5-3〉).

창조적 부흥은 복구 전체를 가리키는 용어처럼 사용되고 있지만, 사실 '창조적'이라고 할 수 있는 것은 〈그림 5-3〉의 A에 불과하고 그 속에는 그림자 부분인 B가 존재한다. 따라서 창조적 부흥은 '빛과 그림자의 부흥 전략'이었다. '창조적 부흥'이라는 표어의 근간에는 A 부분을 부각하는 목적이 있기 때문에 그로부터 누락되는 부분이 언제나 짓눌리고 복구의 성과는 양극화된다.

지진 재난 복구에 이와 같은 창조적 부흥 전략만 있는 것은 아니다. 실은 지진으로 피해를 입은 경우에 한시라도 빨리 원래의 수준으로 되돌리려는 선택도 있을 것이다. 〈그림 5-3〉의 C코스는 지진 피해자가 자력으로 원래 상태로 되돌아가기는 어렵기 때문에 공공비용을 투자해 가능한 한 빨리 원래 상태로 되돌리는 것이다. 지진 전의 상태로 되돌린다면 그 후에는 자력으로 성장해가는 것이 기본이 된다. 지진 전에는 모두 자력으로 생활하고 영업해왔기 때문이며, 또 그것이 당연하다. 신속하게 원래의 수준으로 돌아가준다면 그 후에는 각자가 B코스의 속도로 해나간다고 해도 10년 만에 A코스와 같은 수준(즉 창조적 부흥의 빛 부분)에 도달하는 것이다. 그것은 이른 단계에서 공적 지원이 이뤄질 때 나오는 효과일 것이다.

한신대지진 때는 '창조적 부흥'을 주창하면서 공적 지원 없이 '공평성'과 '평등성', '엄밀성' 등의 논리로 의연금 지급 등 모든 시책을 '사후약방문' 식으로 하면서 피해자 지원이 늦어졌다. 그것이 다수 사람을 B코스로 몰리게 한 것이다.

재해로부터의 부흥은 재난 전 수준 이상의 달성을 주장하면서 실제적으로는 양극화되고 피해자가 분열해가는 '창조적 부흥' 모델보다는 우선 재난 전의 수준을 회복하는 '조기 회복 모델'을 취해야 할 것이다. 조기 회복을 위해서는 재해를 입은 개인을 구하는 공적 지원이 불가결하며 그것이야말로 국가와 공공의 역할이다.

한신대지진 후 10년이 흐르는 동안 대규모 태풍이나 추에쓰지진이 발생하고, 국외에서는 수마트라 쓰나미 피해로 그 지역 주민뿐만 아니라 일본인을 포함한 다수의 외국인 관광객이 희생되었다. 이는 우리가 진정 재해의 위험 속에 살고 있음을 다양하게 보여준다. 재해에 대한 예방부터 부흥에 이르기까지 종합적인 정책을 확립하고 실행하는 것이 지금처럼 중요한 시기는 없었다. 그것이야말로 국가나 국제사회의 안전보장에서 가장 중요한 과제다.

제6장

환경 재생과
도시 재생

데라니시 슌이치 寺西俊一

이 강좌의 기본 목적은 '도시가 어떠한 공간이 되어야 하는지 그 근원을 다시 묻고 인간다운 삶의 방식이 가능한 장소로 도시를 재창조하는 것'이며, 그것을 위한 과제와 전망을 여러 측면에서 명확히 하려는 데 있다. 기획에 참여했던 네 명의 편집위원이 작성한 공동 메시지인 '시리즈 발간에 부쳐'에서는 다음과 같이 말하고 있다.

"역사에서 인간이 좀 더 인간적으로 되어가는 것을 기대한다면 탈공업사회에서는 르네상스에 어울리는 인간적 생활을 영위해야 한다. 그러한 인간생활이 영위되는 그릇으로서, 또 문화를 키워내는 인큐베이터로서 도시 재생을 모색하는 것은 그야말로 다음 세대를 창조하는 일이다."

확실히 21세기에 요구되는 도시의 모습을 대국적인 시각에서 전망한다면 '인간다운 삶의 방식이 가능한 장소', '인간적인 생활이 영위되는 그릇', 더 나아가 '문화를 키워내는 인큐베이터'로서 앞으로의 도시를 재생해나가는 것이 진정한 시대적 요청이라고 생각된다. 특히 제2차 세계대전 이후 일본의 경제 발전 과정에서 성장해왔던 도시의 모습을 보면 '인간다운 삶의 방식이 불가능한 장소', '비인간적인 생활을 강요받는 왜곡된 그릇', 그리고 '문화를 키워낼 수 없는 메마른 인큐베이터'의 궤적을 그려왔다고밖에는 말할 수 없다.

그러면 이제부터 앞서 언급한 시대적 요청에 따른 방향으로 도시를 재생해가기 위해서는 도대체 무엇이 가장 중요한 과제일까? 필자는 그 필수 불가결한 요건이 뒤에서 언급할 '환경 재생'이라는 독자적인 정책과제에 대한 준비가 아닐까 생각한다.

이 장에서는 환경 재생에 대한 다양한 시도 중에서 몇 가지 주목받는 동향을 다시 소개하면서 앞으로의 21세기 도시 재생에서 환경 재생이라는 정책과제가 갖는 독자적인 의의 내지는 위상을 논하고자 한다.[1]

1. 주목받는 환경 재생의 다양한 시도

21세기를 맞이한 지금, 20세기에 추구했던 경제·사회 발전 유형이 남겨

---

[1] 환경 재생의 정책과제에 대해 필자는 이미 몇 차례 논고를 발표할 기회를 얻어왔다. 데라니시 슌이치, 「지금부터의 지방자치단체 환경정책의 과제는 이것이다(これからの 自治體環境政策の課題はこれだ)」, ≪주민과 자치(住民と自治)≫, 自治体研究社, 1998 년 11월호; 데라니시 슌이치, 「지방자치단체와 환경정책(地方自治體と環境政策)」, 일본지방재정학회(日本地方財政學會) 엮음, 『환경과 개발의 지방재정(環境と開發の地 方財政)』, 勁草書房, 2001; 데라니시 슌이치, 「'환경 재생'을 위한 종합적 정책연구를 목표로(「環境再生」のための總合的な政策研究をめざして)」, ≪환경과 공해(環境と公害)≫, 岩波書店, 31권 1호, 2001년 7월; 데라니시 슌이치, 「환경 재생의 이념과 과제(環境再 生の理念と課題)」, ≪환경과 공해≫, 31권 1호, 2002년 7월; 데라니시 슌이치, 「환경 재생과 지자체 환경정책(環境再生と自治體環境政策)」, 우에타 가즈히로(植田和弘) 외 엮음, 『지속 가능한 지역사회 디자인(持續可能な地域社會のデザイン)』, 有斐閣, 2004 등. 이 장은 이상의 글에서 이미 논해왔던 것을 재구성한 것이며, 그 후의 상황도 파악해 약간의 수정을 가한 것임을 밝혀둔다.

둔 각종 환경파괴가 우리 주변은 물론 지구 전체에까지 제한 없이 확대되면서 결국 심각한 위기 상황에 이르고 있다.[2] 이러한 와중에 필자는 특히 1990년대 초반부터 10년여에 걸쳐 각종 환경파괴의 주요 무대가 된 아시아 지역에서 구체적인 문제들을 추적해왔다. 구미나 일본 등 선진국들이 경험해왔던 20세기형 '경제와 사회 발전 유형'을 아시아 지역이 그대로 뒤밟아가면서 우려스러운 사태가 점차 번지고 있다.[3]

한편으로는 그런 가운데 이제까지 20세기형 '경제·사회 발전 유형'에 의해 파괴되고 황폐해진 환경 살리기rehabilitation나 복구restoration, 그리고 이들을 포함한 광범위한 의미에서의 환경 재생regeneration에 대한 다양한 접근 방법이 세계 각지에서 새롭게 확산되고 있다. 이제부터 이러한 동향과 관련해 유럽이나 미국, 일본의 몇 가지 주목할 만한 시도를 간단히 소개하고자 한다.

1) 유럽의 동향: '재자연화'와 '지속 가능한 도시'로의 도전

먼저 선행적인 시도를 계속해온 유럽의 동향부터 살펴보자.

유럽에서는 특히 1990년대 이후 상당수 도시나 지역에서 '재자연화re-naturalization', '지속 가능한 도시sustainable cities' 등 독자적인 키워드를 제시하는 프로젝트나 시도가 계속되어왔다. 후자는 '지속 가능한 지역sustainable

---

2 이 위기적 문제 상황의 기본적인 구도에 대해서는 데라니시 슌이치,『지구환경문제의 정치경제학(地球環境問題の政治經濟學)』, 東洋經濟新報社, 1992를 참조하길 바란다. 그 뒤 이미 10여 년이 경과했지만, 문제 상황의 기본적인 구도 자체는 거의 변하지 않고 있다고 말할 수 있다.

3 상세한 내용은 일본환경회의의 '아시아 환경백서' 편집위원회(日本環境會議 'アジア環境白書' 編輯委員會) 엮음,『아시아환경백서 2003/2004(アジア環境白書 2003/2004)』, 東洋經濟新報社, 2003을 참조하기 바란다.

areas' 또는 '생태적 공동체 ecological communities'로 표현되는 경우도 있으며 나중에 소개되는 일본에서의 '환경 재생을 통한 도시·지역(공동체) 재생' 시도와도 상당히 비슷하다. 다만 유럽에서는 시대적 과제에 대한 새로운 도전

〈사진 6-1〉 트램 중앙역(스트라스부르 시 중심부)

이 일본보다 좀 더 일찍 시작되었다고 할 수 있다.

예를 들어 이탈리아에서는 도시나 지역사회를 인간생활과 자연이 공생하는 공원처럼 만들어가는 '파르코parco 구상'이라는 독자적인 비전을 내세운 바 있다. 이를 바탕으로 이미 1970년대 후반부터 이탈리아 제2의 도시인 밀라노 시가지 내에서 '시민의 숲' 만들기가 시작되어 풍부한 자연을 되살리고 있다. 이것은 이탈리아 최대의 환경 NGO(비정부조직)인 '이탈리아 노스트라Italia nostra'의 제안과 주도에 의한 시민참여형 시도로 이전부터 주목받아왔던 사업이다.[4] 또 1980년대 후반 이후에는 이탈리아 중부의 포Po 강 하류 지역(에밀리아 로마냐Emila Romagna 주 페라라Ferrara 시와 라벤나Ravenna에 걸쳐 있는 지역)에서 이제까지 중화학공업 유치나 식량 증산을 위해 자연 습지대(라구나Laguna)나 해안을 대대적으로 매립해왔던 과거 역사를 대반전시켰다. 간척지 일부를 과거의 습지대나 자연해안으로 복원해가는 장대한 사업을 시작했고,[5] 지금은 이탈리아만이 아니라 유럽의 생태관광 거

---

4   미야모토 겐이치, 『환경경제학(環境經濟學)』, 岩波書店, 1989 참조.
5   이노우에 노리코(井上典子), 「이탈리아, 포-델타 지역에서의 환경 재생형 지역계획(イ

점 중 하나가 되어 많은 외국 관광객을 끌어들이고 있다.

영국에서는 1990년대 이후 지속적으로 쇠퇴하고 있던 과거의 공업도시 맨체스터와 버밍엄을 시작으로 시민조직과 행정, 기업조직이 결합한 새로운 형태의 파트너십에 기반을 둔 '그라운드워크 트러스트Groundwork trust'가 설립되었다. 이 새로운 조직은 전문가와 시민들의 참여를 통해 황폐한 상태로 방치되어 있던 도시환경 복구와 재생을 추진했으며, 그 결과 도시 매력이 되살아나고 황량하기까지 했던 도심지역 상가가 새로운 활기를 되찾고 있다.6

또 프랑스에서는 스트라스부르와 같이 1990년대에 들어 이제까지 자동차 중심이었던 도시교통 방식을 근본적으로 반성하며, 오래전 주행을 멈춘 노면전차 대신 최신 기술이 동원된 저상트램이라는 공공교통을 적극적으로 도입하고 있다. 도심부에서의 자동차 이용을 대폭 절감하는 '탈자동차 도시 만들기' 도전이 계속되고 있는 것이다.7

독일에서는 환경수도로 유명한 프라이부르크Freiburg 시의 보방Vauban 지구8에서 '포럼 보방Forum Vauban'이라는 NPO(비영리민간단체)가 설립되어 시민 주도의 '생태공동체' 만들기 실험이 진행되고 있다.9

タリア, ポー・デルタ地域における環境再生型地域計劃)」, ≪환경과 공해≫, 28권 3호, 1999년 1월 참조.

6 오야마 요시히코(小山善彦), 「영국의 도시 재생과 그라운드워크(英國の都市再生とグラウンドワーク)」, ≪환경과 공해≫, 28권 3호, 1999년 1월 참조.

7 이 스트라스부르의 시도는 이미 많이 소개되었으며, 여기에서는 우자와 히로후미, 「유럽에서의 새로운 도시 만들기(ヨーロッパにおける新しい都市づくり)」, ≪환경과 공해≫, 30권 3호. 2001년 1월을 참조로 작성했다.

8 [역자] 과거 주둔했던 프랑스군이 철수하며 반환된 지역.

9 기타가와 스스무(喜多川 進), 「군용지의 생태적인 커뮤니티로의 전환(軍用地のエコロジカルなコミュニティへの轉換)」, ≪환경과 공해≫, 29권 2호, 1999년 10월; 아오조라 재단(あおぞら財團), 『환경 재생을 향한 NGO 국제회의보고집(環境再生に向けたNGO國際會議報告集)』, 2001년 11월 참조.

이상은 필자가 실제로 현지를 방문해 조사한 몇 가지 사례를 무작위로 열거한 데 불과하지만, 유럽의 경우 이러한 도시 내지 지역 수준의 준비가 개별적으로 진행되고 있는 것이 아니다. 오히려 유럽 전체적으로 확산력을 지닌 일련의 도시 내지 지역 수준의 두터운 상호협력 네트워크에 의해 유지되며 착실히 전개되고 있다는 점이 중요한 특징이다. 실제로 이러한 움직임에는 독일의 프라이부르크에 본부를 둔 '자치단체국제환경협의회 ICLEI: International Council for Local Environmental Initiative' 산하에 조직된 지방 자치단체협의회의 네트워크 등이 적극적으로 관여하고 있다.

또 EU위원회(당시에는 EC위원회)에서도 1990년에 채택한 '도시환경에 관한 녹서Green Paper on the Urban Environment'를 바탕으로 1993년부터 '지속 가능한 도시 프로젝트'를 창설하고, 도시 및 지역 수준에서의 환경 재생을 위한 새로운 사업이나 시도에 적극적인 정책 지원과 조치를 취하고 있다.10

유럽에서는 진정한 '환경 재생을 통한 도시나 지역의 재생'을 지향하는 시도가 세계 각국보다 한발 앞서 21세기의 새로운 조류로 거듭 발전하고 있다고 해도 좋을 듯하다.

2) 일본의 동향: 환경 재생을 통한 지역(커뮤니티) 재생의 모색

한편 일본에서는 1960년대 이후 극심한 공해로 심각한 피해가 발생하고 그에 따른 손해배상과 공해 유발 행위의 중단이 요구되었으며 이후 몇 차

---

10 사무타 히카루(佐無田光), 「유럽의 지속 가능한 도시의 전환(歐洲サステイナブル·シティの轉換)」, ≪환경과 공해≫, 31권 1호, 2001년 7월; 오카베 아키코(岡部明子), 『지속 가능한 도시 - EU의 지역·환경 전략(サステイナブルシティ - EUの地域·環境戰略)』, 学芸出版社, 2003; 앨몬드 몬태나리(アルマンド モンタナーリ), 「지속 가능한 도시의 경험과 도전(サステイナブル·シティの經驗と挑戰)」, ≪환경과 공해≫, 33권 3호, 2004년 1월.

례 공해 관련 소송이 이어졌다. 이와 같은 맥락에서 1990년대 후반부터 마치 새로운 시대적 과제에 도전하는 것처럼 심각한 공해문제가 누적되어 황폐해질 수밖에 없었던 지역사회의 환경을 재생하려는 시도가 시작되었다.11 특히 일본의 지역환경 재생 시도의 출발점이 된 것은 대도시인 오사카 공업지대에 인접한 니시요도가와西淀川 지구에서 심각한 대기오염 피해로 고통을 겪은 주민들이 그에 대한 피해배상과 오염물질 방출 중단을 요구하며 오랜 기간 이끌어온 공해재판이었다.

이 니시요도가와 공해재판의 결과로 1995년 3월 체결된 화해조항에는 피고인 기업이 지불해야 할 손해배상금 일부를 원고인 주민들의 건강 회복이나 생활환경 개선을 포함한 니시요도가와 지구의 환경 재생사업에 사용하도록 하는 중요한 합의사항이 포함되어 있었다. 이에 따라 이듬해 1996년에 설립된 것이 '재단법인 공해지역재생센터', 통칭 아오조라青空 재단이다. 장시간에 걸쳐 심각한 공해 피해로 고통을 받고 '인간다운 삶이 가능한 장'이었던 지역사회를 빼앗겨버린 주민들이 스스로 주체가 되어 '공해지역'의 재생을 위한 대응을 시작한 것으로, 일본 최초의 사례이면서 국제적으로도 전례가 없는 새로운 방식의 '마치즈쿠리 NPO법인'이 탄생한 것이다.

그 뒤 아오조라 재단은 니시요도가와 지구를 중심으로 몇몇 전문가의 협력을 얻어가며 공해지역의 '환경 재생계획'을 작성하고 재생을 위한 다양한 제안을 제출하는 등 견실한 시민활동을 계속하고 있다. 이러한 활동 중에서도 특히 주목을 받고 있는 것은 지역주민이 직접 조사에 나서 심각한 공해 피해로 파괴된 과거 니시요도가와 지구의 '옛 풍경'이나 그와 결부된 '과거 체험'을 되살리고 '마치즈쿠리 탐험대'를 조직해 지역의 환경을 진

---

11 카사기 히로오(傘木宏夫), 「환경 재생을 위한 각지의 전략(環境再生に向けた各地の取り組み)」, ≪경제(經濟)≫, 新日本出版社, 2001년 6월호.

단하는 지도를 만들고 있는 것이다. 그 과정에서 지역 내 자치모임이나 공업단지협회 등의 협력을 얻는 등 명실상부한 아래로부터의 지역재생을 위한 제안 활동을 적극적으로 펴고 있다. 더 나아가 주민들은 니시요도가와 지구의 공해 피해 실태에 대한 상세한 역사를 기록하고 관계 자료를 정리·보존하며 후대에 정확히 전달·계승하고자 노력하고 있다. 이와 함께 계속되는 공해 피해의 고통 속에서 매일 살아가고 고령화마저 진전되고 있는 공해 환자들의 '건강 회복'이나 '삶의 보람 만들기' 등 지역보건 또는 지역복지 분야의 프로그램도 꾸준히 진행하고 있다.

이 같은 환경 재생에 대한 대처는 이제까지 누적되어왔던 공해 피해 방지나 복구라는 단순 과제의 해결에만 머무는 것이 아니라 해당 지역의 고유한 역사나 생활문화, 지역 정체성을 회복하고 지역의료나 복지를 너욱 충실하게 하는 것도 포함하고 있다. 진정한 의미에서의 종합적인 '마치즈쿠리'가 특히 해당 지역의 '생활공동체' 재생을 목적으로 한 방식으로 전개되고 있는 것이다.[12]

또 이러한 시도가 일본에서 가능하게 된 데는 1960년대 초반부터 일본의 공해문제나 도시문제의 해결을 위해 선구적인 연구를 진행해왔던 미야모토 겐이치宮本憲一 교수가 중요한 역할을 했다는 것을 특히 명기해두고 싶다. 미야모토 교수는 당초 일련의 공해재판에도 깊게 관여해왔던 행동파 경제학자로 알려져 있지만, 공해재판 이후에 어떻게 할 것인지에 대한 과제도 염두에 두고 환경 재생이라는 정책과제가 갖는 독자적인 중요성을 신속하게 제기했다. 앞서 말한 니시요도가와 지구 '아오조라 재단'의 설립에도 미야모토 교수의 문제 제기나 조언이 크게 영향을 미쳤다. 환경 재생이라는 키워드는 '아오조라 재단'의 새로운 접근에 의해 촉발되고 미야모

---

12 구체적으로는 아오조라 재단 홈페이지 http://www.aozora.or.jec/ 참조.

토 교수의 제기를 적극적으로 받아들이는 형태로 1998년경부터 미야모토 교수가 대표이사로 있는 '일본환경회의JEC: Japan Environmental Council'13 관계자 사이에서 의식적으로 사용되었다.

　오늘날에 이르러 환경 재생이라는 용어14는 일본 대중매체에도 등장할 만큼 광범위하게 인용되고 있지만, 사실 이 키워드가 대외적으로 처음 사용된 것은 20세기 '공업사회'가 낳은 전형적인 공업도시 가와사키 시에서 1998년 10월 31일 열린 시민 공개 심포지엄 '환경 재생과 마치즈쿠리: 이제부터 가와사키를 어떻게 할 것인가'에서부터다.15 이 심포지엄에서는 '공해도시' 가와사키의 도시 재생을 위해 무엇보다도 환경 재생에 대한 대처가 근간이 되어야만 한다는 주장이 제기되었다. 이 같은 주장의 후속 조치로 다음 해인 1999년 10월부터 가와사키 임해 지역의 환경 재생을 중심 주제로 내건 '가와사키 환경·마치즈쿠리 연속강좌' 등이 시작되었다.16 그 후에는 이와 같은 심각한 대기오염 공해를 둘러싼 피해의 손해배상과 공해 발생 중단을 요구하는 재판이 진행되어왔던 미즈시마水島 지역, 아마가사

---

13 '일본환경회의'에 대해서는 이 단체의 홈페이지 http://www.einap.org/jec/ 참조.

14 슈에이샤(集英社)에서 출간한 『이미다스(imidas)』에서는 2000년판부터 '환경 재생'이 표제어로 부상하고 있다.

15 이 심포지엄은 '가와사키 공해재판'의 판결과 그 후 화해 해결과 관련한 움직임에 따라 21세기를 향한 가와사키에서의 대처 과제를 검토하기 위해 1997년 10월 발족한 '가와사키 환경프로젝트 21[KEP 21, 대표: 나가이 스스무(永井進) 호세이(法政) 대학교수, 사무국: 데라니시 슌이치]'이 주최한 것이다. 이 프로젝트의 성과는 가와사키 환경프로젝트 21(がわさき環境プロジェクト21) 엮음, 『환경파괴로부터 환경 재생의 세기로(環境破壊から環境再生の世紀へ)』, 2000년 3월로 정리되었다. 또 그 성과를 바탕으로 나가이 스스무·데라니시 슌이치·요케모토 마사후미(除本理史) 엮음, 『환경 재생 - 가와사키로부터 공해지역 재생을 생각한다(環境再生 - 川崎から公害地域の再生を考える)』, 有斐閣, 2002년 9월이 출간되었다.

16 가와사키 환경마치즈쿠리 실행위원회(がわさき環境·まちづくり實行委員會) 편집·발행, 『환경 재생과 마치즈쿠리(環境再生とまちづくり)』, 2001년 4월 참조.

키尼崎 지역, 나고야 남부 지역에서도 오랫동안 이어져왔던 재판의 화해조정이 받아들여져 환경 재생을 키워드로 한 지역(커뮤니티) 재생이 모색되게 되었다.

미즈시마에서는 '미즈시마 지역환경 재생재단'이 발족하여 인접한 지역에 대한 환경조사를 진행했는데, 야마가와八間川의 맑은 물을 되돌리자는 캠페인도 그중 하나였다. 아마가사키에서는 '아마가사키·사람·마을·고추잠자리 센터'가 발족했으며, 센터 협력기관인 '아마가사키 남부 재생연구실'이 개설되었다. 그곳에서는 특히 공해환자들에게 시급한 '건강 회복'을 위한 새로운 시민사업이 모색되고, 그것을 통해 '생활공동체' 재생을 위한 프로그램이 시작되었다.17 나고야 남부 지역에서도 환경 재생을 위한 움직임들이 나타나고 있다.

더 나아가 과거 극심한 '산업단지 공해'로 고통을 받았고 지금도 그 후유증을 안고 있으며, 최근에는 중심시가지 쇠퇴 위기에 직면하고 있는 욧카이치四日市 지역에서는 1972년 7월 '욧카이치 공해판결' 30주년을 기념한 모임(2002년 7월 24일)의 성공적인 개최를 계기로 2004년 7월 말 '욧카이치 환경 재생 마치즈쿠리 심포지엄'이 개최되었다. 또 앞서 언급한 '일본환경회의'의 협력과 제안을 받아들여 같은 해 9월부터 '욧카이치 환경 재생 마치즈쿠리계획 검토위원회'가 발족했다.18

---

17 오자키 히로나오(尾崎寬直), 「공해 피해자에 의한 환경보건 활동과 커뮤니티 복지 - 아마가사키 '센터 고추잠자리'의 활동으로부터(公害被害者による環境保健活動とコミュニティ福祉 - 尼崎「センター赤とんぼ」の活動から)」, ≪환경과 공해≫, 32권 4호, 2003년 4월 참조.

18 엔도 히로이치(遠藤宏一), 「'욧카이치 환경 재생 마치즈쿠리 검토위원회'가 지향하는 것(四日市環境再生まちづくり檢討委員會がめざすもの)」; 미야모토 겐이치, 「욧카이치 시의 도시 재생을 위해(四日市の都市再生を求めて)」, ≪환경과 공해≫, 34권 3호, 2005년 1월 참조.

한편 제2차 세계대전 이전 일본 환경파괴의 출발점이라는 평가를 받아왔던 아시오足尾 사건의 무대가 된 지역에서도 1990년대 후반 이후 '되살리자! 아시오의 청명함'이라는 구호에 따라 시민들이 폭넓게 참여해 나무 심기 자원봉사

〈사진 6-2〉 1902년 매연 피해에 의해 생활이 파괴되면서 폐촌이 된 마쓰기무라의 흔적. 묘석만이 남아 있다(필자 촬영).

에 나섰다.19 금세기에 들어서면서 '아시오의 환경과 역사를 생각하는 모임'이라는 의미 있는 연구회가 새롭게 발족해 아시오마치足尾町 행정당국도 참가한 '아시오 재생 심포지엄'을 개최하기도 했다. 이 심포지엄에서는 급속한 인구 감소와 고령화가 진행되고 있는 아시오 지역의 재생을 목적으로 한 '아시오 에코뮤지엄Eco Museum 구상'이 논의되었다.20 아시오에서는 메이지明治 시대 이후 구리정련산업에 의한 극심한 매연 피해로 90ha 이상의 무참한 민둥산이 발생했고, 1902년 1월 피해가 극심한 지역 중 하나였던 옛 마쓰기무라松木村가 강제 폐쇄되었으며 지역공동체 자체가 완전히 말살된 과거가 있었다. 앞서 말한 구상에는 옛 마쓰기무라의 소멸로부터 정확히 100년이 흐른 시점인 지금에 이르러서야 사람들의 기억에서조

19 아시오에 청명함을 키우는 모임(足尾に緣を育てる會) 엮음,『되살리자, 아시오의 청명함(よみがえれ, 足尾の緣)』, 隨想舍, 2001 참조.
20 환경 재생정책연구회 전체사무국(環境再生政策硏究會全體事務局),『환경 재생정책연구회/연구회보고서 2년차(環境再生政策硏究會/硏究會報告書 第二年度)』, 2003년 9월 참조.

차 사라져버린 일본 환경파괴의 출발점인 아시오 사건의 흔적을 '역사적 증언'으로 보존하고 그 교훈을 후대에 이어감으로써 해당 지역을 재생하고자 하는 지역 관계자들의 소망이 스며 있다.

또 제2차 세계대전 이후 일본 환경파괴의 출발점이라고 일컬어지는 미나마타水俣병 사건의 무대가 된 지역에서도 오랜 시간 진행된 공해재판에서의 화해와 '정치적 결론' 이후 '미나마타병 희생자에 대한 기원'과 '다시 함께 나서기' 등이 지역재생의 새로운 대처가 되고 있다. 그 지역에서는 미나마타병의 아픈 경험을 21세기 환경학습이나 환경교육으로 되살리는 데 목적을 두고 생태관광eco tour 사업을 기획·추진하는 NPO 조직 '미나마타 교육여행 계획'이 설립되어 있다. 또 이미 고령이 된 대다수 미나마타병 환자들이 자신들에게 절실히 필요한 의료·개호·복지 서비스의 지역 거점 만들기를 목표로 한 NPO법인 '미나마타의 그룹홈'이 문을 열었다(2002년 4월). 유전으로 미나마타병을 지니게 된 장애인들의 자립을 지원하며 지역복지의 역할을 맡고 있는 사회복지법인 '홋토하우스ほっとはうす'21에 의한 건실한 활동도 주목할 만하다.22

이와 더불어 효고 현이 검토하기 시작한 '아마가사키 21세기 숲 구상', 지바 현이 원탁회의 방식으로 검토하기 시작한 산반제三番瀬에서의 '갯벌 재생 사업', 국토교통성과 환경성이 공동으로 주관하고 구시로 시釧路市와 주변 유역의 기초자치단체와 관계 주민, 전문가가 참가해 협의 방식을 구

---

21 [역자] '편안한 집'이라는 의미이며, 1998년 '공동 작업소'에서 출발하여 2003년 말에 법인화됨.
22 이 점에 대해서 상세한 것은 이 시리즈 4권에서도 소개하고 있다. 요시다 후미카즈, 「환경 재생과 산업문화도시의 창조 - 발상의 전환이 가져온 새로운 발전(環境再生と産業文化都市の創造 - 發想の轉換がもたらす新たな發展)」, 우에타 가즈히로·진노 나오히코·니시무라 유키오·마마야 요스케, 『도시 경제와 산업살리기(都市經濟と産業再生)』, 岩波書店, 2004 참조.

체적으로 검토하기 시작한 구시로 습지 초원의 '자연 재생 사업'(그 뒤 「자
연재생추진법」[23]에 의해 지정되었다), 그리고 가나가와 현 환경농정부서와
'자연환경보전센터'가 중심이 되어 조사·검토 작업을 벌이고 있는 단자와
오야마丹沢大山의 '삼림 재생 사업' 등 행정적인 측면에서도 환경 재생과 관
련된 사업이 서서히 등장하고 있으며, 이는 앞으로 주시해야 할 중요한 움
직임이라고 할 수 있다.

2. 환경 재생을 위한 시도들이 지향하는 것

그런데 앞 절에서 소개한 유럽이나 일본의 환경 재생 시도들이 기본적
으로 지향하는 바는 도대체 무엇일까?

사실 이 같은 곳곳의 환경 재생에 대한 새로운 대처와 동향에 주목하며
일본환경회의는 그 지원을 위한 종합적인 조사연구와 그에 근거한 정책제
언을 정리할 목적으로 2001년 2월 '환경 재생정책연구회'(대표 미야모토 겐
이치)를 발족했다. 그리고 그 사이 약 4년에 걸쳐 학제 간 공동 연구를 계속
해왔다. 이것은 일본환경회의가 2000년 3월 31일 '발족 20주년 기념 심포
지엄'을 개최하고, 2001년 4월 1일 '제19회 일본환경회의 가와사키 대회'에
서 '일본환경회의 20주년 선언: 환경파괴로부터 환경 재생의 세기를 지향
하며'를 채택한 뒤 그 이듬해부터 새롭게 시작한 자주적인 공동 연구 프로
젝트다. 이 프로젝트는 일본이나 아시아를 포함해 세계 각지에서 극히 심

---

23 「자연재생추진법」에 대해서는 하야마 신이치(羽山伸一), 「자연재생추진법안의 형성
  과정과 법안의 문제점(自然再生推進法案の形成過程と法案の問題點)」, ≪환경과 공
  해≫, 32권 3호, 2003년 1월 참조.

각한 공해나 환경파괴를 불러왔던 20세기 시대를 새롭게 총괄하면서 동시에 21세기 기본 과제 중 하나인 국내외 환경 재생과 관련된 다양한 대처의 의의를 밝히고, 이들의 꾸준한 발전을 지원하기 위한 학제 간 정책연구를 추진해왔다.24

다음으로는 앞의 연구회를 중심으로 지금까지 이뤄낸 논의를 다시 검토하면서, 특히 일본에서의 환경 재생에 대한 대처가 무엇을 지향하는가에 대해 다시 한 번 확인하고자 한다.

1) '환경 피해의 피라미드 구조'의 수복과 재생을 지향한다

첫째, 환경 재생에 관련된 일본의 시도는 앞서 말한 대로 사람의 건강과 생명을 매우 심각한 수준으로 침해했던 제2차 세계대전 후 공해나 환경파괴에 대한 피해 배상과 공해 발생 방지를 요구하는 주민운동과 공해재판이라는 역사적인 악전고투 속에서 제기되어왔다.25 이러한 경위의 의의를 다시 확인해두는 것이 중요하다. 특히 여기에서 또 한 번 지적할 점은, 일본에서의 환경 재생을 위한 시도는 각종 공해나 환경파괴에 의한 심각한 피해의 구제와 제거라는 과제가 이미 거의 해결되었다고 보는 그릇된 현상 인식(현재 일본 정부나 행정에서는 그러한 인식이 지배적이다)을 출발점으로 해서는 안 된다는 것이다. 오히려 지금이야말로 각종 공해나 환경파괴

---

24 환경 재생정책연구회 전체사무국, 『환경 재생정책연구회/연구회보고서 1차년도』, 2002년 3월과 2차년도 보고서(2003년 9월), 최종년도 보고서(2005년 3월) 참조. 또 이 연구회의 연구 성과는 ≪환경과 공해≫, 31권 1호, 2001년 7월 이후의 특집논문 등에서 발표되고 있으며, 이를 참조하길 바란다.

25 아와지 다케히사(淡路剛久), 「공해재판과 환경 재생(公害裁判と環境再生)」, ≪환경과 공해≫, 31권 1호, 2001년 7월 참조.

에 의한 심각한 피해가 그대로 축적되어 있을 뿐 아니라 더욱 확산되기만 하는 상황 속에서 환경 재생이라는 정책과제가 새롭게 제기되고 있음을 분명히 받아들여야 할 것이다.

〈그림 6-1〉은 오랜 기간 국내외의 공해나 환경파괴를 둘러싼 문제에 선구적으로 대처하고 일찍이 일본 환경 재생에서의 정책과제를 제기해왔던 미야모토 겐이치 교수의 정리에 근거한 '환경문제의 전체상'이다. 이 전체상을 보면 각종 공해나 환경파괴의 피해는 근본적으로 공해병과 같은 좁은 의미에서의 건강 피해만 해당하는 것이 아니다. 그것은 이른바 '환경 피해의 피라미드 구조'의 정점 부분에 자리한 것이며, 그 밑바닥에서는 지역사회 고유의 역사·문화·어메니티를 포함한 생활환경의 총체적인 파괴, 그리고 이들의 중요한 기반이 되어왔던 자연환경과 지역 생태계의 파괴, 더나아가 더 큰 지구 생태계의 교란과 파괴에 이르는 사태가 중층적으로 확산되고 있다. 따라서 각종 공해나 환경파괴에 의한 피해를 구제 또는 제거하겠다는 과제는 '환경 피해의 피라미드 구조'의 정점 부분에 대한 처방만으로 해결될 수 없다. 근간에까지 확산된 피라미드 구조 그 자체의 수복·복원과 재생을 목표로 한 더 종합적인 대처로 발전해가야 하는 것이다. 이러한 의미에서 환경 재생이라는 정책과제는 피라미드 구조의 정점에서 밑바닥에 이르기까지 그 범위를 넓힌 총체적인 대처의 중요성을 다시 한 번 제기한 것으로 받아들일 필요가 있다.

2) '생태적으로 건전하며 지속 가능한 지역사회'로의 재생과 발전을 지향한다

둘째, 환경 재생을 위한 대처는 21세기에 들어 도시와 농촌을 포함한 모든 지역사회의 재생과 새로운 발전을 전망하는 데 점차 중요하면서도 필

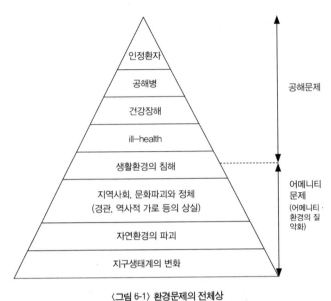

<그림 6-1> 환경문제의 전체상

출전: 미야모토 겐이치, 『환경경제학』, 99쪽, 〈그림 3-1〉.

수적인 과제가 되어가고 있다. 이와 같은 점에서 보면, 환경 재생은 단순히 좁은 의미에서의 공해로 피폐화된 특정한 '공해지역'에서만이 아니라 그동안 구조적인 피폐화나 쇠퇴화가 계속되어온 일본의 '광산지역', '농촌지역', '공업지역', '도시지역', 더 나아가 오키나와처럼 군사기지로 점유되어왔던 '군사지역'26 등에서도 공통으로 대처해야 할 전략적인 정책과제가 되고 있다. 또한 무쓰오가사와라むつ小川原와 같이 과거 지역 개발의 정책적 실패라는 오명이 붙었던 전형적인 '개발 실패 지역' 등도 포함한 일련의 지역사회(이들 중 '공해지역'과 중첩된 곳도 적지 않다)도 마찬가지다. 특히 이제부

---

26 이 '군사지역'에 관한 환경 재생의 과제는 특별한 어려움을 내포하고 있다. 이 점에 대해서 상세한 것은 「특집 ① 군사기지의 폐쇄, 반환과 환경 재생(特輯 ① 軍事基地の閉鎖·返還と環境再生)」, ≪환경과 공해≫, 32권 4호, 2003년 4월 참조.

터는 도시와 농촌을 포함한 모든 지역사회가 점차 각각 적합한 방식으로 '생태적으로 건전하며 지속 가능한 지역사회Ecologically sound and sustainable societies'[27]로 재생하고 발전해나가도록 요구받고 있다.

이미 앞 절에서 간단히 소개한 바대로 1990년대 이후 유럽에서 도시나 지역 수준에서 '지속 가능한 도시'나 '지속 가능한 지역', 또는 '생태적 공동체'라는 키워드에 근거한 일련의 시도가 새로운 조류로 착실하게 발전을 거듭하고 있는 것은 그러한 시대적 요청과 과제를 받아들이고 선제적으로 도전하고 있는 것이라 할 수 있다.

바꿔 말하면 이제부터는 '생태적으로 불건전하고 지속하기 어려운 지역사회'는 조만간 심각한 파탄에 직면할 수밖에 없으며, 아마도 생존이 불가능하게 될 것이 틀림없다. 따라서 환경 재생은 ① 우선 내 주변에서부터 각종 공해로부터의 피해를 복원하고 제거하는 일을 적극적으로 추진하고 깨끗한 대기, 물 순환, 토양 등 건전한 환경 기반 그 자체를 되돌리는 것, ② 이제까지 파괴·황폐해졌던 자연환경을 복구하고 재생하는 것, ③ 각 지역사회의 고유한 역사, 문화, 경관 등을 포함한 어메니티를 회복해가는 것, 더 나아가서는 ④ 각 지역에서 교육·의료·복지를 충실하게 하는 것 등을 모두 포함한다. 즉 지역사회의 '환경적 풍요environmental wealth'를 되살리는 데 종합적으로 나서야 하는 것이다. 또 이러한 종합적인 대처야말로 앞으로의 도시나 지역사회를 '인간적인 생활이 이뤄지는 용기用器', '문화를

---

27 이 표현은 필자가 독자적으로 만든 것인데, Pearce, D. et al., *Blueprint 3: Measuring Sustainable Development*, Earth-can Publication Ltd., 1993과 Turner, R. K. ed., *Sustainable Environmental Economics and Management: Principles and Practice*, Belhaven Press, 1993 등에서의 논의를 참고했다. 또 'sustain'이라는 영어는 '아래(sus)로부터 떠받쳐 유지하거나 지탱한다(tain)'는 의미이며 'sustainable'도 '지속 가능한'이라기보다는 '유지 가능한'이라고 번역하는 편이 더 적절하다.

키우는 인큐베이터'로 재생해나가는 것으로 이어지고, 그 새로운 발전으로의 충실한 기반을 만들어내기 위한 가장 중요한 정책과제가 되고 있다고 할 것이다.

3) 장래 세대에 대한 책임인 '환경적 풍요'를 되돌리자

세 번째로 확인해두어야 할 중요한 점은, 앞서 이야기한 환경 재생을 위한 대처가 과거부터 현재까지 여러 세대가 관여한 다양한 공해나 환경파괴가 누적된 결과들에 대해 세대적인 책임으로 제기되고 있다는 사실이다. 특히 20세기가 각종 환경파괴를 남기고 그러한 오명을 각지에 누적시켜왔던 세기였다면, 21세기는 이제까지 파괴되어왔던 환경을 수복·복원하고 재생하기 위한 대처를 적극적으로 추진함으로써 '환경적 풍요'를 되돌려가는 시대가 되어야만 한다. 이와 같은 정책과제는 장래 세대에게 더 건전하며 풍요로운 환경을 누릴 권리인 환경권environmental rights을 보장하기 위해 지금 우리에게 부과된 중대한 세대적 책임이기도 하다. 환경 재생을 위한 대처는 이처럼 세대 간에 걸쳐 있는 환경권과 환경 책임environmental responsibilities의 확립이라는 새로운 시대사상에도 그 기초를 두고 있다는 점을 명시해두는 것이 중요하다.[28] 이런 의미에서 환경 재생이라는 정책과제는 단순히 과거의 오명을 뒤처리하거나 또는 그 보상에만 머물러서는 안 되며, 오히려 장래 세대를 위한 현 세대의 책임 있고 적극적인 대처가 되어야 한다.

---

28 이 점에 대해서는 아와지 다케히사(淡路剛久), 「20세기로부터 21세기로-환경권의 사상과 전망(二十世紀から二一世紀へ - 環境權の思想と展望)」, ≪환경과 공해≫, 30권 1호, 2000년 7월.

3. 이제부터의 도시 재생에서 요구되는 것

앞서 말한 점들을 되짚어보면서 지금부터의 도시 재생 방식을 생각한다면, 환경 재생이 그 전제가 되어야 할 필수요건이며 진정한 핵심과제로 자리매김는 것이 중요하다. 그런데 현재 일본 정부가 정책적으로 추진하려는 '도시 재생'은 이에 완전히 역행하고 있다.

1) 미래를 맡길 수 없는 각종 '재생론'을 넘어

이미 알려진 바와 같이 1990년대 후반 이후 일본에서는 모든 영역에서 각종 '재생론'이 무성하게 등장했다. 그 당시 신문이나 잡지 등 이른바 대중매체에서 범람한 용어를 몇 가지 거론해보면 '기업 재생', '산업 재생', '금융 재생', '경제 재생', '정치 재생', '도시 재생', '농촌 재생', '지역 재생', '자연 재생' 등이다. 더 나아가 최근에는 '연금 재생', '의료 재생', '고용 재생'이라는 표현까지 나오고 있다.

게다가 이러한 용어가 단순히 대중매체용으로 유포되는 것만이 아니라 그 사이 '재생'을 키워드로 한 몇몇 새로운 법이 국회 심의도 충분히 거치지 않은 채 연이어 제정되었다. 예를 들어 1998년 「금융기능 재생 긴급조치법」(통칭 금융재생법), 1999년 「산업활력 재생 특별조치법」(통칭 산업재생법), 2002년 「도시 재생 특별조치법」(통칭 도시재생법)과 「자연 재생 추진법」(통칭 자연재생법) 등이 그것이다.

왜 이 시점에 다양한 '재생론'이나 '재생법'이 일본에서 점차 등장하게 되었을까? 기본적인 이유는 그때까지의 일본 사회와 그것을 지탱해왔던 기존의 조직과 제도 방식을 포함해 모든 영역이 심각한 정체와 파탄을 맞게 되었다는 데 있다. 적어도 거기에는 오늘날 일본 사회가 새로운 전환이나 개혁을 어쩔 수 없이 받아들여야만 하는, 구조적으로 막다른 상황에 직면해 있다는 점이 짙게 반영되어 있다고 봐도 좋을 것이다. 이러한 의미에서 2001년 4월 등장한 고이즈미小泉 정권이 '성역 없는 구조 개혁'이라는 정치 슬로건을 중심으로 내건 이유는 당시 일본 사회가 빠져 있던 폐쇄상황을 어떤 형태로든 타개하기를 열망하는 국민 여론을 나름대로 받아들인 것이라고 해석할 수 있다.

그러나 다소 과잉되고 범람 양상을 보인 각종 '재생론'이나 그것들을 배경으로 제정된 몇 가지 '재생법'으로 과연 오늘날의 일본 사회가 진정한 재생을 위한 구체적인 전망을 도출해갈 수 있을까? 적어도 최근 몇 년간의 현실 추이를 냉정히 되돌아보면 '재생'의 방향과는 정반대의 사태를 초래하고 있다고 말할 수밖에 없다. 지금 다시 한 번 살펴봐야 할 것은 앞서 언급한 각종 재생론이나 재생법의 실태적인 내용이다. 거기에는 이미 시대착오적인 과거 패러다임에 사로잡혀 오히려 새로운 시대 개척을 위한 기본 과제에 역행하는 내용도 상당수 있다고 할 수 있다. 그러므로 우리는 그것에 도저히 일본 사회의 미래를 맡길 수 없다.

2) '도시파괴'를 불러오는 「도시재생법」

여기에서 특히 2002년 4월에 제정된 「도시 재생 특별조치법」(통칭 도시재생법)에서 보이는 문제점을 언급해둘 필요가 있다.

우선 이 「도시재생법」은 내용으로만 판단하면 너무나 시대착오적인 발상에 근거한 것이라고 말할 수 있다. 왜냐하면 그 내용에서 나타나는 것은 과거 버블경기 때의 무질서한 도시 재개발(그 실태는 '도시 난개발'이라고 해야 하며, 그 후에 불량채권문제 등을 포함해 다수의 심각한 후유증을 남긴 기억이 새롭다)의 '재생'을 기대하는 관련 업계의 의도에 부응한, 극히 수준 낮은 '규제완화론'에 불과하기 때문이다. 특히 이 「도시재생법」에서는 '도시재생 긴급정비지역'(특구) 지정을 통해 건전한 도시계획을 위한 기존 규제들을 대부분 전면적으로 완화하고 도시공간의 재개발을 민간 개발업자의 '자유'에 맡기도록 규정하고 있다. 더 나아가 거기에 각종 금융지원 조치를 강구한 것도 포함되어 있다. 그러나 이미 도쿄의 시나가와品川 역 주변이나 미나토 구港区 시오도메汐留 지구에서의 재개발 등에서 볼 수 있듯, 이와 같은 「도시재생법」에 근거한 '도시 재생' 방식은 도심지역에 한층 더한 초고층화와 무질서화를 진전시킬 것이다. 또 이미 부각되고 있는 사무실 빌딩의 구조적인 공급 과잉과 함께 주변 빌딩가의 폐허화를 필연적으로 더 심각하게 할 것이다. 당시 보도에 따르면, 이 「도시재생법」에 근거를 둔 특구 지정에 따라 전면적인 '규제완화'를 받아들여 2003년 이후 도쿄 도심부에서 추후 신규 건설이 예정된 지상 100m 이상 초고층빌딩이 이미 70동이나 된다고 했다. 이 때문에 거대한 빌딩에서 방사되는 열이나 아스팔트로 덮인 도로 복사열 등으로 도쿄 도심부에 나타나는 열섬현상heat island effect에 대한 우려는 점점 심각해지고 있다. 이대로 간다면 도쿄 도심부는 어디든 거대 초고층빌딩들의 '묘지'가 될 수도 있다.

이상과 같은 동향은 이미 말한 바 있는 환경 재생이라는 정책과제에서 보면, 21세기에 어울리는 새로운 시대의 도시 재생 방향과는 완전히 역행하는 것이다. 이러한 의미에서 일본의 「도시재생법」은 그 반대어인 '도시 파괴'를 가져오게 될 것이다. 적어도 현재의 「도시재생법」으로는 앞으로 일본 도시에서 진정한 재생을 통한 미래 개척을 도저히 생각할 수 없다. 그래서인지 점점 일본 도시의 황폐와 쇠퇴가 가속되어간다는 우려가 커지고 있다. 지금 이와 같은 흐름의 반대편에 서서 시대적 요청에 어울리는 진정한 도시 재생 대안을 제시하기 위한 기본 비전이 요구된다.29

3) 환경 재생을 축으로 하는 도시 재생이 풍요로운 미래를 개척한다

한편, 앞서 말한 일본 「도시재생법」 문제의 배경에는 현대 도시의 기본적인 위상을 둘러싼 구시대 사고 패러다임에 집착하고 있는 한계가 존재한다.

알려진 바와 같이 시작부터 문제가 있었던 고이즈미 정권은 출범하자마자 2001년 5월 내각에 '도시 재생 본부'를 조급히 출범시켰다. 그리고 같은 해 7월 '도시 재생 기본방침'을 내각에서 결정했으며, 거기에서는 '도시 재생'의 기본적 의의와 목적을 장기간에 걸친 부진과 정체에 허덕이는 일본 '산업'의 재활성화와 일본 경제의 '국제경쟁력'을 높이는 것으로 정했다. 「도시재생법」은 그러한 의의와 목적을 위한 특별조치법으로 제정되었으며, 따라서 기본적인 발상 자체에 한계가 있다. 이미 지나가 버린 '공업사회'의 고루한 사고 패러다임을 그대로 이어가려 한 것이다. 또 그것은 현대 도시를 산업이나 비즈니스를 위한 '영리공간'으로만 규정하면서, 있을 수 없는 '협소한 경제주의'의 일면성을 보여주고 있다. 특히 이 점에서 이미 소개한 바대로 1990년대 이후 유럽에서 선구적으로 진전되고 있는 새로운 도시 재생 조류와 극히 대조적이다. 이 차이는 도대체 어디에서 오는 것일까?

사실 유럽에서의 도시 재생은 '산업 재활성화'를 추구하거나 '국제경쟁력'을 향상시킨다는 동일한 목적을 내걸고 있지만, 그 중요한 기반이나 원천은 이미 과거 '공업사회'의 그것과 다르다는 명확한 시대의식을 바탕에 깔고 있다. 명백히 '탈공업화 시대'의 '탈공업화 사회'에 맞는 새로운 '산업'

---

29 아사즈마 유타카(浅妻裕), 「도시정책 - 지속 가능한 도시로의 재생을 찾아(都市政策 - サステイナブルな都市への再生を求めて)」, 東洋經濟新報社, 2003; 데라니시 슌이치 엮음, 『새로운 환경경제정책 - 지속 가능경제로의 길(新しい環境經濟政策 - サステイナブル·エコノミーへの道)』, 東洋經濟新報社, 2003 참조.

이나 '국제경쟁력'을 위한 기반이나 원천을 중요하게 인식하고 있는 것이다. 그리고 유럽에서는 새로운 '지식사회knowledge society'의 시대를 만들어가는 인간 창조력의 발전을 중시하고, 또 그것을 육성하는 기반이나 원천인 '환경적 풍요'와 문화의 질, 역사적 자산의 가치 증대를 중시하는 새로운 도시 재생의 조류를 만들어내고 있다.

특히 이상과 같은 점에서 유럽 도시들은 명확히 한발 앞선 시도를 좀 더 일찍 추진하고 있다고 할 수 있다. 앞으로 일본 도시 재생도 고루한 사고 패러다임의 한계와 일면성을 탈피하고 환경적 풍요로움과 문화의 질, 역사적인 자산의 가치를 높이는 데 무게를 둔 유럽식의 새로운 도시 재생으로 나아갈 필요가 있다. 바꿔 말하면, 진정한 '환경 재생을 주축으로 한 도시 재생'으로의 결단력 있는 전환을 목표로 해야 한다는 요구가 지금 그 어느 때보다 강하다고 할 수 있다. 그것이 진정 지속 가능한 인간사회의 풍요로운 미래를 개척해가는 길로 통하기 때문이다.

제7장

환경과 문화의
마치즈쿠리

고토 가즈코 後藤和子

1. 시작하며

도시의 재생이나 활성화에서 환경이나 문화가 중요 요소로 주목받게 된
것은 1980년대 이후 제조업 경기가 퇴조하면서 중심시가지 쇠퇴와 실업이
사회문제로 부각되었기 때문이다. 영국 도시계획의 역사를 보면, 도시계
획은 19세기 도시로의 인구 집중과 그에 따른 공중위생 악화나 주택 사정
의 열악함 등에 의해 그 필요성이 제기되었다는 것은 주지의 사실이다. 이
는 도시가 발전하기 위해서는 환경문제에 대한 배려가 필수적이라는 사실
을 도시계획을 시작할 때부터 의식했다는 의미다. 어메니티라는 용어도
1964년 출판된 컬링워스Barry Cullingworth의 『영국의 도시와 농촌계획Town
and Country Planning in Britain』[1]에서 이미 등장하고 있다. 그 책에서도 광고

---

1 Cullingworth, J. B., *Town and Country Planning in Britain*, George Allen & Unwin
LTD, 1964.

의 규제나 역사적 건조물의 보존, 수림이나 삼림의 보존, 도시 디자인, 오염 규제, 버려진 토지와 광물채굴장의 규제, 소음 관련 정책을 기술하고 있다. 즉 환경과 문화가 어메니티라는 개념에 포함되어 도시계획 속에 자리 잡게 된 것이라고 볼 수 있다.

그렇다면 1980년대 이후 도시 재생이나 활성화에서 환경과 문화의 중요성이 높아졌다는 것은 무엇을 의미할까? 우선 컬링워스의 책에서 말하는 1960년대에는 제조업을 중심으로 한 근대적 공업을 통해 발전한 도시와 그에 따른 환경 악화, 역사적·문화적 가치 상실이 문제가 되고 있으며, 이는 현대와 그 문제 배경부터 다르다. 1970년대 후반 이후 제조업 등 공업이 쇠퇴하고 대신 디자인을 강조한 제품 등 상징적이거나 창조적으로 부가가치가 높은 문화적 재화나 서비스와 관련된 산업이 도시 경제를 견인했다. 그러한 분야의 발전은 창조적 재능이나 고도의 기술을 가진 노동자가 존재하는 지역 노동시장에 의해 유지되지만, 그와 같은 노동시장을 형성하기 위해서는 양질의 환경과 문화가 불가결한 요소가 된다.

예를 들어 최근 문화에 의한 도시 재생으로 주목받고 있는 프랑스 낭트 Nantes 시는 여론조사나 신문보도에서 프랑스에서 가장 매력 있는 도시로 꼽히고 있으며, 그 이유는 높은 환경의 질, 녹지공간, 예술문화의 역동성이다. 그리고 이러한 환경의 질이 창조적인 일터와 연계되어 젊은 세대나 세계적인 기업을 유인하는 요인이 되기도 한다. 그러나 환경과 문화로 도시를 재생하겠다는 사고방식이 양질의 환경을 갖춰 기업을 유치하기 위한 것만은 아니다. 낭트 시의 문화정책도 예술문화는 지역 역동성의 원천이며, 경제와 고용에 공헌하는 것뿐만 아니라 시민의 사회적 결합을 강화시켜 시의 정체성이나 이미지를 형성하고, 도시 관광을 발전시켜 국제적인 도시 간 네트워크 형성에 공헌한다는 종합적인 견지에서 시행되고 있다.[2]

특히 1992년에 리우데자네이루 Rio de Janeiro에서 개최된 '환경과 개발에 관한 유엔 회의'에서 21세기를 향한 '의제21Agenda 21'이 합의되었으며, 그로 인해 지속 가능한 개발을 위한 전 지구적 파트너십, 지방자치단체나 NGO를 포함한 다양한 주체의 역할이 국제적으로 인지된 바 있다. 그 이후 발전이라는 사고방식 역시 단순한 GDP 증대가 아닌 인간의 잠재능력이나 자유의 확대와 결부해 논의하게 되었다. 그리고 환경적·문화적·사회적·경제적·공간적 지속 가능성 등 포괄적이며 종합적인 지속 가능성이 목표가 되고, 그것을 반영해 도시 재생과 문화의 관계에서도 1980년대와 1990년대 후반 이후는 분명히 그 논점이 달라지고 있다.

이 장의 과제는 이러한 1980년대와 1990년대의 산업구조나 산업조직의 변화, 세계화의 진전, 그것들을 반영한 정책 주체의 변화 등을 염두에 두면서 환경과 문화 등 언뜻 보면 경제와는 상관없어 보이는 요소가 도시 재생이나 도시 활성화에 중요한 요소로 간주된 배경을 조명하는 것이다. 또 이러한 요소들이 현실적으로 도시 재생과 연관되는 메커니즘이나 조건을 밝히고자 한다.

이 책의 제목은 '도시의 어메니티와 생태'이며, 다른 장은 주로 환경 측면의 시각에서 도시의 지속 가능한 재생을 설명하고 있다. 이 장만이 '환경과 문화'라는 양면에서 도시 재생의 메커니즘에 접근한다. 여기에서 처음으로 어메니티와 문화의 관계를 살펴본 뒤 도시 재생과 문화의 관계에 대해 1980년대와 1990년대 이후의 차이를 분석하고, 환경과 문화라는 요소가 어떤 조건에서 도시 재생에 연관되는지, 그리고 그 과정은 무엇인지 알아보는 순서로 논의하고자 한다.

---

2 2004년 9월 2일 열린 '교토다치바나(京都橘) 여자대학 문화정책 전문세미나'에서 장 루이스 보닝(Jean-Louis Boonnin, 프랑스 낭트 시 문화국장)의 강연 원고에서 인용.

2. 어메니티와 관련된 맥락

일본의 환경정책에서 어메니티의 가치가 그 중요성만큼 높이 인식되지 못했다는 것은 새삼 지적할 것까지도 없다. 예를 들어 데라니시 슌이치는 『어메니티와 역사·자연유산アメニティと歷史·自然遺産』(2000)에서 환경정책을 ① 오염 방지, ② 자연보호, ③ 어메니티 보전이라는 세 가지 측면에서 파악하고, 그들을 통합한 정책체계가 필요함에도 "①과 ②는 제각기 흩어진 형태로 전개되면서 정책 통합을 꾀하고 있다고 말하기 어려우며, 더욱이 ③이라는 정책과제를 보면 그에 대응하는 입법조치가 누락된 채 남아 있어 근본적으로 이 정책과제의 중요도 자체가 저평가되고 있다"라고 지적하고 있다.3

OECD의 일본 환경정책 비평(1977년)에서도 "일본은 오염의 감소를 위한 다양한 전략에는 성공해왔지만 환경의 질과 관련된 전략에는 아직 성공하지 못하고 있다"고 지적했는데, 여기에서 언급한 환경의 질이 어메니티를 의미한다는 데는 이론의 여지가 없을 것이다. 그러나 1980년대 이후 어메니티 문제는 중산계급의 환경보호운동이라는 이미지에서 벗어나 환경의 질을 묻는 과제로, 더 넓은 환경문제 전반 속으로 자리를 잡게 되었다.4 그리고 최근에는 도시의 매력을 구성하는 중요한 요소 중 하나가 되었다는 것은 앞서 언급한 대로다.

또 데라니시는 영국의 어메니티 보전이라는 환경사상이 지니고 있는 독

---

3 환경경제·정책학회(環境經濟·政策學會) 엮음, 『어메니티와 역사·자연유산(アメニティと歷史·自然遺産)』, 東洋經濟新報社, 2000, pp. 61~62.
4 니시무라 유키오, 「도시공간의 재생과 어메니티(都市空間の再生とアメニティ)」, 이와나미강좌 환경경제·정책학 2권(岩波講座 環境經濟·政策學 第2卷), 요시다 후미카즈·미야모토 겐이치 엮음, 『환경과 개발(環境と開發)』, 2002, p. 128.

자적 의의를 이해하기 위해서는 어메니티 개념이 왜, 어떠한 역사적 배경이나 계보 속에서 다양한 환경보전 사상·운동과 불가분의 관계를 맺었으며 그 핵심 개념으로 정착되기에 이르렀는가를 이해하는 것이 중요하다고 보고, 다음 네 가지 계보를 지적했다.[5]

① 18세기부터 19세기에 걸쳐 잃어버린 '공유지commons'의 보존과 개방운동을 뒷받침한 사상이며, 공유지가 갖는 환경적 가치의 재평가와 시민적 공유는 1895년에 탄생한 '내셔널 트러스트National Trust' 속에도 이어지고 있다.

② 산업혁명으로 악화된 도시의 공중위생문제나 주택문제를 해결하기 위한 공동체 개량운동.

③ 근대화 속에서 소실되어왔던 역사적 건조물이나 전통 건축물의 가치를 보전하는 도시미美 보전운동. 그 계보는 후에 역사환경이나 자연환경을 중요 '문화유산'과 '자연유산'으로 보존해가는 운동으로 계승되었다.

④ 빅토리아여왕 시기에 대두했던 중산계급의 생활환경보전 요구 증대. 이는 이른바 '생활의 질'에 대한 요구이기도 하며, 그것을 경제학 입장에서 받아들인 것이 J. S. 밀John Stuart Mill, 1806~1873이다.

이러한 계보를 살펴보면 어메니티라는 개념이 공유지나 공동체의 문제, 미적 가치나 문화유산의 문제, 생활의 질 등 물리적 환경만이 아니라 사회적·문화적·경제적 측면도 가지고 있음을 알 수 있다.

니시무라 유키오는 어메니티를 논의할 때 물리적 환경문제의 틀 속에서 논의해야 하는데도 일본에서는 종종 지역사회나 전통문화 보존 문제로까지 확대되는 경향이 있다고 지적한다.[6] 그러나 동시에 "물적 환경 면에서

---

5 환경경제·정책학회 엮음, 『어메니티와 역사·자연유산』, 65~67쪽.

도 어메티니를 논하기에 부족하고, 그것을 지탱해야 하는 지역사회 또한 미흡한 일본의 도시에서는 어메니티를 논하기 이전에 지역 고유의 어메니티를 발굴하고 그것을 공통인식으로 확인해가는 사회적 구조나 합의 형성 과정을 지원할 필요가 있다"라고도 말한다.

그러나 이와 같은 논의구조가 타당한지는 신중하게 접근해 살펴야 한다. 첫째, '물리적 환경'을 어떻게 평가할 것인가 하는 문제가 불가피하기 때문이다. 둘째, 도시계획이나 공간계획은 공학적으로는 독자적 영역으로 분류되어온 경향이 강하지만, 1980년대 이후는 공간계획이 경제나 생물다양성, 문화 등 다른 요소와 연계되어 고려되어왔다. 그리고 이들을 통합하는 형태로 지속 가능한 발전이라는 개념이 제기되었다. 이러한 배경을 감안하면 어메니티를 물리적 환경으로만 보고 논의해야 한다는 고정적인 시각 자체를 재고해야 하는 것은 아닐까?

존 러스킨John Ruskin은 고유가치를 인간의 '향수능력享受能力, acceptant capacity'에 빗대어, 고유가치는 이 향수능력과 만날 때 비로소 실효적인 가치가 된다는 이론을 전개했다. 그러나 오늘날에는 어메니티를 다시 인간적인 측면에서 해석하고, 아마르티아 센Amartya Sen의 '기능(무엇이 가능한가)이나 기능집합으로서의 잠재능력capability'이라는 개념을 빌려 어메니티를 다양한 기능들이 집합된 것으로 파악하는 이론도 존재한다.[7] 사쿠마 이쓰오作間逸雄는 '어메니티·잠재력·풍토' 중 어메니티를 장소, 거주에 관한 다양한 (인간의) 기능집합이라고 보고, 풍토라는 개념은 주체(인간이나 사회)와 객체(자연)의 상호작용(본래의 상태로 되돌아가는 과정)을 가리킨다고 말한다.[8] 즉 어메니티란 단순한 물리적 환경이 아니라 그곳에서 일하는 인

---

6   니시무라 유키오, 「도시공간의 재생과 어메니티」, 128쪽.
7   환경경제·정책학회 엮음, 『어메니티와 역사·자연유산』, 78쪽.

간이나 사회의 상호작용 속에서 형성되는 것이라는 지적이다. 또 어메니티의 평가를 효용(주관적 만족)이나 효용을 기초로 한 후생주의와는 다른 관점에서 파악하려는 논의도 있다. 이런 논의는 도시계획을 온정주의pater-nalism라고 비판하고, 또한 도시계획 측면에서 진행한 일방적인 슬럼 지역 재개발의 배후에는 인간의 중요한 기능 중 하나인 공동체 참여를 무시한 후생주의의 덫이 있다는 통찰도 포함한다.

사쿠마의 논의는 어메니티의 사회적 측면이나 생활의 질과의 연관성이라는 측면에서 평가할 수 있지만, 한편으로는 어메니티의 환경적 가치나 문화적 가치 자체를 어떻게 파악해 평가할 것인가, 또 그 평가를 정책적 합의에 어떻게 연계해갈 것인가 하는 시각에서는 불충분한 것처럼 보인다. 왜 지금 도시 재생의 맥락에서 미적 가치나 문화적 가치를 생각할 필요가 있는지에 대해서는 다음 절에서 전개하려고 한다. 여기에서는 어메니티가 공동체의 재생이나 사회적 합의 아래에서 형성된다는 인식과 함께 환경적 가치와 미적 가치, 예술적 가치 등 문화적 가치를 내포한 것으로 보는 관점이 중요하다는 문제 제기를 해두고 싶다.

3. 어메니티와 문화적 가치, 문화자본

문화적 가치는 시장에서 사고파는 교환가치 또는 재화의 효용이나 유용성과는 구분되는 것으로, 이를 경제학에서 처음으로 취급한 것은 존 러스킨이나 찰스 모리스Charles W. Morris일 것이다. 러스킨은 앞서 언급한 영국 '내셔널 트러스트'의 창시자들과 함께 어메니티 개념을 통해 긴밀한 관계

---

8 환경경제·정책학회 엮음, 『어메니티와 역사·자연유산』, 78쪽.

를 맺고 그 사상에 영향을 주었으며, 모리스와 함께 근대화 속에서 사라져간 역사적 건조물이나 전통건축물 등의 가치를 보존해야 한다는 사상에도 영향을 미쳤다. 러스킨과 모리스의 주장은 통상적인 경제학의 범위에서 벗어나 있던 문화재나 명화 등을 경제학적 대상으로 평가하는 것이 중요하다는 점을 지적하고, 그것을 효용이나 유용성, 시장가치로는 환원시킬 수 없는 것으로 보고 있다. 이것은 경제학에서의 가치론 자체에 대한 문제 제기다.

이케가미 준池上惇은 「어메니티의 경제학アメニティの経済学」에서 화폐나 화폐가치로만 규정되는 복지 개념의 한계를 지적하며 웰빙Well Being이라는 개념을 내놓았다. 그리고 개개인이 지닌 '잠재능력'을 활용해 '자기 인생을 활력 있게 하기 위한 사회적 조건을 참여와 합의에 의해 실현하는 것'을 행복이나 복지의 실현으로 보는 아마르티아 센의 논의에서 '잠재능력'에 대응하는 가치로 러스킨의 고유가치 개념을 자리매김하고 있다.9 어메니티에 대해 논할 때 효용이 아니라 인간의 웰빙이나 기능, 기능의 집합으로서의 잠재능력에서 출발하고 있다는 점은 사쿠마와 같다. 그러나 이케가미가 사쿠마와 다른 것은 객체에 속하는 자연과 물리적 환경 그 자체의 가치를 묻는 가치론을 제기하고 있다는 점이다.

이케가미는 잠재력과 고유가치의 관계에 대해 다음과 같이 논한다. "러스킨과 그의 후계자 모리스는 재화의 가치를 유용성만이 아니라 예술성에서도 찾고자 했다. 그들에 의하면 예술성이라는 것은 단순한 유용성을 넘어 생명과 생활의 질에 영향을 주는 성질을 지닌다. 따라서 생활이나 생명 활동 속에 예술성을 도입한다면 그것은 사람들에게 영원의 기쁨이라고 할 수 있는 일종의 희망이나 쾌적함을 가져다준다. 그들이 말하는 '생활에의

---

9 환경경제·정책학회 엮음, 『어메니티와 역사·자연유산』, 49~50쪽.

예술성 도입'이란 현대 사회의 '어메니티'가 바로 '인간의 삶을 기쁘게 하고 마음을 편안하게 해주는 특질'임을 의미한다. 그들은 그것을 '고유가치'라고 부른다."10

그리고 고유가치란 지역의 고유성과 결합한 예술적 가치라고도 말할 수 있는 것으로, 현대의 환경경제학자가 주목하는 옵션가치나 존재가치와도 일맥상통하는 면을 지니고 있음을 지적하고 있다. 주목해야 할 것은, 나중의 도시 재생 논의와도 연관되지만, 오늘날에는 정보기술이나 복제기술의 발전에 의해 고유가치는 지역의 역사적 건축물 안에서 옵션가치나 존재가치를 지닐 뿐만 아니라 소비재 속에 파고들어 소비자 주권의 대상이 된다고도 논하고 있는 것이다.11

이케가미는 고유가치에서 착안한 사고방식이 종래의 환경정책과는 전혀 다른 정책적 함의를 나타낸다고 주장한다. 왜냐하면 그것은 데라니시가 지적하고 있듯 ① 오염 방지, ② 자연보호, ③ 어메니티 보전이라는 세 가지 측면을 통합적으로 파악해야 하는 환경정책에서 어메니티 보전이라는 정책과제의 위상은 여전히 저평가되고 있으며, 이러한 상황에 대해 본질적인 부분에서 의문이 제기되기 때문이다.

외부비경제나 사기업의 단기적 이익 추구로 발생하는 사회적 비용이라는 사고방식은 오염이나 자연파괴에 대해 규제 또는 과세로 그것을 내부화하든지, 아니면 회복 불가능한 환경 피해를 사회적 손실로 보고 사전 환경평가를 시행하도록 정책적 합의를 끌어내기는 해도 어메니티에 내포된 환경적·미적·예술적 가치에 대해서는 무시하는 경향이 있다. 그 결과 경관이나 역사적 건축물이 포함된 생명과 생활의 질에 영향을 주는 속성의 유

---

10 환경경제·정책학회 엮음, 『어메니티와 역사·자연유산』, 50쪽.
11 환경경제·정책학회 엮음, 『어메니티와 역사·자연유산』, 53쪽.

지·발전에는 아무런 힘을 발휘하지 못하고 있다. 어메니티 정책을 발전시키기 위해서는 센의 잠재력 논리와 같이 후생경제학의 전제 자체에 의문을 제기하거나 그에 따른 가치론을 구축하는 일이 반드시 필요하다. 어메니티의 가치인 문화적 가치의 독자성을 주장하는 근거 중 하나가 여기에 있는 것이다.

그런데 어메니티 가치 중 하나인 문화적 가치에 대해서 현대 문화경제학은 어떻게 다루고 있을까?

데이비드 스로스비David Throsby는 그의 저서 『경제학과 문화Economics and Culture』에서 문화란 ① 생산에 관계하는 활동은 일정 부분 창조성을 포함하고, ② 상징적인 의미의 생산이나 커뮤니케이션과 관계되며, ③ 그러한 생산물은 적어도 잠재적으로는 어떤 종류의 지적 재산을 담고 있다고 정의한다.[12] 또 많은 문화적 재화나 서비스는 사적 재화와 공적 재화의 혼합물이라는 전제 아래, 문화적 재화나 서비스는 경제적 가치와 그것과는 전혀 다른 문화적 가치로 구성된다고 보았다. 그리고 유형·무형의 문화적 현상이 경제적 가치와 문화적 가치를 생산해내는 잠재력이라 보고, 이를 문화자본이라는 개념으로 두고 지속 가능성이라는 개념과 대응시키려 하고 있다.

"자연자원은 자원의 혜택에서 유래하는 것이며, 문화자본은 인간의 창조적 활동으로부터 생겨난다. 그리고 양자는 현재 세대에게 관리의 의무를 부여해왔으며, 그것은 다음에 다룰 지속 가능성 문제의 본질이라고 할 수 있다. …… 결론적으로 다양성이라는 개념은 자연 세계에서도 매우 중

---

12 Thorsby, D., *Economics and Culture*, Cambridge University Press, 2001[나카타니 다케오(中谷武雄)·고토 가즈코 감역, 『문화경제학입문(文化經濟學入門)』, 日本經濟新聞社, 2002].

요하지만 문화 체계에서 아마도 더욱 중요한 역할을 하고 있을 것이다."13 스로스비의 문화자본 개념은 사회학에서 자주 사용되는 피에르 부르디외 Pierre Bourdieu의 문화자본 개념과는 완전히 다른 것으로, 자연자본 개념과 유사하다. 스로스비에 따르면 부르디외의 문화자본 개념은 오히려 경제학 에서 논하는 인적자본 개념과 유사하다.

스로스비는 문화자본이 장기적인 지속 가능성에 기여하지만 그러한 지 속 가능성은 원칙적으로 자연자본의 지속 가능성과 일맥상통한다고 말한 다. 자연생태계는 경제 자체를 지탱하는 본질적 요인이며, 문화자본도 이 와 유사하다는 것이다. 문화적 생태계는 사람들의 행동이나 선택에 영향 을 미침으로써 경제에 영향을 주고 있다. 문화자산을 소홀히 하면 문화체 계가 위험에 노출되고, 그 체계가 무너지면 후생이나 경제적 생산성에 손 실을 입힐 수 있다는 것이다.

이상에서 어메니티라는 개념이 환경적 가치와 함께 문화적 가치를 내포 하고 있으며, 어메니티 정책을 확립하기 위해서는 어메니티가 인간에게 무엇을 가져다주는지에 대한 경제적 평가를 넘어선 평가(예를 들어 인간의 생명이나 생활의 질 또는 잠재능력 등)와 그에 대응하는 가치론이 필요함을 지적했다. 아울러 문화경제학 속에서 경제적 가치로 환원될 수 없는 문화 적인 가치를 만들어내는 잠재력으로서의 '문화자본' 개념을 도입하고, 이 를 통해 지속 가능성의 정의가 이뤄지고 있음을 소개했다. 여기에서 소개 한 '문화자본' 개념은 자연자본 개념과도 유사하며, 문화자본을 경시하면 문화체계의 붕괴를 가져와 다른 체계를 붕괴시키는 등 상호의존관계에 있 다는 것도 밝히고 있다. 이후에는 어메니티라는 개념을 더욱 내실 있게 하 기 위해서 환경경제학과 문화경제학의 논의를 거쳐 그것을 종합화하는 시

---

13 나카타니 다케오·고토 가즈코 감역, 『문화경제학입문』, 12쪽.

도가 요구된다.

4. 문화와 도시 재생

2절과 3절에서는 종래 개별적으로 논의되어왔던 '환경과 도시 재생', '문화와 도시 재생'이 어메니티라는 개념을 심화하거나 지속 가능성에 관한 자연, 문화, 사회, 경제 등의 시스템 간 상호의존성을 매개로 해 그 접점을 확대해갈 수 있는 가능성을 논의했다. 이 절에서는 문화라는 주제에 집중해 그것이 도시 재생에서 중요하게 인식된 배경에 대해 개관하고자 한다. 여기에는 몇 가지 맥락이 존재하며, 이와 관련해 1980년대와 1990년대 후반 이후는 분명히 다른 평가가 이뤄져 왔음을 알 수 있을 것이다.

1) 1980년대의 맥락

도시 재생에서 문화의 역할이 중요하게 인식된 배경에는 1970년대 후반 이후 세계화와 산업구조의 전환이 존재한다는 것은 앞서 말한 대로다. 1980년대 선진국 도시는 이제까지 도시 경제를 지탱해왔던 제조업이 쇠퇴하고 고용이 줄어들면서 지적·창조적인 요소를 포함한 창조적 산업이나 문화산업이 도시 경제의 견인차가 되는 산업구조의 전환에 직면한다.

리처드 플로리다Richard Florida는 『창조적 계급의 부상The Rise of The Creative Class and How It's Transforming Work, Leisure, Community and Everyday Life』에서 미국에서는 1980년대 이후 과학, 공학, 건축, 디자인, 교육, 예술, 음악, 오락 등의 분야에 속하는 창조적 핵심계급에 해당하는 노동자가 급증하고 있다고 지적한다.[14] 이들 노동자에게 공통적인 경제적 기능은 새로운 아이디어, 기술, 새로운 창조적 콘텐츠의 창조일 것이다. 이 핵심계급의 주위에는 비즈니스, 금융, 법률, 의료 등의 분야에서 고도로 복잡한 문제 해결을 요구받는 창조적 전문직이라고 불리는 사람들이 있다. 이러한 창조적 계급은 핵심계급과 주변을 통틀어 오늘날 미국 노동자의 30%를 점하고 있으며(창조적 핵심에 속하는 사람은 12%), 1980년대에 이들은 2배 이상 증가해 실제로 제조업, 건설업, 운송 등 전통적 산업에 종사하는 노동자의 수를 넘어서게 되었다고 한다.

덧붙여 일본에서도 플로리다의 산업분류 등을 참고하면서 독자적인 통계자료를 바탕으로 요시모토 미쓰히로吉本光宏[15]나 사사키 마사유키佐々木雅幸[16]가 제조업 취업자의 국제비교를 시도했다. 요시모토의 자료에 의하면 일본의 제조업 취업자는 3.2%(2001년)이며 영국과 미국은 각각 4.6%(1997~1998년), 5.9%(2001년)다. 플로리다의 자료는 개인 직종에 착안한 것이며 요시모토의 자료는 산업분류를 기본으로 하고 있기 때문에 통계자료의 숫자는 크게 다르지만, 요시모토의 분석에서도 일본에서 창조적 산업으로 분류되는 취업자의 비율이 1996년과 2001년을 비교하면 크게 증가하고 있음을 알 수 있다.

그리고 창조적 계급에 속한 젊은 세대는 다양성이 있고 관용적이며 참신한 아이디어를 가지고 열린 장소를 선호한다. 플로리다는 이러한 사람들이 다양한 취업 기회를 추구하기 때문에 두터운 노동시장이 필요하다고

---

14 Florida, R. *The Rise of The Creative Class: And How It's Transforming Work, Leisure, Community and Everyday Life*, A Member of the Perseus Books Group, 2002.

15 Yoshimoto, M., *The Status of Creative Industries in Japan and Policy Recommendations for Their Promotion*, in NLI Research, 2003.

16 사사키 마사유키(佐々木雅幸), 「창조산업에 의한 도시 경제의 재생 - 그 예측적 고찰(創造産業による都市経済の再生 - その予測的考察)」, 大阪市立大學經濟硏究會, ≪季刊經濟硏究≫ 26권 2호, 2003.

인터뷰에서 지적했다. 또 이들은 질적 수준이 높은 직장, 밤 시간이나 주말을 즐길 수 장소, 활발한 정보교환이나 사교가 가능한 카페, 개방되어 있으면서 다양한 사고방식을 허용하는 장소, 고유한 문화를 지니고 다양성이 풍부한 장소 등을 선호하는 경향이 강하다고 한다. 이와 같이 다양성이 풍부하고 새로운 사람이나 아이디어에 대해 관용적이며 열린 장소를 조성하는 데 예술이나 문화가 중요한 역할을 할 것이라는 점은 말할 필요도 없을 것이다.

그러나 1980년대의 논의는 반드시 지역적인 노동시장 형성이나 창조적 산업의 특성에 착안했던 것이라고는 할 수 없으며, 제조업의 공동화를 메워주기 위한 고용 창출이나 문화시설의 경제효과, 문화유산관광에 의한 경제효과 등 문화에 의한 경제 창출에 대한 기대가 대부분을 차지한 것으로 보인다. 앨런 스콧Allen J. Scott은 문화산업 집적에 관한 논문에서 문화경제에 관한 연구 관심이 다음과 같이 바뀌고 있다고 분석했다.17 도시의 문화환경과 지역경제 발전의 관계에 본격적으로 관심이 쏠리기 시작한 것은 1980년대 이후다. 문화유산이나 전통적인 수공예산업의 매력이 관광과 연계되어 경제적 수입을 가져다주거나 페스티벌, 카니발, 스포츠 이벤트가 사람들을 불러 모아 경제효과를 낳을 것으로 기대한 것이다. 그리고 장소의 이미지나 명성은 방문객을 증가시킬 뿐만 아니라 투자자나 높은 기술을 지닌 고소득 노동자를 유인할 수 있다는 데에 서서히 눈길이 쏠리게 되었다. 스콧에 따르면 그러한 것이 도시의 문화와 경제를 둘러싼 관심의 첫걸음이다.

---

17 Scott, A., "Cultural-Products Industries and Urban Economic Development, Prospects for Growth and Market Contestation in Global Context," *Urban Affairs Review*, Vol. 39, NO. 4, 2004.

스콧은 이러한 좁은 의미의 문화경제에 대한 관심의 한계를 지적하고, 세계시장과 관련성을 갖는 지역 문화산업의 분석, 특히 지역 노동시장 형성의 배후에 존재하는 기술적·조직적·지리적 요인이 중요함을 지적하고 있다. 하지만 한편으로는 앞에서 언급한 문화의 경제효과에 대한 비판적 견해도 적지 않다. 최근 창조산업 육성에 힘을 쏟고 있는 영국에서도, 예를 들어 프랑코 비앙키니Franco Bianchini는 1980년대의 문화정책은 소비지향적이며, 개인이나 공동체의 개발, 참여, 근린지구의 자치, 도시공간의 민주주의에 중점을 두었던 1970년대의 논의를 경제 재생 및 물질적 재생과 관련된 문화의 잠재적 가능성에 착안한 논의로 대체한 것이라고 지적한다. 그는 또 집객을 목적으로 한 거대한 문화시설의 건설은 재정에 과도한 부담이 되거나 재정의 지속 가능성 측면에서 상당한 문제가 되는 동시에, 사회적 약자나 실험적인 부분에 대해서는 자금지원을 줄일 수밖에 없는 경향이 있다고 덧붙였다. 또한 이러한 문화시설의 주변에서 경제효과를 기대하는 관광산업이나 호텔, 레스토랑, 컨벤션, 소매업 등에 취업하는 사람은 전문기술을 갖지 못한 저임금 서비스 노동자가 많으며, 이는 고용의 질이라는 관점에서 봐도 문제가 있다고 말한다.[18] 그리고 도시 경제의 재생을 위해서는 고부가가치 부문에서 고용을 창출하는 문화산업 전략과 소비지향형 정책을 결합할 필요가 있다고 주장한다.

여기에서 영국의 지속 가능한 지역 공간계획이 어떠한 변천 과정을 거쳤는지를 개관한 「지역과 지속 가능한 개발: 지역 계획 요소들Regions and sustainable development: region planning matters」[19]이라는 논문에서 논점의 변

---

18 비앙키니(F. Bianchini), 「문화정책과 도시의 지속 가능성의 관련(文化政策と都市のサ ステイナビリティとの關聯)」, 국제심포지엄 '신세기의 문화정책 - 글로벌화의 맥락 속에 서(國際シンポジウム「新世紀の文化政策 - グローカル化の文脈の中で), 2002년 3월 20일.
19 Haughton, G., and Councell D., "Regions and Sustainable Development: Region

화를 살펴보며 1980년대의 특징을 확인하고자 한다. 영국에서는 종래 공간계획에서 국가에 비해 지역이 좀처럼 중요한 위치를 점하지 못해왔다고 말할 수 있으며, 1980년대에는 공간과 경제의 관계가 가장 중시되었다. 그러나 1980년대 말에는 생활의 질이 부각되고, 1992년의 리우데자네이루 회의를 통해 지속 가능성에 대한 관심이 고조되었으며, 1997년 탄생한 신노동당 정권 이후는 지속 가능성이 모든 정책을 통합하는 개념으로 자리를 잡고, 지속 가능한 공간계획을 위해 환경, 사회, 경제 등의 지속 가능성을 함께 다루는 통합적 접근이 중시되었다.

1980년대 이후 도시 경제 재생을 위해 공간의 질적 수준을 분석해보려는 시각이 제기되었는데, 공간계획을 다른 정책 분야로 연계시키려는 시도가 강화되었던 것은 비단 영국만의 경향은 아니었다. 예를 들면 네덜란드에서도 인구의 5분의 4가 도시에 집중되어 있지만 공간정책으로 주요 도시에 모든 기능이 집중하는 일극 집중을 회피하는 정책을 채택했기 때문에 모든 도시의 인구는 지금도 100만 명 이하이며, 모든 시의 평균 인구가 약 2만 5,000명을 유지하고 있다.[20] 주요 국토정책으로는 1950년대 이후 네덜란드 서부의 4개 주요 도시(암스테르담, 로테르담, 헤이그, 우트레히트)가 도심 중심을 하트모양의 고리Ring Heart 녹지로 감싸는(그린하트green heart) 경관정책이 시행되어왔다. 이 녹지를 보존하기 위해 암스테르담과 로테르담 간의 수송 효율성을 희생하면서 철도를 우회시키는 방법을 택한 것이다. 이와 함께 주택정책을 주요한 수단으로 공간계획을 조율했으나 이것이 반드시 뛰어났던 것만은 아니라는 지적도 제기되었다.

Planning Matters," *The Geographical Journal*, Vol. 170, Part 2, 2004.

20 Van Den Berg, L., Braun, E., and J. Van der Meer, eds., *National urban Policies in the European Union, Responses to Urban Issues in the Fifteen Member States*, Ashgate Publishing Ltd, 1998.

특히 1960년대 이후 팽창하는 도시 인구를 억제하기 위해 주택 교외화 정책을 채택했지만, 예상과는 달리 1970년대에 인구가 감소하여 1965년부터 1985년에 걸쳐 암스테르담, 로테르담, 헤이그 등 주요 도시의 인구 감소율이 23%나 되었다. 주택 교외화 정책으로 부유층이 교외주택을 구입해 이동하고 대도시에는 이민자나 빈곤층이 남겨지면서 실업이나 범죄, 마약 등의 사회문제가 발생한 것이다. 게다가 1980년대에는 세계화 속에 심각한 경제 불황과 도시 간 경쟁에 직면하는 위기까지 경험했다.

이로 인해 1980년대 후반 경제 회복 기미가 보이자 공간계획에서 경제의 역할과 유럽에서의 도시 간 경쟁이 강조되었으며, 도시정책이 주요 도시를 중심으로 한 콤팩트시티compact city 구상이나 시장을 활용한 도시의 재활성화 방향으로 대대적인 전환기를 맞게 되었다. 주요 도시를 중심으로 국제적인 교통 접근(스키폴 공항이나 로테르담 항)이나 수준 높은 생활의 질과 노동환경을 제공하는 '도시의 질'에 관심이 쏠리게 되었던 것이다. 예를 들어 종래의 주택정책은 빈곤층만을 대상으로 했지만, 1980년대 이후 개발업체와 함께 도시 중심부를 재개발해 피폐해진 지역에 고급주택을 짓고 부유층의 도심회귀를 촉진함과 동시에 중심부의 주택지구에 대한 투자도 국가의 책임으로 인식하는 등의 변화가 일고 있다. 그러나 공간계획에서 경제적 요소와 시장화만을 지나치게 강조할 경우 빈부 격차가 더욱 확대되고, 범죄·마약·위험 등 사회적 비용이 증대되며, 도시의 재활성화가 어렵다는 것은 분명하다.

2) 1990년대 이후의 흐름

도시 재생의 맥락은 1990년대 이후 경제의 질적인 부분으로 관심이 전환되면서 고도화에 의한 도시 재생에서 환경이나 사회, 문화 등을 통합하는 정책 또는 사회적으로 통합하는 시각을 중시하는 양상으로 변하고 있다.

예를 들어 앞서 언급한 네덜란드에서도 1990년대에는 도시 경제의 활성화와 함께 환경의 질, 이민자나 빈곤층 등 기준 이하의 삶을 강요당하는 사람 등의 사회적 약자도 포함된 '사회적 갱신'이라는 측면에서 도시정책의 통합화가 이뤄졌다. 공간계획에서는 물리적 환경보다 사회적·문화적 환경의 관점에서 가로street에서 구역zone으로 주요 관심사가 바뀌고 있다. 1994년 시작된 GSBGrotestedenbeleid(대도시정책)에서는 4개 주요 도시를 중심으로 공공섹터와 민간섹터에서 실업자를 위해 고용을 창출하고, 이를 통해 교육의 충실은 물론 안전까지 포함한 일상생활의 질을 향상하며, 그리고 여기에서 다시 문화적·사회적 혁신을 이루는 순환적이며 종합적인 정책이 채택되고 있다.[21] 그리고 이 정책들의 실시에 맞춰 지방자치단체가 1980년대와는 비교할 수 없는 자유재량과 역할을 갖게 되었다는 특징이 있다.

1990년대 이후 세계화를 배경으로 국민국가의 역할이 바뀌고, 지자체의 역할이 부각됨과 동시에 과거의 행정체계 대신 다양한 주체가 참여하는 거버넌스(협치)가 중시되고 있는 것은 주지의 사실이다. 그러나 이민자 등 다양한 민족을 포함한 사회에서는 거버넌스와 함께 거버넌스의 주체가 되어야 하는 사람들에게 사회적 결합social cohesion이나 관용tolerance이라는 개념이 중시된다. 거버넌스에서 비주류나 사회적 약자들의 자기결정이나 사회 참여가 빠지게 되면 이는 단순히 중산층을 위한 새로운 권한 위임 empowerment 체계에 불과하기 때문이다.

특히 이민자를 많이 받아들였던 유럽이나 미국의 도시에서 이 문제는

---

21 그러나 공공섹터에서 이민자를 고용하는 등 이민에 비교적 관용적이었던 네덜란드도 최근 이를 억제하는 방향으로 정책을 바꾸고, 2004년부터는 비자 신청 절차에만 1인당 430유로를 받고 있다.

중요하지만 쉬운 일이 아닌 것도 사실이다.[22] 이민해 정착한 지역의 문화에 동화되어야 시민으로서의 권리를 인정받을 수 있는 동화정책과는 달리 문화적 차이를 인정하는 관용성에 근거한 정책은 교육이나 취업 기회가 동반되지 못하면 비주류나 이민자 등 사회적 약자들이 빈곤에 시달릴 가능성이 있다. 그리고 빈곤은 범죄·마약·위험 등 사회적 비용을 증가시킨다는 것은 앞서 지적한 대로다.

그러면 문화의 다양성을 인정하면서 사회적 결합에 나서고 또 도시의 재활성화를 이루기 위해서는 어떻게 해야 할까? 그 해결책 중 하나로서, 예를 들어 다양한 문화적 배경을 지닌 사람들이 상호 이익을 누리는 교류를 통해 자신의 비즈니스를 하도록 '가능성을 창출하는 관용성'을 추구해야 한다는 지적도 있다. 앞서 밝혔듯 리처드 플로리다 등도 유럽 국가들의 창조적인 잠재력을 분석한 논문에서 창조적 잠재력의 지표로 먼저 창조적 계급의 비율(국제노동기구ILO의 지표를 이용해 과학자, 기술자, 음악가, 건축가, 매니저, 전문가 등 창조적 또는 개념적인 업무에서 종사하고 있는 사람들의 비율을 산출), 인적자본 지표(25세부터 64세의 대학을 졸업해 학위를 가지고 있는 인구의 비율), 과학적 재능 지표(노동자 1,000명당 과학연구자와 기술자의

---

22 유럽의 사회적 결합이나 관용성, 거버넌스 문제에 대해서는 다음과 같은 글에서 논의되고 있다. T. Maloutas and M. P. Malouta, "The Glass Menagerie of Urban Governance and Social Cohesion: Concepts and Stakes/Concepts as Stakes"('Debates and Developments'), *International Journal of Urban and Regional Research*, Vol. 28, No. 2, 2004. 이에 따르면 제2차 세계대전 후 이민자를 받아들인 프랑스와 같이 그 지역의 규범에 따르면 시민권(citizenship)이 부여된다는 동화정책을 채택한 국가도 있다. 또 영국처럼 식민지 시대의 서열구조에 뿌리를 둔 대우로부터의 탈피를 목적으로 한 국가가 있는 등, 그 정책은 다양하다. 이에 대해 관용성은 문화의 차이를 인정하면서 비주류가 스스로 살 수 있는 장소를 만들어내는 것을 중시한다. 그러나 이 논문에서는 최근 10년간 EU에서 이민자와 비주류가 사회적으로 낮은 위치에 있기 때문에 관용성이 빈곤을 허용하는 경향이 있다고 지적한다.

비율) 등 사람의 창조적 잠재력에 착안한 지표를 평가에 이용하고 있다. 둘째는 연구개발 지표(GDP 대비 연구개발비의 비율), 혁신 지표(인구 100만 명당 특허신청 수), 하이테크 혁신 지표(인구 100만 명당 바이오, 정보기술, 약학, 항공우주학 등 하이테크 분야의 특허신청 수) 등 연구기술 개발력에 관한 지표다. 그리고 셋째로는 관용성이 거론되고 있다. 이 세 가지 지표를 이용하여 평가하면 스웨덴, 핀란드, 네덜란드 등 북유럽 국가가 유럽에서 가장 창조적 잠재력이 풍부한 국가다.23

이러한 연구는 이제 막 시작되어 그에 대한 비판도 있으며 이후 검토할 여지가 많이 있지만, 세 번째 지표로서 사회적 관용성이 거론되고 있다는 점은 주목할 만하다. 플로리다의 미국에 대한 연구에서는 보헤미안, 게이, 이민자 등에 대해 개방적인 곳과 하이테크 산업 또는 혁신적이며 고부가가치형 경제가 발전하고 있는 지역 사이에 강한 상관관계가 있음을 밝혀냈다. 이것은 보헤미안이나 게이, 이민자가 도시 발전의 원동력이 된다는 단편적인 의미가 아니라, 개방적이며 관용적인 문화를 배경으로 하는 지역에서는 사람들이 네트워크나 새로운 협력관계를 구축하기 쉽고, 새로운 아이디어가 프로젝트나 소규모 비즈니스로 전환되기 쉽다는 것이다. 유럽에서 관용성의 지표로는 비주류에 대한 태도, 현대적이며 비종교적인 가치에 대한 태도, 자기표현 지표 등이 사용되고 있다.

결국 여기에서 언급한 관용성은 다양한 문화나 재능을 가진 사람들이 새로운 네트워크를 형성하여 소규모 비즈니스를 일으키거나 그로 인해 공동체의 매력을 고양해가는 방향으로 작용하는 것으로 파악된다.

---

23 Florida, R., and Tinagli, I., *Europe in The Creative Age*, 2004.

5. 도시 재생의 조건과 메커니즘

1) 다양성과 차별성에 의한 공동체 재생

앞 절에서 본 1980년대와 1990년대 도시 재생을 둘러싼 논점의 분석을 통해 1980년대에는 주로 산업구조의 전환을 배경으로 한 도시공간과 경제의 연계가 강조되었고, 문화와 도시 재생의 관계도 그러한 시각에서 주목받았음을 알 수 있다. 그에 비해 1990년대에는 지속 가능성이라는 개념이 제기됨과 동시에 그것이 환경만이 아니라 사회적·문화적·경제적 지속 가능성과 연계된 통합적인 정책으로 전환되었다. 그리고 문화적 지속 가능성이라는 관점에서는 다양한 문화에 대한 관용성이 사회적 약자의 빈곤화를 방지하고 지역 내 다양한 비즈니스의 인큐베이터가 되어 사회적·경제적 지속 가능성과도 결부될 가능성에 주목한 연구나 논의가 시작되고 있다. 여기서 그 메커니즘과 조건을 검토하기 위해 우선 사회학자인 샤론 주킨Sharon Zukin의 최근 뉴욕 연구를 개관하고자 한다.

샤론 주킨과 어빈 코스타Ervin Kosta는 제인 제이콥스Jane Jacobs의 다양성diversity 개념과 피에르 부르디외의 차별성distinction 개념을 통해 뉴욕 로어맨해튼 이스트사이드 9번가의 공동체가 세계화 속에서 어떻게 문화의 다양성을 생성해내면서 공동체를 지속시키고 경제적으로도 지속 가능한 공간을 만들어내고 있는지를 설득력 있게 분석했다.[24] 이 분석은 미국과 일본의 사회구조나 제도적 차이를 넘어 중심시가지나 상점가 활성화에 무

---

24 Zukin, S., and Kosta, E., "Bourdieu Off-Broadway: Managing Distinction on a Shopping Block in the East Village," *City & Community and Urban Sociology Section of the American Sociological Association*, Vol. 3, No. 2, 2004.

엇이 중요한 것인지에 대한 시사점을 포함하고 있다.

이스트사이드 9번가는 원래 노동자 집단거주 지역이었는데 지금은 미술갤러리, 매력적인 점포, 작은 바나 레스토랑, 공연장 등이 들어서 있다. 이 공동체의 특징은 낮은 임대료와 관용의 정신이다. 1980년대 전반에 재능 있는 사람들, 다양한 인종·민족으로 구성되어, 교육수준이 높고 예술에 대한 욕구가 강하면서도 소득수준을 어느 정도 유지하고 광고나 출판 등의 분야에서 독립적인 일을 하는 사람들이 유입되었다. 경제학이나 경영학의 입장에서 본다면 이런 사람들이 왜 지역노동시장을 형성하며 혁신적·창조적인 소규모 비즈니스를 창출하고, 세계시장에서도 경쟁력을 가질 수 있는 산업이 이곳에 집적하는가에 관심을 집중할 것이다. 그러나 주킨 등은 이러한 지역 소비자의 수요가 다양한 소비공간을 창출하고 발전시키는 가능성에 주목한다. 또 임대료가 낮은 낡은 건물이 사회적 다양성과 문화적 혁신을 키워내는 보육장치가 되고 있다는 점도 중요하다.

그러나 이 지역도 1960~1970년대에는 범죄와 무질서가 횡행하는 최악의 시기를 경험했다. 1970년대에는 현재의 점포 대부분이 임대아파트로 사용되었고, 마약을 제조해 판매한 점포도 있었다. 마약 살 돈을 마련하기 위해 자동차의 유리를 깨고 물건을 훔치는 일도 있었다. 그러나 이러한 안전문제를 제외하면 이 지역은 오랫동안 인기 있는 지역이기도 했다. 1980년대 이후 거주민이 12%나 증가하고 이들이 거리를 활발하게 한 덕택에 지역은 조금씩 변화의 조짐을 보였다. 공동체는 개방적이었으며, 주민들은 서로 친근해 새로운 점포를 열기 위해 개보수하고 있으면 이웃 주민들이 찾아와 인사를 건넬 정도로 분위기가 좋아진 것이다. 그러한 분위기가 다양한 문화를 배경으로 시너지를 낳고 지역경제에 혁신적인 발전을 가져오는 한편, 주민들의 늘어난 거리 활동은 범죄를 억제하는 데도 어느 정도 기여했다는 것이 저자들의 견해다.

이 지역의 주민이나 문화가 다양성과 차별성을 지니게 된 계기를 살펴보기 위해서는 1980년대와 1990년대 중반, 2000년대 초로 그 시기를 구분할 필요가 있다. 1980년대는 기존 노동자들의 고령화가 진전되고 예술가와 젊은 전문직 세대인 여피족yuppie이 새롭게 유입되면서 주민의 평균연령이 낮아졌으며 동시에 인종이나 민족도 다양화되고 갤러리 등이 문을 연 시기다. 1990년대 중반에는 더 창조적인 젊은 세대가 유입되어 점포가 더욱 세련미를 갖추게 되었다. 여기서 세련된 점포란 단순히 고급제품을 판매하는 것이 아니라 특징이 있고 고유한 제품을 비교적 높지 않은 가격에 파는 곳을 말한다. 또 그러한 개성 있는 점포가 밀집하고, 점포주들이 고객에게 상대방 점포를 소개하는 등 서로 이익이 되는 거래를 통해 클러스터를 형성한다는 것이 중요하다.

이러한 다양성과 차별성을 갖춘 점포 클러스터는 소비자에게는 미적·사회적 가치를 찾아내고 물건을 찾는 즐거움을 주며, 점포 주인에게는 다양하면서 재치 있는 경영을 할 수 있게 한다. 이러한 지역에서 정부의 역할은 대학과 연계해 소규모 비즈니스 대출상품을 제공하거나 지원하는 것이다. 또 다양한 문화적 배경을 지닌 사람들이 서로 이익이 되는 교류를 통해 자기 자신의 비즈니스를 시작하고 그러한 가능성을 만들어내도록 하는 관용이 요구된다. 앞 절에서 관용에 관한 내용을 소개했지만, 이스트사이드 9번가의 사례는 정확히 그에 해당한다. 다양화와 차별화라는 두 가지 과정이 그 근린지역이나 공동체의 관용과 연계되어 발전하고 있는 것은 오늘날 도시 재생의 메커니즘을 생각하는 데 시사하는 바가 크다. 어메니티를 설명하는 절에서 어메니티의 문화적 가치의 독자성을 주장한 이유 중 또 하나가 바로 여기에 있다.

2) 산업조직의 변화와 도시 재생의 메커니즘

앞 절에서는 주로 소비 측면에 초점을 맞춰 문화적·사회적 관용이 도시 재생으로 연계되는 메커니즘을 소개했다. 그러나 한편으로 창조적인 산업이나 문화산업이 도시 경제를 꾸준히 견인해야 한다는 전제에서 도시 재생의 메커니즘을 고려한다면, 그러한 산업 조직의 특징을 이해하는 것이 중요하다. 문화산업의 특징은 단적으로 말하면, 독립한 개인이나 소규모 기업이 지역 내에 집중하고 서로의 조합에 의해 연계되면서 세계시장과 관련된 생산이나 유통에 가담하는 것이다.

문화산업에서 산업조직으로의 변화 사례로 자주 거론되는 것이 할리우드의 영화산업이다. 1920년대부터 1949년까지 할리우드의 영화산업은 5개의 큰 스튜디오가 프로듀서나 배우, 엔지니어 등을 장기간 고용해 영화제작부터 유통, 극장 상영까지 일괄 처리하는 수직적 통합체계였다. 그러나 1948년의 독점금지법 재판으로 제작과 유통이 분리되고, TV 보급으로 1960년대에 접어들면서 입장료 수입이 과거 최고치(1946년)의 3분의 1로 전락하는 등 산업조직의 재편이 불가피해졌다. 대규모 스튜디오에 의한 수직적 통합에서 소규모 기업이나 독립한 개인이 네트워크를 형성하고 독립 프로듀서가 코디네이터가 되어 대규모 스튜디오와 연계하면서 제작을 맡는 수평적 네트워크 구조로 전환된 것이다.[25] 그 결과 지금에 와서는 할리우드 영화산업에 연관된 기업의 80%가 4명 이하의 소규모 기업이 되었다.[26]

---

25 Enright, M. J., "Organization and Coordination in Geographically Concentrated Industries," in Lamoreaux, N. R. and Raff, D. M. eds., *Coordination and Information, Historical Perspective on the Organization of Enterprise*, NBER, The Univercity of Chicago Press, 1997.

연관된 산업조직의 변화는 영화산업만이 아니라 멀리 보면 시장을 거의 독점하다시피 했던 신문, 잡지, TV, 출판 등의 분야에서도 소규모 기업이 증가하는 경향을 만들어냈다.27 이탈리아의 플라토Plato 등 전통적인 직물 산지에서도 아시아와의 경쟁으로 산업 자체가 위기를 맞은 후 가격 경쟁이 아니라 시장의 다양한 수요에 융통성 있게 대응하는 전문화된 소규모 기업에 의한 수평적 코디네이션 시스템이 발전했다.28 세계 모직 수출의 46%를 점하는 모직산업 집적산지였던 플라토는 1950년대 산업 위기에 직면하자 대기업이 해고노동자들에게 기계를 판매하고 기술을 가진 노동자가 독립한 결과 전문화된 무수히 많은 소규모 기업들이 수평적으로 통합하는 형태로 변모한 것이다. 플라토에서 직물 관련 기업 수는 1951년 780개에서 1990년 1만 5,000개로 큰 폭으로 증가했으며, 1개 기업당 평균 고용자 수 역시 28명에서 4명 이하로 감소했다. 또 이 과정에서 기업가 정신과 정부 산업정책의 영향으로 임파나토레impannatore라는 지역 내 코디네이터가 디자인 개발, 고객 개척, 원료 구입, 종합관리, 판매 등에 전체적으로 조언하는 역할을 맡게 되었다.

문화산업은 창조적인 노동과 단조로운 노동의 결합29 또는 창조성을 중심으로 한 다양한 산업적 요소들의 결합이라고 일반적으로 정의된다. 창조적인 산업이나 문화산업에서 소규모 기업이 중요한 이유는 소규모 기업이야말로 사람들의 재능을 키우고, 더 역동적이며, 혁신을 이끌어내기 쉽

26 Hesmondhalgh, D., *The Cultural Industries*, SAGE Publication Ltd, 2002.

27 Hesmondhalgh, D., *The Cultural Industries*, SAGE Publication Ltd, 2002..

28 Enright, M. J., "Organization and Coordination in Geographically Concentrated Industries".

29 Caves, R. E., *Creative Industries, Contracts between Art and Commerce*, Harvard University Press, 2000.

기 때문이다. 앨런 스콧은 프리랜서이면서 창조적인 기술을 지닌 노동자가 모이도록 하기 위해서는 경제적 효율성(거래비용의 절감이나 노동시장의 존재)만이 아니라 혁신적이며 창조적인 분위기가 중요하다고 말한다.[30]

좁은 지역이기는 하지만 뉴욕의 로어맨해튼에 젊고 재능 있는 사람들이 유입되어 관용을 갖춘 지역 분위기 속에서 사람들의 수요에 맞춰 다양하고 세련된 점포가 시너지 효과를 일으키며 발전해간 과정을 앞서 개괄적으로 살펴봤다. 이 지역에서는 공공섹터가 고용을 창출한다는 하향식 사고로 사회문제를 해결하려 하기보다는 스스로 소규모 비즈니스를 시작하는 자립적인 해결을 시도했으며, 또 지역 분위기나 활발한 거리에서의 활동 등이 범죄나 마약, 위험 등 사회적 비용을 최소화시키는 효과를 발휘하고 있다는 것도 흥미롭다.

문화산업이나 창조적인 산업 조직의 변화 측면에서 살펴봐도 창조적인 사람들의 노동시장 형성과, 그들이 새로운 아이디어를 프로젝트나 소규모 비즈니스로 발전시키기 위한 공간, 관용성, 창조적 분위기, 그것을 유지하는 네트워크나 거버넌스 등이 필수요소임을 알 수 있다. 다음은 그것을 단적으로 보여주는 좋은 사례다.

찰스 랜드리Charles Landry의 '창조적 도시'[31] 아이디어를 현실 도시정책에서 실천해왔던 영국의 허더즈필드Huddersfield는 인구 12만 명의 소규모 도시다. 상당한 논쟁 끝에 탄생한 노동당의 지방정부는 1988년 경제, 환경,

---

30 Scott, A., "Cultural-Products Industries and Urban Economic Development, Prospects for Growth and Market Contestation in Global Context".

31 Landry, C., *The Creative City, A Toolkit for Urban Innovators*, Erthscan Publication Ltd, 2000[고토 가즈코 감역, 『창조도시 - 도시 재생을 위한 도구상자(創造的都市 - 都市再生のための道具箱)』, 日本評論社, 2003년. 허더즈필드의 재생에 대해서는 2004년 5월 이 지역을 찾아 필 우드(Phil Wood) 씨에게 도움을 받았다.

공동체의 재생을 목표로 시민 아이디어를 공모했다. 이어 예술가들의 아이디어가 채택되었으며, 문화를 중심으로 하는 전략이 다듬어져 1994년과 이듬해에 걸쳐 미디어센터가 문을 열었다. 1995년에는 EU의 도시 재생 프로젝트인 시범도시사업Urban Pilot Project[32]에 계획을 제출해 예산을 지원받았다. 허더즈필드의 도시 재생 아이디어는 창조적인 공동체를 만드는 데 목적을 두고 그것을 위해 '새로운 아이디어 공간 조성 → 아이디어 실천 → 네트워크 구성 → 플랫폼 형성 → 시장 창출 → 새로운 아이디어 공간 조성' 이라는 창조성의 순환을 고려한 정책을 채용한 것이다. 시범도시사업 자체는 2001년에 종료되었지만 그 사이 정부나 비영리단체가 새로운 소규모 비즈니스를 지속적으로 지원해온 것은 물론이고, 기업과 대학이 협동하여 독자적인 대학원 과정을 개설하는 등 새로운 정책들이 더해지고 있다.

6. 결론

1980년대 이후 환경이나 문화가 도시 재생에서 중요한 요인으로 간주된 배경에는 도시 산업구조의 전환이 있다. 게다가 그러한 새로운 산업을 짊어진 사람들은 독립 개인이나 소규모 기업의 유연한 연계를 통해 일하는 경향이 있기 때문에, 그들의 아이디어나 발상에 새로운 네트워크를 창출할 수 있는 공간이나 관용이라는 창조적 분위기가 필요하다는 것은 앞서 말한 대로다. 따라서 개인의 창조성과 그것이 즉흥적인 연쇄반응을 일으키도록 하는 집단 창조성, 그에 공간을 제공하는 창조적 환경이 도시 재생

---

32 도시시범사업 등 EU의 도시 재생에 관해서는 오카베 아키코, 『지속 가능한 도시 - EU 의 지역·환경 전략』에 상세히 소개되고 있다.

의 중요한 요소가 된다고 할 수 있다.

　도시의 환경이나 문화를 어메니티 시각에서 논하는 경우, 과거에는 대부분 도시경관 또는 지역 고유의 문화재 보존과 활용이라는 물리적 환경이 중심이었으며 문화산업의 구조나 그 핵심이 되는 창조성의 관점에서 논한 것은 없었다고 봐도 무방하다. 그러나 예를 들어 교토의 문화적 고유성이나 경관을 유지해왔던 것은 그 독특한 지형이나 물 등의 자연환경과 그것에 기초해 영위되어온 다양한 향토산업, 그것을 파는 다양한 점포들, 그 제품들의 가치를 발견하고 사용하는 생활방식 등일 것이다. 이러한 전통적인 산업은 기업 규모도 작고, 물건을 만드는 공정마다 전통기술을 가진 직인職人의 수공예와 공방이 나뉘어 그들을 연결하는 코디네이터에 의해 하나의 제품이 이뤄지는 구조로 되어 있다.33 그리고 이와 같은 코디네이터에 의한 생산구조가 현대적 문화산업 속에서 새로운 형태로 계속 발전하고 있음은 앞서 언급한 바와 같다.

　즉 어메니티가 가지는 환경가치나 문화적 가치는 지역 경관이나 역사적 건축물 등의 내부에 있는 것이 아니라, 지역 내에 축적된 것으로부터 촉발되어 창출되는 소비재나 지역산업 네트워크에 포함된 새로운 가치를 생산해내는 데 있다. 그리고 그러한 순환을 지속 가능하게 하기 위해서는 세대

---

33 이러한 사례로 2004년 9월에 교토 시내의 유젠조메(友禪染) 공정을 (주)고시무라센(越村染) 공장의 젊은 여주인으로, 교토다치바나 여자대학 대학원생이기도 한 고시무라 미호코(越村美保子) 씨의 안내로 살펴볼 수 있었다. 그 공정은 푸른 꽃을 붙이는 밑그림에서 자수나 금형까지 12개 과정이 있는데, 각각의 과정이 별개의 공방에서 이뤄지며, 코디네이션을 통해 연결되어가는 모양새는 클러스터의 원형이라고 할 수 있다. 또 고시무라 씨의 조사에 따르면 교토의 전통산업 품목은 전국에서 가장 많은 71개에 이르고 있다(2002년 조사). 그러나 젊은 후계자의 감소나 마케팅의 빈약함 등 일반적인 전통산업에 공통되는 문제점도 내포하고 있다. 바쁜 와중에도 그 자체는 작지만 통상적으로 매우 보기 어려운 귀중한 공방을 안내해주신 고시무라 씨에게 진심으로 감사드린다.

간 공평함과 동시에 동시대의 세대 내 공평함이나 다양성의 유지 등이 필요하다. 그것은 관용이나 문화 다양성, 사회적 결합이라는 개념으로 1990년대 이후 변화된 도시 재생 논점에도 반영되고 있다. 환경이나 문화를 도시 재생과 결부하려면 경제적 측면과 직접 연계하는 것이 아니라 이러한 사회적 순환의 시각에서 역동적으로 파악하는 것이 반드시 필요하다.

  * 이 원고는 독립행정법인 국제교류기금의 협력을 얻어 네덜란드에 체류하면서 정리한 것이다. 이 기금에도 감사의 말을 전하고자 한다.

제8장

환경자산 관리와
도시경영

우에타 가즈히로 植田和弘

이 장에서는 도시에 존재하는 환경자산을 지속 가능 형태로 유지·활용하는 도시경영이 무엇인지 고찰한다.

환경적 지속 가능성을 확보하기 위해서는 그곳에서 영위되는 산업이나 생활이 세계적 수준에서만이 아니라 지역적 수준에서도 환경친화적이어야 할 것이다. 동시에 경제적으로나 사회적으로도 지속 가능하지 못하면 지속 가능한 지역사회[1]는 불가능하다.

지속 가능성sustainability이라는 개념[2]은 모든 공간적 단위에서 논의가 가능하다. 그중에서도 도시의 지속 가능성은 세계화 시대에 점차 중요한 주제로 자리 잡고 있다. 세계화 속에 리스크가 높아지고 지역경제를 불안정

---

1 우에타 가즈히로, 「지속 가능한 지역사회(持續可能な地域社會)」와 『지속 가능한 지역사회의 디자인(持續可能な地域社會のデザイン)』, 有斐閣, 2004, pp. 1~16.
2 우에타 가즈히로, 「지속 가능성과 지역경제이론(持續可能性と地域經濟理論)」, 게이오기주쿠대학 경학부(慶應義塾大學經濟學部) 엮음, 『경제학의 위기와 재생(經濟學の危機と再生)』, 弘文堂, 2003, pp. 66~82.

하게 하는 요인은 증가하고 있다. 국가 수준에서의 정책만으로는 대처가 불가능하며 각 도시가 내부적인 적응력을 강화하여 도시의 자율성을 향상시키는 일이 필수 불가결해지고 있는 것이다. 또 현상적으로는 세계화 속에서 빈부 격차가 확대되고 사회적으로 배제되는 계층이 꾸준히 늘어가면서 지역 단위에서의 사회 결합이 중시되고 있다. 여기서 성공한 도시를 지속 가능한 도시sustainable city라고 부른다.[3]

환경적 지속 가능성, 경제적 지속 가능성, 사회적 지속 가능성이라는 요건을 충족시키는 도시가 지속 가능한 도시다. 그 실현의 열쇠를 쥐고 있는 것은 환경자산을 기본 축으로 하는 도시경영의 틀을 확립할 수 있을지 여부일 것이다. 그 이념과 수법, 주체에 대해서 고찰해보자.

1. 환경자산과 지속 가능성

1) 도시의 환경자산

환경이란 어떤 주체의 외부 세계를 의미하는 단어이기 때문에 도시에 거주하는 사람들에게 환경은 도시 그 자체다. 도시환경은 인공물에서 자연에 이르기까지, 시설에서 그 내용에 이르기까지 다양한 요소로 구성되며, 더 나아가 이들 요소가 엮어낸 하나의 복합체다. 그리고 그 복합체의 존재방식이 도시의 어메니티 수준과 도시생활의 질을 규정한다는 것은 앞서 1장에서 지적한 바와 같다.

어메니티는 지역환경을 구성하는 요소들이 존재해야 하는 상태에 관한

---

3 오카베 아키코, 『지속 가능한 도시 - EU의 지역·환경 전략』, 学芸出版社, 2003.

공동체의 공통된 이해에서 시작하는 것으로, 지역마다 다른 개념이다. 동시에 어메니티는 그 바람직한 모습에 대한 합의가 형성되어야 하기 때문에 사람들의 어메니티에 대한 인식과 평가가 어떠한지를 파악해야 하며, 그 합의 형성 과정에 주목한 시책이 필요하다.

어메니티의 구성요소는 축적된 환경자산과 그것이 만들어내는 서비스 또는 서비스를 매개로 한 사람과 환경자산과의 커뮤니케이션 관계일 것이다. 모든 인간활동이 그런 것처럼 도시도 자연 없이는 성립할 수 없다. 도시의 자연적 요소는 도시 활동의 궁극적인 기반인 동시에 도시의 환경자산을 구성하고 있다. 현대 도시에서는 물, 공기, 녹지, 하천 등 자연적 요소에 다양한 인공미가 더해지는 만큼 인간사회의 관리 책임이 크다. 과거에는 자유재(무료이면서 무한대로 손에 넣을 수 있는 재화)라고 여겼던 물이나 공기가 도시에서는 극히 귀중한 것이 되었으며, 특히 하천은 치수治水, 이수利水, 친수親水 등의 관점에서 종합적인 관리가 필요하게 되었다. 즉 도시의 환경자산인 자연적 요소는 그러한 관리체계하에서 역할을 하고 있다는 것이다.

더 나아가 자연적 요소는 도시환경을 구성할 뿐만 아니라 지구 전체의 환경을 구성하는 요소라는 점에 유의해야 한다. 본래 자연에 인위적으로 경계를 설정하기는 불가능하며, 도시의 자연도 연속되는 자연적 연계 속에서 그 일부로 존재한다. 이는 도시환경 관리의 목적이나 수법을 고민할 때 고려해야 할 사항이다. 예를 들어 도시에서 자동차를 이용하면 질소산화물이나 분진 등이 배출되어 도시 대기환경이 오염될 뿐 아니라 온실가스인 이산화탄소가 배출되어 지구 전체의 대기가 동시에 오염된다. 따라서 도시에서의 대기환경 관리는 지역 대기 보전과 지구 대기 보전이라는 두 목적을 염두에 두고 대처해야 할 것이다.

도시의 환경자산은 자연요소만이 아니라 인간사회가 역사·문화적으로 축적한 것과 자연요소를 조화시키는 것이 중요하다. 역사·문화적 축적에는 건조물이나 가로경관과 같은 물리적 요소가 강하지만, 그 안에는 문화·예술이나 사회관계와 같이 정신적 측면까지 폭넓게 포함된다. 또 건조물이나 가로경관 그 자체는 물리적인 것이지만, 그 건설과 이용 과정은 창조성의 산물임과 동시에 생활문화의 반영이라고 볼 수 있다. 이러한 물적·정신적 인간활동의 축적이 도시의 환경자산, 다시 말해 자연적 요소, 사회적 요소, 문화적 요소를 형성하여 어메니티가 되는 것이다.

도시의 환경자산 관리를 통해 어메니티의 보전이나 창조를 시도하는 것은 도시경영의 중심적 과제 중 하나지만, 그것을 위해서는 환경자산을 만들어내는 어메니티의 경제적 성격에 대한 이해가 전제가 되어야 한다. 이미 논의한 바와 같이 어메니티는 지역 고유재다. 또 어메니티는 분할이 불가능하고 공동 소비라는 성격을 가지고 있으며 게다가 공급이 고정적이다. 일단 파괴되면 복원하거나 대체하기 어려운 비가역적 속성이 있다는 것도 잊어서는 안 된다.

이러한 성격으로 볼 때 환경자산의 관리는 단순히 시장 메커니즘을 적용할 경우 비효율이나 불평등을 가져와 시장 실패를 초래할 수밖에 없으며, 그렇다고 공공기관이 담당한다고 해도 곧바로 적절한 관리가 이뤄지기 어려우며 문제가 간단하지 않다는 것은 이제까지의 경험에서도 분명하다. 환경자산 및 그것과 사람들의 관계가 만들어내는 어메니티는 인간의 생명활동이나 시민의 기본적 생활을 유지·충실하게 하는 서비스를 제공하는 것이다. 따라서 그 수준은 기본적인 시민권리의 내용에 대한 사회적 합의를 기반으로 결정되어야 할 것이다. 환경자산 관리는 그 사회적 합의를 구체화해 실현하기 위한 시설과 그 체계로 구상될 수 있다.[4]

---

4   우자와 히로부미, 『사회적 공통자본』, 岩波新書, 2000.

2) 도시의 지속 가능성[5]

도시의 환경자산 관리는 도시 어메니티를 충실하게 하면서 동시에 도시의 지속 가능성을 보장하는 것이어야 한다.

지속 가능성이라는 개념은 성장이나 개발은 무조건 옳은 것이라고 규정해왔던 공업화 사회의 가치의식과 그것이 양산한 결과에 대한 반성에서 비롯되었다. 그 근본적인 전환을 압박하는 키워드는 산업, 생활, 도시, 세대 간 관계나 지구 남반구와 북반구 간 관계 등으로, 모든 면에서 새로운 가치 기준을 나타내는 단어다. 그 가치 기준을 실현한 도시가 지속 가능한 도시일 것이다.

세계화는 지구 전체 규모의 개발주의로 나타나고 있다. 동시에 미국적 생활양식을 세계 곳곳에 보급한다는 측면을 함께 가지고 있으며, 생산과 소비의 양 측면에서 반환경적인 성격도 지니고 있다고 볼 수 있다. 지구온난화 등 지구환경문제도 세계화에 의한 것이다. 지금의 미국적인 생활양식은, 예를 들어 세계 전체의 약 4분의 1에 해당하는 온실가스를 단일국가인 미국이 배출하고 있다는 것에서 볼 수 있듯이 세계에서 가장 환경부하가 크다. 미국적 생활양식이 세계 전체로 확산된다면 지구환경은 위기에 봉착할 수밖에 없으며, 따라서 세계화는 근원적인 한계를 내포하고 있는 것이다. 지구문제는 경제의 세계화와 깊은 관계를 가지고 있으며 동시에 국가 수준에서의 정책에 큰 영향을 받는다. 세계경제와 국민경제, 지역경제의 상호관계를 정확히 이해하면서 공공정책을 고려해야 하는 것이다.[6]

---

5 이 절과 다음 절은 우에타 가즈히로, 「지속 가능성과 지역사회」, 3~12쪽을 보완한 것이다.

6 우에타 가즈히로, 「지구환경문제와 공공정책(地球環境問題と公共政策)」, 신도 에이치(進藤榮一) 엮음, 『공공정책학으로의 초대(公共政策學への招待)』, 日本經濟評論社,

우선 세계경제하에서 지속 가능한 지역 만들기나 지속 가능한 도시를 위한 대처는 선도적인 의의가 있다.

지속 가능성이라는 단어는 알다시피 1980년 공표된 국제자연보호연합 IUCN의 세계보전전략World Conservation Strategy에 삽입되어 있다.7 이후 유엔 환경과 개발에 관한 세계위원회WCED(노르웨이의 여성 수상 그로 할렘 브룬트란트를 위원장으로 한 위원회이며, 통칭 '브룬트란트 위원회'라고 부른다)가 1987년 발간한 보고서에서 언급된 '지속 가능한 발전sustainable development' 이라는 개념은 세계와 지역의 지침이 되었다고 해도 과언이 아니다.

브룬트란트 위원회의 보고서 「우리 모두의 미래Our Common Future」는 지속 가능한 발전을 '장래 세대가 스스로 수요를 충족할 능력을 상실하지 않고, 현 세대의 수요를 충족시키는 것'이라고 정의하고 있다.8 이 정의는 개발이 장래 세대를 포함한 장기적 시각에서의 이익을 살필 필요가 있다는 점과 장래 세대와 현 세대 간 형평성의 중요함을 명확히 하고 있다는 점에서, 지속 가능성 개념의 본질을 시간이라는 측면에서 꿰뚫고 있다.

다만 지속 가능성 개념은 그 후 이 같은 정의를 넘어 더욱 확대된 영역을 포함하게 되었다. 이그나시 작스Ignacy Sachs9가 중심이 되어 작성한 1991년의 국제자연보호연합 문서는 사회적·경제적·생태적·공간적·문화적이라

2003, pp. 39~53.

7 IUCN, 『세계자연자원보전전략 - 살아 있는 자원의 현명한 이용을 위해(世界自然資源保全戰略 - 生きている資源の賢い利用のために)』, 小學館, 1981.

8 환경과 개발에 관한 세계위원회(環境と開發に關する世界委員會) 엮음, 오키타 사부로(大來佐武郎) 감수, 『지구의 미래를 지키기 위해(地球の未來を守るために)』, 福武書店, 1987.

9 이그나시 작스(イグナチ·サックス), 『건전한 지구를 위해 21세기를 향한 이행 전략(健全な地球のために 21世紀へ向けての移行の戰略)』, 쓰루 시게토(都留重人) 옮김, サイマル出版会, 1994.

는 5개 영역에서 지속 가능성을 각각 정의하고 있다.[10] 사회적 지속 가능성에는 자산이나 소득분배의 공평성이 자리한다. 경제적 지속 가능성은 자원의 보다 효율적인 분배, 공과 사 양면의 투자에 의해 거시적인 사회적 효율성을 유지하는 것이다. 생태적인 지속 가능성이란 현재 생태계의 유지뿐만 아니라 현존하는 지구의 수용능력을 확대하고 생명 지원 시스템인 환경에 대한 피해를 최소화하여 다양한 생태계를 가진 자원의 잠재능력을 향상시키는 것이다.

국제기관 등에서는 이상의 세 가지 지속 가능성으로 집약하고 있지만, 작스는 이에 더해 두 가지의 지속 가능성을 중시한다. 한 가지는 공간적 지속 가능성으로, 도시와 농촌의 균형, 인간의 거주환경과 경제활동의 지역적 분배의 개선이다. 또 한 가지는 문화적 지속 가능성으로, 환경 중시 개발이라는 규범적 개념을 생태적·문화적·지역적 해결이라는 다원적 측면에서 구체화하고 있다. 작스에 따르면 이 정의는 개발계획에서 고려해야 할 지속 가능성을 정리해 그 내용을 구체적으로 규정한 것이다. 다만 이는 다소 나열되어 있는 데다 지역·환경정책의 목표로서는 종합성과 실현성이 불충분하다는 인상을 지울 수 없다. 그럼에도 작스에 의한 공간적 지속 가능성이나 문화적 지속 가능성의 정립은 그 독자적인 중요성을 명확하게 하고 있으며 그런 점에서 큰 의의가 있다. 동시에 이들 개념에는 경제적 지속 가능성이나 사회적 지속 가능성이 포함해야 할 내용과 함께 정책이나 실천에 적용할 수 있는 구체성이 요구되고 있다.

환경과 개발 방식을 생각할 때 지속 가능성이 그 지침이 되는 데는 두

---

10 IUCN, 세계자연보호기금 일본위원회(世界自然保護基金日本委員會) 옮김, 『하나밖에 없는 지구를 소중히 새로운 세계환경보전 전략(かけがえのない地球を大切に 新·世界環境保全戦略)』, 小学館, 1992.

가지 과정이 있음을 정확히 이해해두는 것이 중요하다.11 그 하나로 인간 사회는 자연과의 관계에서 자연을 유지하면서 지속 가능한 형태로 이용 sustainable use한다는 자연이용의 규범적 의미다. 또 하나는 개발 방식이 경제개발 일변도가 아니라 가장 기본적인 사람들의 수요basic human needs가 충족되는 인간개발human development이자 동시에 사회개발social development 이어야 한다는 것이다. 더 나아가 외부에 의한 개발이 아니라 내부로부터의 개발 방식 모색을 포함하여 개발 과정과 성과를 측정하는 척도를 전환해야 한다.

이상에서 밝힌 것처럼 지속 가능성이라는 개념은 환경적 지속 가능성을 전제로 하면서 경제적 지속 가능성과 사회적 지속 가능성 등 다차원적인 요소를 더해 종합적으로 구체화해야만 한다. 도시의 환경자산 관리는 이러한 지속 가능성 개념에 적합한 형태로 추진되어야 하며, 그러기 위해서는 환경자산의 보전과 활용이 각각의 지속 가능성 기준에 비춰 어떻게 평가될 것인가를 분석검증한 후에 이를 도시 만들기로 구체화·종합화할 필요가 있을 것이다.

2. 지속 가능한 도시

1) 유럽의 선구적인 시도

지속 가능성을 도시나 공동체의 설계 개념이나 지자체 정책의 지침으로 구체화해야 하며, 이를 위해서 환경자산의 관리 방식을 설명할 필요가 있

---

11 우에타 가즈히로, 「지속 가능성과 지역경제이론」, 72~74쪽.

다. 이 점에서 주목해야 할 시도가 이미 유럽에서 추진되었다. 이는 환경적 지속 가능성을 기본으로 하면서 경제적·사회적 요소를 정책적으로도 실천하는 통합된 도시 만들기로, 그것을 위한 이념이나 도구, 활동 지침이 제시되었다.

그 출발점이 된 것은 지방의제21Local Agenda 21이다. 지방의제21은 1992년 환경과 개발에 관한 유엔 회의에서 합의된 의제21(환경과 개발을 통합해 세계의 지속 가능한 개발을 실현하기 위한 구체적인 행동원칙과 자금협력을 정한 것으로 국제기관, 각국 정부나 지방자치단체, 사업자, 국민 등 각 주체가 취해야 할 40개 분야, 100개 이상의 행동항목을 정리한 계획)을 지역에서 실현하기 위해 제안된 것이다. 의제21의 제28장에서는 "ⓐ 의제21에서 제기된 문제 및 해결책의 대부분이 지역적인 활동에 근거를 두고 있기 때문에 지방자치단체의 참가 및 협력이 목적 달성을 위해 결정적인 요소가 된다. ⓑ 1996년까지 각 국가의 지방자치단체의 절반은 지역주민과 협의하여 해당 지역을 위한 '지방의제21'에 대한 합의를 형성해야 한다"라고 언급하고 있다.

지방의제21은 공동체 수준에서 지속 가능한 발전을 구체화해가기 위해서는 시민이 참여하는 감사監査 과정과 그것을 위한 파트너십 형성이 필수적이라고 말한다. 더 나아가 지역의 환경·경제·사회의 상황 및 3개 분야의 상호관계, 공동체의 개발이 지속 가능한 방향으로 가고 있는지를 감시하기 위한 지표 작성이 절실하다고 지적하고 있다. 이는 공동체 수준에서의 구체적인 방안 수립에 큰 시사점을 주고 있으며, 그 방안 자체가 지속 가능한 공동체 만들기의 열쇠가 될 것이다. 더 나아가 지방의제21과도 관련되고 환경을 중시하는 지방자치단체 만들기를 위한 다양한 도구들이 개발되고 있다. 환경영향평가제도, 환경기본조례, 환경기본계획, 환경관리시스템, 환경회계, 생태예산 등이 그것이다.

이에 반해 지방의제21에 대한 일본의 지자체나 지역사회의 수용과 대처는 유럽과 비교할 때 상대적으로 늦고 어설펐다. 특히 환경 파트너십과 시민참여를 위한 시도는 이제 막 시작하고 있다. 원인 중 하나는 일본에서는 지방의제21이나 지속 가능한 지역사회 만들기라는 과제가 환경문제 중심으로 한정적으로 파악되었다는 점일 것이다. 게다가 지방의제21은 지자체의 종합계획과 같이 법적 의무가 없어서, 수립된다고 해도 그 추진 시스템을 어떻게 구축하고 추진력을 어디서 찾을 것인지가 구체적이지 못했다.12

이후 지방의제21은 지자체와 NGO를 포함한 다양한 관계 단체가 새로운 형태의 파트너십을 구축한 공동체 거버넌스, 시민과 행정의 정책 형성 능력과 지역 활성화, 지역 단위의 환경 공동 관리 등의 정책으로 발전할 것으로 기대된다. 다만 지방의제21을 포함한 모든 정책은 그것을 어떻게 시행하느냐에 따라 그 효과가 크게 달라질 것이다.13 일본 지자체 중 ISO 14000 시리즈의 인증을 취득한 곳이 증가하고 있지만, 이러한 환경관리 시스템도 시청 내부에 에코사무실을 하나 두는 것에 멈출지 아니면 공공사업이나 행정시책에서의 환경부담 억제 또는 환경배려, 더 나아가 지속 가능한 발전정책까지 확대될지에 따라 그것이 갖는 의의는 너무도 다름을 유의할 필요가 있다.

유럽에서 도시 단위의 대처는 지속 가능한 도시 보고서(다음 절 참조)와 올보르 헌장The Aalborg Charter으로 촉진되었고, EU는 지속 가능한 도시를 목표로 한 도시의 네트워크 구성에 나섰다. 이어 1994년 유럽의 지방자치단체, NPO 등 600개 단체 대표가 유럽위원회, 자치단체국제환경협의회

---

12 가와사키 켄지(川崎健次)·나카구치 다카히로(中口毅博)·우에타 가즈히로 엮음, 『환경보전과 마치즈쿠리(環境保全とまちづくり)』, 学芸出版社, 2004.
13 유럽에서도 지방의제21의 책정 과정에서 몇 가지 문제점이 지적된 바 있다. 이 부분에 대해서는 Lafferty, W. M. ed., *Sustainable Communities in Europe*, Earthscan, 2001 참조.

ICLEI와 전문가 그룹의 협력을 얻어 덴마크 올보르에서 제1회 유럽 지속 가능한 도시회의를 개최했으며 그 회의에서 360개 지자체와 5개 NPO가 참여한 올보르 헌장을 채택했다. 올보르 헌장은 지방의제21의 개념을 더욱 구체화한 것으로, 각 지역이 행동계획을 작성할 때 지침을 제공하는 기본 문서다.14 따라서 이 헌장에 서명한 도시는 지속 가능한 도시 만들기의 의사를 표명한 것이라고 할 수 있다.

2) 지속 가능한 도시

지속 가능한 도시를 위한 환경자산 관리 방식을 알아보는 데 참고가 되는 사례가 EU의 대처다.

이는 도시 단위의 대처지만 이미 꾸준히 실천되고 있으며, 모든 공간적 범위의 대처에 보편적 시사점을 주는 내용이라고 할 수 있다. 다만 본래 도시 만들기는 오랜 기간이 필요하며, 현재 지속 가능한 도시의 전형적 사례(우수 실천 사례)로 소개되고 있는 도시도 역사적인 배경이나 축적이 존재함을 이해해야 할 것이다.

EU/EC가 1996년 발간한 「유럽의 지속 가능한 도시들European Sustainable Cities」이라는 보고서는 유럽 각지의 지속 가능성 전략에 대한 구체적인 내용과 경험을 개괄하고 있다. 이 보고서에서 정리한 지속 가능한 도시의 정책체계에 주목할 필요가 있다. 여기에서는 최상위 정책목표로 시민 생활의 질quality of life의 지속적인 발전이 거론된다. 이것은 크게 환경적 지속 가능성, 경제적 지속 가능성, 사회적 지속 가능성이 각각 달성되는 세 가지

---

14 가이토 기요노부(海道淸信), 『콤팩트 시티 - 지속 가능한 사회의 도시상을 찾아(コンパクトシティ - 持續可能な社會の都市像を求めて)』, 学芸出版社, 2001.

정책영역으로 구분되지만 다소 추상적이고 일반적이다. 흥미로운 것은 도시마다 구체화된 정책목표다. 그 내용에는 경제의 재활성화, 실업문제의 해소, 정책 형성 과정에서의 시민 합의, 문화적 다양성 유지, 어메니티 향상, 생물다양성의 보호, 고갈자원에 대한 의존도 축소, 온실가스의 배출 규제 등이 각 도시 과제에 맞춰 열거되고 있다. 그러나 무엇보다 중요한 것은 이들 정책목표, 특히 개별적 정책목표는 처음부터 정해진 것이 아니라 '시민 생활의 질을 구성하는 요소가 무엇인가'를 많은 사람이 모여 논의하는 과정에서 구체화된다는 점이다. 지속 가능한 도시 지표sustainable city indicator가 이 검토 과정에서 활용된다. 이러한 검토와 합의 형성 과정은 개별적인 정책목표를 결정한다는 점에서 중요하지만, 그보다는 오히려 사람들이 자신이 속한 공동체의 미래상을 공유하며 사회적 지속 가능성을 향상시키는 데 기여한다는 측면에서 의의가 크다. 더 나아가 이 과정을 통한 사회적 합의와 커뮤니케이션의 활성화가 도시나 지역의 창조력과 경영능력을 높이고 사회실험 정신을 낳는 기초가 되리라고 생각된다.

실제로 유럽에서 추진되고 있는 지속 가능한 도시의 전형적인 사례 중 한 곳을 살펴보자.

독일의 프라이부르크[15]는 독일의 환경수도로 선정된 바 있는 도시다. 특히 이 도시에 관해 강조할 것은 '자동차 없는 도시 만들기 실험'을 추진하고 있다는 점이다. 자동차 중심의 교통체계를 노면전차를 핵으로 한 시스템으로 전환하려는 시도로, 자동차 중심의 도시 만들기와는 전혀 다른 모델이다. 오랫동안 자동차는 근대화의 상징이었으며, 자동차의 증가는 도시나 지역의 발전을 의미한다고 생각되었다. 그러나 자동차는 지구온난

---

15 프라이부르크에 대해서는 이 외에도 이마이즈미 미네코(今泉みね子)의 책 『프라이부르크의 교훈(フライブルクだより)』 외에 그녀의 일련의 저서를 참조하기 바람.

화의 가장 큰 원인이며, 일본에서도 교통·운수 분야의 온실가스 배출량이 꾸준히 증가하고 있다.

프라이부르크에서는 자동차로 교외에서 도심으로 진입하면 도중에 주차하고(파크 앤드 라이드park and ride) 모두 노면전차로 갈아타야 한다. 구시가지에 해당하는 도심지역의 자동차 진입은 금지되고 있다. 여기서 중요한 것은 프라이부르크의 시도가 혼잡 해소나 대기오염 대책만이 아니라 도시 만들기에 요구되는 다면적 가치를 종합적으로 추구하고 있다는 점이다. 물론 프라이부르크는 유럽 자치단체국제환경협의회의 중심도시로, 이 협의회가 온실가스의 대폭 감소를 표방하고 있으며 따라서 온실가스를 크게 줄이는 데 탈자동차는 빼놓을 수 없는 방법임은 확실하다. 노면전차를 핵심으로 한 교통 시스템은 자동차의 과다한 이용으로 일어나는 교통정체나 대기오염을 줄이는 목적이 있으며 교통정책이자 환경정책으로 자리 잡고 있다. 그러나 그뿐 아니라 이 시스템에는 고령자를 위한 배려도 포함되어 있다. 저상노면전차는 알아보기 쉽고 승하차도 쉬워 고령자들이 편하게 이동할 수 있는 복지도시 만드는 데에도 어울리는 교통기관이다. 앞으로의 도시 만들기에 요구되는 고령자 대책에는 '노인이 건강한 지역사회'를 위한 교통기반시설이 필수다. 이런 의미에서 노면전차를 중심으로 한 교통체계는 복지정책이기도 하다.

자동차 이용을 억제하는 도심을 만드는 데 총론적으로는 찬성하더라도 그것을 구체화하는 단계에서는 이해가 대립하는 경향이 있다. 특히 그 정책의 성패를 쥐고 있는 것은 중심상가의 입장이다. 자동차 사용을 억제하면 중심상가 방문객이 감소하고 매상이 떨어지는 것은 아닐까 하는 우려가 제기되면서 결과적으로 억제책을 구체화하지 못하게 되는 경우가 대부분이다. 프라이부르크에서도 이 같은 우려가 없었던 것은 아니지만, 결과는 그 반대였다. 유럽 도시의 시가지에는 문화시설이 있으며, 그곳에서는 문화행사나 콘서트 등이 자주 열린다. 자동차 중심 교통체계의 최대 단점은 주차장이 공공공간을 잠식하고 시가지를 찾는 사람들의 행동을 개별화하면서 시가지 내 사교의 장이나 일종의 공공문화를 쇠퇴시킬 수 있다는 것이다. 탈자동차를 통해 시가지가 걷기 편해지고 사람들이 시가지나 상가에 체류하는 시간이 증가하면서 프라이부르크 시가지 상가는 과거의 번영을 되찾았으며 결과적으로 매상은 더 증가하게 되었다.

중요한 것은 프라이부르크의 교통 시스템 전환 정책은 근본적으로 환경정책이며 교통정책이지만 고령화 대책이며 상가 활성화 대책이기도 하다는 점이다. 이것이 진정한 도시 만들기다. 이러한 종합적인 정책에 의해 시가지 본연의 환경자산이 보전될 뿐만 아니라 어메니티 수준도 향상되었던 것이다.

프라이부르크가 이러한 대처를 시작한 것은 인근에 입지가 계획된 원자력발전소의 건립 반대운동이 계기가 되었다고 알려지고 있다. 원전 반대운동은 세계 각지에서 일어났지만, 프라이부르크의 특별한 점은 이를 통해 원전에 의존하지 않기 위해 에너지를 찾아나섰다는 것이다. 그 대안으로 태양에너지만으로 모든 에너지를 공급하는 실험주택이나 태양에너지학회 본부를 유치하는 등 환경·생태라는 시각에서 에너지에 대한 전략도 활발하게 모색하고 있다. 이러한 움직임은 계속해서 발전하고 있으며, 여기에 지역 전체의 에너지 절약이나 자연에너지 확대 구상까지 연계되면서 종합적으로 전개되어 태양지역Solar Region 구상도 진행되고 있다.

프라이부르크는 또 에너지와 교통 분야를 중심으로 환경자산의 보전과 재생을 축으로 하는 도시와 지역 만들기에 나서고 있다. 환경 개선을 위한 투자를 늘려가고 어메니티와 생활의 질을 지속적으로 향상시키면서 그와 관련된 고용도 늘리고 있다. 프라이부르크 시 환경국장의 표현을 빌리자면 '지역생태경제regional ecological economy'인 셈이다. 지속 가능한 도시는 지구 전체의 환경자산 보전과도 연계된다. 프라이부르크의 사례에서도 볼 수 있듯 지구온난화 방지는 제조업 등 산업이나 인간의 삶에서 새로운 방식을 만들어내기 위한 도전 과제로 자리매김하고 있다. 더 나아가 그것을 위한 일자리 창출과 고용을 통해 지역경제의 창조성과 지속성을 높여나갈 기회도 되고 있다. 지역에서부터 지속 가능한 사회를 구축하기 시작해야 비로소 지역에서의 지구온난화 방지가 급속히 진전될 것이다. 이것은 온실가스 감축을 위한 전국적인 제도·정책의 실효성을 향상하는 데에도 반드시 필요하다.

이와 같은 도시·지역 만들기가 가능한 요인이나 배경은 무엇일까? 첫째, 도시의 공공문화나 공공공간을 재생·창조하는 종합적인 도시 비전이 존재하며 그것을 수립하는 논의 과정이 있다는 것이다.

둘째, 지속 가능한 도시 만들기를 진전시키는 조건들이 구비되어 있다는 것이다. 도시가 지속 가능성 기준에 의해 교통이나 에너지 부문의 개혁을 추진해갈 수 있는 권한이나 재원, 체계 등 제도적 기반을 가져야 한다. 일본의 에너지정책은 중앙집권적이면서 국가 시책의 성격이 강하며, 시민이나 지방자치단체가 관여할 수 있는 여지가 극히 적다. 그에 반해 독일은 지방자치의 오랜 전통 속에 지자체가 자체적인 에너지정책을 추진하도록 장려하고 있다. 또 노면전차 중심의 공공교통체계 정비를 재정적으로 가능하게 하는 경영 기반도 확립되어 있다.

셋째, 이러한 과제에 대처하는 과정에서 시민이 어느 정도 실질적으로 참가해 역할을 할 수 있을 것인가. 프라이부르크에서는 시민 주체의 환경운동이 활발했으며, 단순한 운동에 그치지 않고 과제를 이론화하거나 정책화하는 시도가 지속되고 있다는 데 주목해야 한다. 전문가의 지원을 받으면서 시민이 주체가 된 연구소도 설립되었다. 지속 가능한 지역사회 만들기는 시민의 적극적인 참여가 없이는 불가능하며, 그것을 위해 행정이 필요한 지식·정보기반을 제공할 뿐만 아니라 시민끼리 또는 시민과 전문가들이 교류를 통해 이를 만들어내도록 일종의 '지적知的 플랫폼'을 형성하고 있는 것도 의미가 있다. 지식·정보기반을 강화하고 그것에 근거해 커뮤니케이션을 활발하게 촉진해 지식이나 정보를 공유함과 동시에 거버넌스 구조에 영향을 미치고 이를 변화시키는 것이다.

3. 환경자산과 도시경영

지속 가능한 도시 만들기에 공헌하는 환경자산을 사회적으로 관리하는데서 문제는 그 대상이 되는 환경자산의 종류가 다양하다는 점이다. 가령 자연적·물리적 환경자산만 해도 각각 고유한 과제가 있다. 일반적으로는 축적된 환경자산의 관리에 대해서는 소유 형태에 관계없이 일정한 사회적 기준에 근거한 관리체계를 구축함과 동시에 그 운영관리에 대한 요금정책이나 비용부담 체계가 중요할 것이다.16 여기에서는 자연적 환경자산을 대규모로 이용하는 에너지와 교통 및 도시 만들기 문제에 한정해 환경자산 관리 방식을 검토하고자 한다.

---

16 예를 들면 하수도에 대해서는 모로토미 도오루(諸富徹), 『환경세의 이론과 실제(環境稅の理論と實際)』, 2000, pp. 155~183. 쓰레기 유료화에 대해서는 야마가와 하지메 (山川肇)·우에타 가즈히로, 「쓰레기 유료화 연구의 성과와 과제(ごみ有料化研究の成果と課題)」, ≪폐기물학회지(廢棄物學會誌)≫ 13권 4호, 2001, pp.245~258 참조. 환경정책에 관한 행정체계 전반의 과제와 논점에 대해서는 우에타 가즈히로, 「환경정책과 행정 시스템(環境政策と行政システム)」, 이시 히로미쓰(石弘光)·데라니시 슌이치 엮음, 『환경보전과 공공정책(環境保全と公共政策)』, 岩波書店, 2002, pp. 93~122 참조.

1) 환경자산의 사회적 관리: 에너지와 교통을 중심으로

경제 발전과 에너지·교통은 뗄 수 없는 관계에 있다. 왜냐하면 에너지와 교통 없는 지역 개발은 불가능하며, 에너지와 교통은 개발에 필수적인 기반이기 때문이다. 이러한 관계를 역사적으로 개괄해보면 산업혁명기에는 석탄과 철도가 지역개발과 산업개발의 주요한 구동력이었다. 그러던 것이 이른바 에너지혁명을 거쳐 석유와 자동차 중심의 공업문명으로 전환되었다. 따라서 이 양자를 매개하는 도로 정비가 중시되었으며 20세기는 석유·도로·자동차의 시대였다고 해도 과언이 아닐 것이다.

동시에 석유·도로·자동차 복합체는 지구온난화 문제가 두드러지면서 그 한계가 드러나고 있음도 주지의 사실이다. 이제까지 에너지와 교통 분야의 공익사업은 지역개발을 위한 기반 만들기에 노력해왔지만 이제부터는 경영목표에 지구온난화 방지는 물론 환경에 대한 배려를 포함해야만 하게 되었다. 공익사업에서 일종의 패러다임 전환이 요구되고 있는 것이다.

교통, 전기, 가스 등은 공익사업에 의해 설치되는 사회적 기반시설이지만 이것은 단순히 물리적 시설만을 가리키는 것은 아니며 시설을 그 일부로 포함하는 체계가 네트워크를 형성하고 있는 총체를 의미한다. 사회적 기반시설은 '분권적 시장경제제도가 원활하게 기능하고 실질적 소득 분배가 안정적으로 이뤄지도록 하는 제도적 조건들'이며 "국가 통치기구의 일부로서 관료적으로 관리되거나 또는 이윤 추구의 대상으로서 시장 조건에 의해 좌우되어서는 안 된다. 사회적 공통자본의 각 부문은 직업적 전문가에 의해 전문적 지식에 근거하고 실무적 규범에 따라 관리·유지되어야 한다"는 것이다.[17]

---

17 앞에서 인용한 우자와 히로부미, 『사회적 공통자본』, 4~5쪽.

그러면 이러한 사회적 기준에 근거한 관리 시스템을 구축해나갈 때의 과제는 무엇인가? 여기에서 세 가지 문제점을 제기하고자 한다. 첫째, 전력산업의 자유화로 인한 문제다. 과거 전력산업에는 규모의 경제가 있다고 인식되었으며 상당수 국가에서 전력회사의 지역독점을 인정하고 그 대신 전력요금을 통제해왔다. 그런데 각 발전소의 생산 규모에 비해 전력시장이 충분히 확장되었고, 발전기술과 정보통신기술이 발달함에 따라 소규모 분산형 발전이 시장성을 갖게 되자 지역독점의 필요성이 사라지게 되었다. 이로 인해 일본에서도 전력시장 자유화가 추진되고 있다. 여기서 유의해야 할 점은 그것이 환경에 어떤 영향을 미칠 것인가다. 자유화가 진전되면 전력생산 비용을 낮추라는 압력이 각 경영주체에 작동하게 되며, 이는 채산성을 기준으로 원재료를 선택하는 행위를 촉진하게 되면서 경영주체는 생산 비용이 가장 낮은 원재료를 선택하게 된다. 그로 인해 현실에서 석탄 화력이 선택될 것이며, 지구온난화 방지에 역행하는 결과가 초래될 것이다. 환경세 등 외부불경제를 내부화하는 공공정책이 도입되지 않는다면 자유화는 환경에 악영향을 미칠 가능성이 있다는 점에 유의해야 한다.

둘째, 공익사업은 그 행위에 따라 세제·재정상의 다양한 공공지원을 받고 있으며, 그것이 전원電源 간 비용 비교에도 큰 영향을 미치고 있다는 점이다. 예를 들어 원자력발전과 태양광발전을 비교해보면 원자력발전 등 대규모 발전소의 입지와 관련해서는 전원개발촉진세에 의해 세금이 주변지역의 정비를 위한 교부금으로 사용되고 있다. 최근에 겨우 석유 및 석탄 세수에 근거한 에너지특별회계의 친환경분야에 대한 집행이 늘어나기 시작하면서 이를 자연에너지의 지원에도 사용하게 되었지만, 공공적인 지원방식의 정합성에 대한 검토가 필요하다. 이 문제는 공공교통 정비를 정책적으로 어떻게 자리매김할 것인지, 에너지정책이나 교통정책의 목표를 어떻게 설정할 것인지 등의 문제와도 깊은 관련이 있다.

셋째, 두 번째 문제와도 연관되는데, 에너지·교통과 관련한 거버넌스를 어떻게 구축할 것인가의 문제다. 에너지나 교통 방식은 모든 경제주체에 큰 영향을 미치는 것으로 관련성이 강하기 때문에 이 주체들이 각각의 시스템 형성이나 경영과 관련된 의사결정 과정에 참가하는 과정이 보장되어야 한다. 그것은 에너지나 교통 분야에서 환경을 배려한 사회적 기준에 근거해 사회적 관리체계를 구축해가는 전제가 될 것이다.

2) 도시 만들기의 과제

일본에서 지속 가능한 도시 만들기에 대처해나갈 때 문제가 되는 것은 바로 도시 만들기에 어메니티라는 개념이 아직 정착되지 못했다는 점이다. 성장률이나 소득을 올리는 데에는 열을 올리지만 어메니티 향상을 포함한 생활의 질 개선이나 충실, 그리고 어메니티 형성 자체에 대한 관심은 부족했다. 어메니티의 적절한 번역어가 없다는 점 때문에 정책 대상으로 거론되는 것 자체도 다소 늦었으며, 특히 제2차 세계대전 후 일본 도시는 '부수고 짓는scrap and build' 방식으로 건설되었기 때문에 그동안의 자산 축적은 중요하게 여기지 않았다. 개개의 건조물은 사유물일지라도 그것들이 모여 도시라는 공공공간을 구성하는 것인데도 개별 건축물이 도시의 한 요소라는 인식이 정착되지 못했고 도시계획제도 또한 자리매김하지 못했다. 역사적 건조물이나 가로경관이 있는 경우, 유럽에서는 그 외부는 그대로 남겨두면서 내부를 현재에 맞게 고치는 것이 대부분이다. 경관을 보전하는 것이 개별 토지나 건조물의 자산 가치를 높인다는 사실을 알았기 때문이다.

이렇게 된 배경으로는 토지문제와 도시계획의 방식이 큰 영향을 미치고 있다. 일본에서는 토지에 대한 소유권이 이용권보다 우선하며, 일반적으로 독일에서는 "계획 없이 개발도 없다"는 원칙이 확립되어 있는 데 반해 일본은 '개발·건축 자유'의 원칙을 기본으로 하고 있다. 그로 인해 땅값은 높아지고, 토지 소유자는 도시의 공공공간 만들기에 협력하기보다 토지생산성을 향상하는 데 토지를 우선 사용하고 만다는 것이다. 일본 지자체의 토지이용 규제권한이나 도시계획고권이 미약하다는 것도 이러한 경향을 가속하는 원인이 되고 있다.

두 번째 문제점은 이른바 중앙집권 방식의 하향식 행정하에서 진행되는 도시 만들기로는 지속 가능한 도시 만들기에 필수적인 정책 통합이 어렵다는 것이다. 앞에서도 언급했던 EU의 보고서도 지속 가능성을 정책목표로 한 정책 통합의 필요성을 강조하고 있다. 즉 산업정책도 지속 가능한 지역사회 만들기의 하나로 자리매김하고 환경정책이나 고용정책과 연동해가면서 추진해야 한다는 것이다. 프라이부르크의 사례에서도 볼 수 있듯 지자체가 종합행정이라는 본래의 역할을 하는 것이 그 전제가 된다. 지방정부가 중앙정부로부터의 일방적인 정보에 의해 수직계열화되고 법을 개별적으로 집행하기만 하는 하청기관이 되어버리면 이는 극히 어려운 일이 되고 만다. 정책 통합이나 지자체의 종합행정을 촉진하기 위해서는 EU의 지속 가능한 도시 보고서에도 나오듯 마치즈쿠리에 주민참여 과정이 필수이며, 그 과정에서 도시의 비전이 공유되고 이를 통해 사회적 지속 가능성도 향상된다. 유럽 국가들의 도시계획 절차에서는 일반적으로 시작 단계인 도시계획 초안 작성부터 주민 의견을 반영하는 절차가 보장되며, 이를 활용하는 것이 지속 가능한 도시 만들기의 제도적인 기반이 된다. 일본에서도 점차 정보공개와 주민참여가 도시 만들기의 바탕에 자리한다는 인식은 확산되고 있지만, 구체적인 제도화는 아직 초보 단계에 불과하다.

세 번째 문제점은 지역단위에서 경제활동을 지속 가능한 방향으로 이행시키기 위해서는 지역경제의 자율성을 제고해야 하지만 수도권으로의 일방적인 경제적 집중이 이를 어렵게 하고 있다는 점이다. 기본적으로 분권·분산형 국토정책이 요구되며, 더 나아가 지방정부가 산업정책이나 경제정책의 주체로서 역할과 권한을 확대해나갈 필요가 있다. 지역금융의 역할을 확대하거나 지역통화를 도입해 새로운 사회적 서비스 생산 시스템을 구축하는 것도 고려할 만하다. 지역 내에서 환경을 중시하는 다양한 대처가 지역 내 경제순환에 기여하는 메커니즘이 좀 더 연구되어야 한다.

네 번째는 현재 추진되고 있는 도시 재생의 방향문제다. 규제완화와 민간 주체의 도시 재생은 아무래도 수도권에 대한 투자가 그 중심이 되고 있다. 고층건물 건설을 중심으로 한 도시 재생에 대해서는 이미 다각도에서 문제점이 지적되고 있다. 도쿄 만灣 주변에 나란히 선 고층빌딩들이 도쿄의 열섬현상을 일으키는 주요 원인 중 하나가 되고 있는 등 생태적 관점으로 봐도 고층빌딩은 그 한계가 명백하다. 또 인구 감소 사회로의 이행이 확실시되고 있는 시점에서 이와 상관없이 고층빌딩의 건설이 계속 남발된다면 미래에 또 다른 불량자산을 만들어낼지도 모른다.[18] 이는 현재 추진되고 있는 도시 재생이 명확한 도시 비전을 갖지 못한 채 경제 재생을 위한 수단이 되었기 때문으로 풀이된다.

다섯 번째 문제는 국가 수준의 공공정책이 자율적으로 도시 만들기에 나설 조건을 갖추지 못한 지역 및 지방자치단체에 세계화가 가져다줄 영향을 그대로 용인하고 있다는 점이다. 또 그것에 대응할 수 있을 정도로 지자체의 공공정책이 성숙하지도 못했다. 산업구조가 바뀌거나 산업이 쇠퇴하는 과정에서 생기는 폐기물처리장과 그로 인한 토양오염문제 등이 발생하는 등 성장기의 환경문제만이 아니라 전환기, 쇠퇴기의 환경문제까지 동시에 발생하면서 점차 복잡해지고 있다. 생태적으로 적합하도록 산업

---

18 오니시 다카시(大西隆), 『역도시화 시대(逆都市化時代)』, 学芸出版社, 2004.

공동화를 방지하는 것은 환경을 유지하는 경제적 기반을 확보함과 동시에 토지이용이 더욱 환경을 보전하는 방향으로 전환되어 지역 어메니티의 향상과도 이어진다. 이와 함께 환경정책이 지역의 고용에 미치는 영향을 고려할 필요가 있기 때문에 지역환경정책은 지역산업정책이기도 하다. 산업구조의 전환기나 산업 쇠퇴 지역에서는 개별적인 환경 대책으로는 지역사회의 과제에 대응할 수 없고 환경정책으로서도 성공하지 못한다. 지속 가능한 지역 만들기로의 진화가 요구된다고 할 것이다.

4. 결론

일본에서의 지속 가능한 도시 만들기는 이상과 같은 어려운 과제를 내포하면서 추진되고 있다.

세계화는 세계적으로만이 아니라 오히려 지역에 더 큰 영향을 미치며, 게다가 지역마다 그 정도가 각기 다르기 때문에 국가 수준의 획일적인 정책은 점차 그 효율성이 낮아지고 있다. 지역 내부에서부터 적극적으로 대응할 필요가 있으며, 지역에 축적된 능력으로 지역의 개성이나 고유성을 살린 산업 개발을 추진해 고용을 확보하고 지역의 정보발신능력이나 경영능력을 향상해야만 한다. 중앙정부의 재정위기가 심각해지고, 싫든 좋든 지역사회에 자립능력이 요구되고 있다는 것도 중요한 배경이 된다. 도시 만들기에서의 패러다임 전환이 요구되는 것이다. 그렇다면 그 추진력은 과연 무엇일까?

찰스 랜드리Charles Landry에 따르면 시민적 창조성을 만들어내는 것, 도시의 창조성인 문화를 발전시키는 것에 도시 재활성화의 열쇠가 있다고 한다.[19] 도시계획 컨설턴트로서 유럽의 많은 도시에서 실제 도시 재생 프로젝트에 관여한 경험을 바탕으로, 그는 창조성은 특정한 사람에게만 있는 것이 아니며, 생활의 질을 향상하기 위해 구체적인 생활 현장의 수요를 흘러넘치게 하고 지역사람들이나 기업에 잠재된 창조성을 이끌어내 통합하는 과정 속에서 창조적인 도시가 탄생한다고 주장한다. 또 그 과정보다는 그 과정을 맡을 사람과 네트워크가 출현하는 것 자체가 도시 재생이라고 한다.

지역자원의 창조적 평가는 물론이고 지속 가능한 도시를 만들어내는 도시공간과 그 제도적 기반은 어떻게 존재해야 하는가? 그리고 그것을 맡아야 할 사람을 어떻게 구성할 것인가? 그러한 지역 내부의 환경적·경제적·사회적 능력을 주체적으로 구축해가는 도시야말로 지속 가능한 도시다.

19 Landry, C., *The Creative City, A Toolkit for urban innovators*, Erthscan Publication Ltd, 2000[고토 가즈코 감역, 『창조도시 - 도시 재생을 위한 도구상자(創造的都市 - 都市再生のための道具箱)』, 日本評論社, 2003].

:: 저자 소개

우에타 가즈히로植田和弘 1952년 출생. 교토京都 대학 공학부 졸업. 오사카大阪 대학 대학원 수료. 공학박사, 경제학박사. 현재 교토 대학 대학원 경제연구과 및 지구환 경학당 교수. 전공: 환경경제학, 재정학.

나이토 마사아키内藤正明 1939년 출생. 교토 대학 공학부 졸업. 교토 대학 대학원 공 학연구과 석사과정 수료. 교토 대학 명예교수. 현재 붓교仏教 대학 사회학부 교수, NPO 순환공생사회시스템연구소 대표. 전공: 환경시스템공학.

하나키 게이스케花木啓祐 1952년 출생. 도쿄東京 대학 공학부 졸업. 도쿄 대학 대학 원 수료. 공학박사. 도쿄 대학 대학원 공학계연구과 교수. 전공: 도시환경시스템.

기타무라 류이치北村隆一 1949년 출생. 교토 대학 공학부 졸업. 미시간 대학 대학원 수료. 박사. 현재 교토 대학 대학원 공학연구과 교수. 전공: 교통행동시스템.

시오자키 요시미쓰塩崎賢明 1947년 출생. 교토 대학 공학부 졸업. 교토 대학원 수료. 현재 고베神戸 대학 공학부 교수. 전공: 도시계획, 주택문제, 주택정책.

데라니시 슌이치寺西俊一 1951년 출생. 교토 대학 경제학부 졸업. 히토바시一橋 대학 대학원 경제학연구과 박사과정 단위취득퇴학. 현재 히토바시 대학 대학원 경제학 연구과 교수. 전공: 환경경제학, 환경정책론.

고토 가즈코後藤和子 1954년 출생. 교토 대학 이학부 졸업. 교토 대학원 경제학연구 과 수료. 교토 대학 박사(경제과). 현재 사이타마埼玉 대학 경제학부 교수. 전공: 재정학, 문화경제학.

:: 역자 소개

조동범 전남대 조경학과 교수
    서울대 조경학과, 서울대 대학원 졸업(농학박사)
    주요 경력
    한국조경학회 부회장(현재)
    광주광역시 도시계획위원회 위원(현재)
    (사)푸른길 상임이사(현재)

윤현석 광주일보 기자
    전남대 신문방송학과, 전남대 대학원 졸업(도시계획학석사)
    주요 경력
    광주일보 기자(1995~현재)
    일본 동경자치연구센터 연구원(2002~2003)
    공간정보전략연구소 선임 연구원(2007~2009.3.)

노경수 광주대 도시계획·부동산학과 교수
    서울대 토목공학과, 서울대 대학원 졸업(공학박사)
    주요 경력
    아시아문화중심도시 조성 추진 실행위원(현재)
    광주광역시 교통영향분석·개선대책심의위원회 위원(현재)
    광주광역시 도시계획위원회 위원(현재)
    광주광역시 도시공사 비상임이사(현재)

이봉수 동강대 건축과 교수
    조선대 건축공학과 대학원 졸업(공학박사)
    주요 경력
    아시아문화중심도시추진단 TF팀 팀원
    조선대 강사(현재)
    현대계획연구소 소장

한울아카데미 1155
이와나미 강좌 도시 재생을 생각한다 ⑤

도시 어메니티와 생태

ⓒ 조동범 외, 2013

엮은이 ┃ 우에타 가즈히로·진노 나오히코·니시무라 유키오·마미야 요스케
옮긴이 ┃ 조동범·윤현석·노경수·이봉수
펴낸이 ┃ 김종수
펴낸곳 ┃ 도서출판 한울
편집 ┃ 염정원

초판 1쇄 인쇄 ┃ 2013년 2월 20일
초판 1쇄 발행 ┃ 2013년 2월 28일

주소 ┃ 413-756 경기도 파주시 파주출판도시 광인사길 153
      한울시소빌딩 도서출판 한울(문발동 507-14)
전화 ┃ 031-955-0605
팩스 ┃ 031-955-0606
홈페이지 ┃ www.hanulbooks.co.kr
등록번호 ┃ 제406-2003-000051호

Printed in Korea.
ISBN 978-89-460-5155-3 93330 (양장)
    978-89-460-4115-8 93330 (학생판)

* 가격은 겉표지에 있습니다.
* 이 책은 강의를 위한 학생판 교재를 따로 준비했습니다.
  강의 교재로 사용하실 때에는 본사로 연락해주십시오.